suhrkamp taschenbuch
wissenschaft 589

Carl Eduard Scheidts Untersuchung der Rezeption der Psychoanalyse in der deutschsprachigen Philosophie vor 1940 schließt sich thematisch eng an eine Sammlung von Beiträgen zur Rezeptionsgeschichte der Psychoanalyse an, die 1981 von Johannes Cremerius herausgegeben wurde (stw 296). Von dem dort gezeichneten Bild einer verunglückten Begegnung zwischen der frühen Psychoanalyse und der zeitgenössischen wissenschaftlichen Welt macht auch die Philosophie keine Ausnahme. – Mit der Subsumtion der Psychoanalyse unter den Naturalismus waren in idealistisch orientierten Kreisen der Schulphilosophie unüberwindliche weltanschauliche Hindernisse für eine unverstellte Freud-Rezeption errichtet worden. Die insbesondere auf die Trieb- und die Kulturtheorie zielende, stereotyp sich wiederholende Kritik lief auf den Vorwurf hinaus, die Psychoanalyse vertrete einen biologischen Monismus, in welchem die Eigenwesentlichkeit von Geist und Kultur geleugnet und diese letztlich auf Triebvorgänge reduziert würden. An diesem Einwand entflammte sich eine Apologetik von Geist und Kultur, die auf eine entschiedene Ahistorisierung gerade jener Kulturphänomene hinauslief, deren psychogenetische Wurzeln Freud aufzuklären versucht hatte.
Allerdings hat es in der Philosophie vor 1940 auch einige Autoren gegeben, die sich fruchtbar mit der Psychoanalyse auseinandergesetzt haben und deren berechtigte Kritik wichtige Momente der späteren psychoanalytischen Theorieentwicklung antizipiert hat.

Carl Eduard Scheidt

Die Rezeption der Psychoanalyse in der deutschsprachigen Philosophie vor 1940

Suhrkamp

CIP-Kurztitelaufnahme der Deutschen Bibliothek
Scheidt, Carl Eduard:
Die Rezeption der Psychoanalyse
in der deutschsprachigen Philosophie
vor 1940 /
Carl Eduard Scheidt. –
1. Aufl. – Frankfurt am Main:
Suhrkamp, 1986.
(Suhrkamp-Taschenbuch Wissenschaft; 589)
ISBN 3-518-28189-5
NE: GT

suhrkamp taschenbuch wissenschaft 589
Erste Auflage 1986

Satz: IBV Satz- und Datentechnik GmbH, Berlin
Druck: Nomos Verlagsgesellschaft, Baden-Baden
Printed in Germany
Umschlag nach Entwürfen von
Willy Fleckhaus und Rolf Staudt

1 2 3 4 5 6 – 91 90 89 88 87 86

Inhalt

IV Die Psychoanalyserezeption einzelner Autoren

V Schluss

VI Dokumente

Vorwort

Als ich im Jahre 1979 auf Vorschlag von Herrn Professor J. Cremerius mit der Arbeit über die frühe Rezeption der Psychoanalyse in der deutschen Philosophie begann, bestand der Plan, verschiedene Beiträge zur Rezeptionsgeschichte der Psychoanalyse zusammenzustellen und in zwei kleinen Bänden gemeinsam herauszugeben. Von diesem Projekt konnte zunächst nur ein Teil verwirklicht werden. So erschien im Jahre 1981 ein erster Band, herausgegeben von J. Cremerius mit Beiträgen zur Psychoanalyserezeption in der deutschen Soziologie, Psychologie und Theologie vor 1940. Die Arbeit über die Philosophie war aus organisatorischen und arbeitstechnischen Gründen nicht rechtzeitig zum Abschluß gekommen. Dieser letzte, noch ausstehende Teil, der inhaltlich mit den bereits erschienenen Untersuchungen zu diesem Thema in engem Zusammenhang steht, wird nun mit mehrjähriger Verspätung vorgelegt.

Vielen danke ich für ihre sachliche und persönliche Unterstützung: Herrn Prof. J. Cremerius, Freiburg, der die Anregung zu dieser Arbeit gab, verdanke ich zahlreiche Hinweise, die bei der Literatursuche behilflich waren. Herr Dr. R. Denker, Tübingen, überließ mir freundlicherweise einen Teil seines Materials. Herr Prof. R. Marten, Freiburg, nahm eine mühevolle Lektüre des Manuskriptes im Rohbau auf sich und machte wertvolle Verbesserungsvorschläge. Herr Walter Haas besorgte mit großer Geduld die Korrektur. Meiner Frau Renate Weihe-Scheidt danke ich besonders für ihre persönliche Rücksicht und den Beistand in vielen inhaltlichen Entscheidungen.

Wer sich mit der Rezeptionsgeschichte der Psychoanalyse in der Philosophie befaßt, sieht sich durch die Doppelseitigkeit des Gegenstandes bald in die mißliche Lage gebracht, sich in seinem Selbstverständnis und in seiner Loyalität für das eine oder andere Fach entscheiden zu müssen. Liest man die Texte als Psychoanalytiker oder als Philosoph? Bemißt man sie an ihrem eigenen philosophischen Anspruch oder an dem externen Maßstab einer korrekten Verarbeitung psychoanalytischer Theorie? Wie verhält man sich überhaupt angesichts der Inkongruenz des Erkenntnisinteresses in Psychoanalyse und Philosophie? Diese Fragen erzwingen eine klare Vorentscheidung. Es sei daher nicht verschwiegen, daß das vorliegende Buch in erster Linie aus der Sichtweise der Psychoanalyse geschrieben ist. Um so wichtiger ist es, ausdrücklich festzustellen, daß diese spezielle und der Philosophie letztlich externe Fragestellung keine Würdigung des philosophischen Gesamtwerkes der behandelten Autoren zuläßt oder gar ersetzt. Ich hoffe aber, daß der inzwischen fruchtbar und lebendig gewordene Dialog zwischen Psychoanalyse und Philosophie durch die Dokumentation seiner von gegenseitigen Verständigungsschwierigkeiten geprägten Vorgeschichte nur bereichert werden kann.

Freiburg, im Februar 1985

I EINLEITUNG

1. Anmerkungen zum Interesse an einer Rezeptionsgeschichte der Psychoanalyse

Die vorliegende Arbeit reiht sich thematisch in den Kontext verschiedener neuerer Untersuchungen zur Rezeption der Psychoanalyse in angrenzenden Wissensgebieten ein (vgl. J. Cremerius 1981, T. A. Milsch 1978 [unveröffentl.], W. Mertens 1983, E. Wiesenhütter 1974, 1979, A. Schöpf 1982). Überblickt man diese Literatur, sofern sie den Zeitraum *vor* 1940 betrifft, so zeigt sich, daß die frühe Psychoanalyserezeption in den meisten Wissenschaften nicht besonders fruchtbar verlaufen ist. Cremerius (1981, S. 19) hat auf das interessante Phänomen hingewiesen, daß die Psychoanalyse im allgemeinen um so positiver aufgenommen wurde, je weiter das entsprechende Fach inhaltlich von ihr entfernt war. Die vehementeste Ablehnung widerfuhr ihr – das bestätigt diesen Eindruck – durch die zeitgenössische Psychiatrie. Auch in der Philosophie allerdings begann eine fruchtbare Rezeption der Psychoanalyse zumindest im deutschsprachigen Bereich in größerem Umfang erst nach dem Zweiten Weltkrieg. Die Ergebnisse der Zeit vor 1940 waren mager und blieben problemgeschichtlich für die Psychoanalyse *wie* die Philosophie weitgehend folgenlos.
Freud hat sich unter dem Eindruck der erschreckend verzerrten Resonanz, die seine Entdeckungen überwiegend fanden, verschiedentlich selbst mit der Rezeption der Psychoanalyse auseinandergesetzt (1913, 1917, 1925) und benannte die Bestandteile seiner Theorie, gegen die sich die ›Widerstände‹ richteten: die Theorie der Sexualität, die Auffassung der Kultur usw. (vgl. 1925). Später trug E. Jones umfangreiches Material zusammen, um das erste Echo auf die Psychoanalyse zu dokumentieren. Wozu noch weitere Untersuchungen? Ebenso wie die geistes- und kulturgeschichtlichen Entstehungsbedingungen der Psychoanalyse wird auch die frühe Freud-Rezeption immer noch recht unterschiedlich beurteilt (vgl. S. 130ff.). Kontrovers ist dabei nicht einmal nur die Frage, auf wessen Schuldkonto das Scheitern dieser Rezeption zu verbuchen ist, sondern vielmehr, ob sie überhaupt verunglückt und verzerrt gewesen sei, wie in der Nachfolge Freuds von vielen

Psychoanalytikern behauptet wurde. Ein Ergebnis dieser Untersuchung vorwegnehmend, kann man sagen, daß die Rede von einer gescheiterten Rezeption im Hinblick auf die Philosophie weitgehend gerechtfertigt zu sein scheint. Schwieriger ist es, die Gründe dafür zu benennen. Es ist nach den bisher geleisteten Untersuchungen unübersehbar, daß sich die Psychoanalyse in den ersten zwanzig Jahren quasi in einer wissenschaftlichen Gettosituation befand. Dies wird beispielsweise an ihrer Behandlung seitens der Universitäten (Schwierigkeiten für Psychoanalytiker sich zu habilitieren usw.) sehr deutlich. Die Außenseitersituation war von der Psychoanalyse nicht beabsichtigt und wohl auch nicht selbst verschuldet, wirkte aber auf ihre weitere Entwicklung zurück. Es bildete sich nämlich das, was Cremerius (1981, S. 22) »eine Gruppe mit der typischen Minoritätenpsychologie« nannte, mit all den internen Konflikten, Auseinandersetzungen und letztlich Abspaltungen, die die psychoanalytische Gruppe in den ersten zwanzig Jahren bewegte.

Zweifellos beeinflußte der innere Zustand der psychoanalytischen Bewegung ihr Ansehen in der zeitgenössischen wissenschaftlichen Welt. Es wäre jedoch sehr verkürzt, wollte man das Scheitern der Freud-Rezeption in erster Linie auf diese äußeren Gründe zurückführen. In Wirklichkeit handelt es sich wohl um das Resultat eines komplexen Zusammenspiels verschiedener Faktoren, die eine zumindest dreifache Hinblicknahme auf die Rezeptionsgeschichte erforderlich machen:

1. Die Rezeptionsgeschichte als *Ideologie*geschichte. Unter diesem Aspekt ist zu prüfen, inwieweit sich zwischen der Art der Aufnahme der Psychoanalyse und den jeweiligen ideologischen und politischen Positionen der zeitgenössischen Rezipienten ein Zusammenhang herstellen läßt. Zumindest im mittleren und linken Bereich des politischen Spektrums können solche Korrelationen zwischen politischer Weltanschauung und Einstellung zur Psychoanalyse jedoch nicht konstruiert werden: Es finden sich in der Philosophie sowohl einerseits liberale und sogar eher konservative Autoren, die sich differenziert mit der Psychoanalyse auseinandersetzten, wie auf der anderen Seite Marxisten, die sie pauschal und vermutlich ohne genauere Kenntnis ablehnten (wie etwa Lukács). Für die Soziologie wird diese Einschätzung von H. D. Brauns (in Cremerius [1981] S. 50) bestätigt. Hingegen ist auf der Seite der extremen Rechten eine weitgehend einhellige, ideologisch motivierte

Ablehnung der Freudschen Psychoanalyse (im Gegensatz zu Jung) zu konstatieren, die sich nicht nur gegen die Psychoanalyse als Theorie, sondern gegen die jüdischen Psychoanalytiker richtete.
2. Die Rezeptionsgeschichte als *Kulturgeschichte*. Natürlich liefert die Behandlung der Psychoanalyse in der zeitgenössischen Wissenschaft ein Abziehbild des Zeitgeistes der wilhelminischen Gesellschaft. Es ist erstaunlich und zugleich erschreckend, wie unverhüllt Präokkupationen und Ressentiments, die dem Sittenkodex dieser Gesellschaft entsprangen, Einzug in die wissenschaftliche Diskussion hielten. Immer wieder wird die menschliche Triebhaftigkeit thematisiert, ein Gegenstand, der nicht nur von Psychoanalytikern, sondern auch von ihren Gegnern – wenn auch mit der Geste des Verpönten – minutiös behandelt wird. Die philosophische Gestalt des obsessiven Interesses an der menschlichen Triebsphäre kommt in der Auseinandersetzung zwischen Naturalismus und Neoidealismus zur Geltung, in den auch die Psychoanalyse hineingeriet. Nicht zu Unrecht sehen die meisten bisherigen Untersuchungen die entscheidenden Motive des Scheiterns der frühen Psychoanalyserezeption in diesen kulturgeschichtlichen Bedingungen.
3. Die Rezeptionsgeschichte als *Wissenschaftsgeschichte*. Th. S. Kuhn hat in seiner bahnbrechenden Arbeit (1976[2]) gezeigt, daß der wissenschaftliche Fortschritt nicht nur, ja nicht einmal vor allem von wissenschaftsimmanenten Faktoren abhängt, sondern an historische und soziokulturelle Grundannahmen (»Paradigmen«) gebunden ist, die den jeweiligen Horizont des Forschungsprozesses bestimmen und die Möglichkeit neuer wissenschaftlicher Einsichten limitieren. Nach Kuhns Ansicht ist grundlegender wissenschaflicher Fortschritt als Revolutionierung tradierter Paradigmen zu denken. Wenn man davon ausgeht, daß die Psychoanalyse im Rahmen der Humanwissenschaften (an denen sich Kuhns wissenschaftsphilosophische Überlegungen allerdings nicht in erster Linie orientieren) ein neues wissenschaftliches Paradigma darstellte, lassen sich die Schwierigkeiten bei der Rezeption als gleichsam natürliches Begleitphänomen eines Paradigmawandels verstehen. – Übrigens hat Freud selbst einen interessanten Beitrag zur Wissenschaftsgeschichte geleistet, indem er die zeitgenössische Psychoanalyserezeption mit dem von ihm selbst geschaffenen Instrumentarium interpretierte. Inhaltlich mag diese Analyse nicht unstrittig sein, methodisch gesehen handelt es sich jedoch um die erste An-

wendung der Psychoanalyse im Rahmen der Wissenschaftsgeschichte: »Es wäre reizvoll, die seelische Reaktion auf das Neue an sich zum Gegenstand einer Studie zu machen...« (1925, GW Bd. 14, S. 99). Leider ist es bei diesem Ansatz geblieben. Die Anwendung der Psychoanalyse im Rahmen wissenschaftsgeschichtlicher Forschung ist bis heute noch nicht systematisch betrieben worden. Vielleicht wäre davon ein vertieftes und v. a. realistischeres Verständnis der Möglichkeiten und Grenzen einer ›Rezeption des Neuen‹ sowie der menschlichen Imponderabilien, von denen der wissenschaftliche Fortschritt abhängig ist, zu erhoffen. Zumindest wäre auf diesem Wege aufzuräumen mit der Fiktion eines an rein objektiven Wahrheitskriterien und rationalen Begründungsverfahren orientierten Wissenschaftsprozesses.

2. Zum Verhältnis von Psychoanalyse und Philosophie

Wie schon erwähnt, ist die Rezeption der Psychoanalyse in den angrenzenden Wissenschaften recht unterschiedlich verlaufen. Je größer die inhaltliche Nähe, die Überschneidung von Gegenstands- und Anwendungsgebieten war, um so feindlicher war die Konkurrenz und um so vehementer die Ablehnung der Psychoanalyse.

Die Philosophie nimmt in diesem Zusammenhang eine Sonderstellung ein. Ihr Verhältnis zur Psychoanalyse war und ist noch immer schwer zu bestimmen. Man kann mit Recht fragen, ob es überhaupt eine genuine Überschneidung der Gegenstands- und Problembereiche zwischen Philosophie und Psychoanalyse gibt. Die Antwort wird grundlegend vom jeweiligen Verständnis von Wesen und Aufgabe der Philosophie abhängen – worüber schon lange kein Konsens mehr besteht. (Auf die daraus resultierenden methodischen Schwierigkeiten gehe ich später noch ein.) Historisch manifestierte sich die Erosion eines einheitlichen Selbstverständnisses der Philosophie darin, daß seit der Mitte des 19. Jahrhunderts die Grenzen zu den Einzelwissenschaften immer flüssiger und verwischter wurden. Zu Beginn des 20. Jahrhunderts fühlte sich bereits eine Vielzahl von Philosophen z. B. der Psychologie verpflichtet, die noch im Begriff stand, den Prozeß ihrer Verselbständigung gegenüber der Philosophie voranzutreiben. Umgekehrt zeigte v. a. das Vordringen der Psychologie auf den Gebieten Erkenntnistheorie, Kulturphilosophie und sogar Logik, daß traditionelle philosophische Themen zunehmend Gegenstand einzelwissenschaftlicher Untersuchungen wurden.

Es ist hilfreich, sich idealtypisch zwei unterschiedliche Modelle des Verhältnisses von Psychoanalyse und Philosophie vorzustellen, die in der Rezeptionsgeschichte der Psychoanalyse in der Philosophie vor 1940 zum Tragen kamen. Dazwischen gibt es zahlreiche Übergänge. Beide Modelle implizieren ein bestimmtes Verständnis von Philosophie und ihrer Stellung gegenüber den Einzelwissenschaften. Und zwar kann die Aufgabe der Philosophie einmal darin gesehen werden, empirische Erkenntnis ›überhaupt‹ zu begründen, wie es etwa der Neukantianismus – die stärkste Richtung der damaligen deutschen Schulphilosophie – oder aber auch die Phänomenologie intendierte. Die Philosophie sieht sich dementsprechend gegenüber den Einzelwissenschaften in einem ›Fundierungsverhältnis‹. Bei einem so gewählten philosophischen Vorverständnis ist die Distanz zwischen Philosophie und Psychoanalyse *mindestens* so groß wie zwischen Philosophie und Einzelwissenschaften allgemein, vermutlich insofern aber noch größer, als die Wissenschaftsfähigkeit der Psychoanalyse zu Beginn ja überhaupt noch als fraglich galt. Bei den Autoren dieser philosophischen Richtung ist mit einer intensiveren Psychoanalyserezeption nicht zu rechnen – und sie fand historisch gesehen auch tatsächlich kaum statt. Als Beispiel für eine solche Askese gegenüber den empirischen Wissenschaften sei hier Husserl genannt, dem Scheler deswegen ironisch vorwarf, er wetze nur ständig die Messer, ohne zu essen.

Die Alternative bestand darin, der Philosophie neue Wirklichkeits- und Erfahrungsbereiche zu öffnen und die Fortschritte der Einzelwissenschaften zu rezipieren und philosophisch zu verarbeiten. Dieser entgegengesetzte Weg mußte zwar um den teuren Preis einer permanenten ›Identitätskrise‹ der Philosophie gegenüber den Einzelwissenschaften erkauft werden, erbrachte aber inhaltlich eine Erweiterung und Bereicherung des Gesichtskreises. Die Autoren, die die Philosophie in diesem Sinne verstanden, konnten aber etwa in der Psychoanalyse einen transformierten und weiterentwickelten Bestandteil der philosophischen Tradition erblicken und ihre Ergebnisse vor diesem Hintergrund fruchtbar verwerten.

3. Methodische Vorüberlegungen und Arbeitsdefinitionen

Die vorliegende Arbeit beabsichtigt nicht, die Psychoanalyserezeption in der Philosophie vor 1940 vollständig zu dokumentieren. Es handelt sich vielmehr um eine Reihe von Untersuchungen zu einzelnen philosophischen Autoren, die durch einen systematischen Teil ergänzt werden.

Die thematische Begrenzung ergibt sich aus folgenden Überlegungen:

Es wird ausschließlich die Rezeption der Psychoanalyse S. Freuds berücksichtigt. Der Beginn der Psychoanalyse wird mit dem Erscheinen der »Traumdeutung« im Jahre 1900 angesetzt. Dieses Datum mag nicht ganz unstrittig sein, Einzelheiten des Zeitraums davor spielen aber im Hinblick auf die Rezeptionsgeschichte kaum eine Rolle.

Was ist unter Rezeption zu verstehen? Im weitesten Sinne alle schriftlichen Äußerungen eines Autors, die auf eine Auseinandersetzung mit dem Werk Freuds schließen lassen. Im einzelnen handelt es sich zumeist entweder um die Berücksichtigung der Psychoanalyse in philosophischen Originalarbeiten oder aber um Rezensionen, Besprechungen und Kritiken Freudscher Schriften in philosophischen Fachzeitschriften. Im Normalfall wird dabei explizit auf Freud Bezug genommen.

Die Untersuchung beschränkt sich außerdem auf einen Zeitraum und einen Sprachraum. Der Zeitraum – von 1900 bis 1940 – ist durch die Geburtsstunde der Psychoanalyse im Jahr 1900, die mit dem Erscheinen der »Traumdeutung« angesetzt wird, einerseits und den Tod Freuds im Jahre 1939 andererseits vorgegeben. Außerdem bildete der Nationalsozialismus in Deutschland und letztlich am entschiedensten der Ausbruch des 2. Weltkrieges eine historische Zäsur, die für die Rezeptionsgeschichte von außerordentlicher und traumatischer Bedeutung war.

Innerhalb des deutschsprachigen Bereiches werden nicht alle Länder gleichermaßen berücksichtigt. Im Mittelpunkt stehen Deutschland und die Schweiz. Die Rezeption ist interessanterweise in diesen beiden Ländern recht unterschiedlich verlaufen – nicht zuletzt wohl in Abhängigkeit von der politischen Entwicklung.

Aus der zeitlichen und geographischen Begrenzung ergeben sich für die Behandlung einzelner Autoren Probleme: Sollte beispiels-

weise die Psychoanalyserezeption der Emigration mitberücksichtigt werden, eventuell auch über 1940 hinaus? Ich habe hier grundsätzlich versucht, auch auf Kosten der konsequenten thematischen Begrenzung die historischen und biographischen Zusammenhänge zu wahren, insbesondere im IV. Kap. So wurden etwa Schriften von Adorno und Jaspers berücksichtigt, die erst lange nach 1940 entstanden, um die entsprechende Entwicklung verfolgen und aufzeigen zu können.
Schwierigkeiten bereitete aus den oben bereits angedeuteten Gründen eine sinnvolle Arbeitsdefinition von Philosophie bzw. die Bestimmung von Kriterien zur Auswahl ›philosophischer Autoren‹. Eine Vielzahl von ihnen arbeitete in den Grenzgebieten zwischen Philosophie, Soziologie, Pädagogik und v. a. Psychologie, so daß sich mit der Dokumentation der Rezeption in diesen Wissenschaften unvermeidliche Überschneidungen ergeben.* – Am vertretbarsten scheinen noch formale Kriterien, wie etwa die Habilitation eines Autors im Fach Philosophie, Veröffentlichungen in philosophischen Fachzeitschriften und zu philosophischen Themen. Weitere Klarheit verschafft allerdings auch ein gewisser philosophiegeschichtlicher Grundkonsens, der es retrospektiv gestattet, Autoren wie etwa Bloch und Benjamin, die lange Zeit am Rande der institutionalisierten Philosophie standen, entsprechend einzuordnen. Das Hauptproblem dieser Untersuchung besteht offensichtlich in der Frage, inwieweit aufgrund der untersuchten Literatur verallgemeinernde Rückschlüsse auf Grundlinien und Tendenzen der Psychoanalyserezeption in der Philosophie zulässig sind. Hier kann tatsächlich nur auf die Hoffnung gesetzt werden, daß gewisse Merkmale und Grundlinien der Rezeption auch anhand der beschränkten Literaturauswahl, die im folgenden vorgelegt wird, deutlich hervortreten.

* Eine Reihe von Autoren, die in dem bereits erschienenen Band zur Rezeption der Psychoanalyse in der Soziologie, Psychologie und Theologie (Cremerius [Hg.] 1981) behandelt worden sind, werden im folgenden nicht mehr berücksichtigt, obwohl sie sich nach den angegebenen Kriterien ebenso gut der Philosophie zurechnen ließen. Dies sind insbesondere M. Adler, H. Henning, L. Klages, E. Spranger und W. Stern.

II DIE INTENSITÄT DER PSYCHOANALYSE-REZEPTION IN DER PHILOSOPHIE

Die Intensität der Psychoanalyserezeption in der Philosophie ist aus naheliegenden methodischen Gründen schwer zuverlässig zu beurteilen, da dies einen weitgehend vollständigen Überblick über die entsprechende Literatur erforderte, was faktisch kaum zu leisten ist. Mit Hilfe von Stichproben kann man aber doch einen ungefähren Eindruck gewinnen. Zu diesem Zweck werden im folgenden eine Auswahl zeitgenössischer philosophischer Lexika, einige philosophiegeschichtliche Lehrbücher und schließlich eine philosophische Fachzeitschrift auf ihre Berücksichtigung der Psychoanalyse hin untersucht. Dabei ergibt sich in etwa folgendes Bild: Die Psychoanalyserezeption in der Philosophie begann sehr zögernd, in nennenswertem Umfang eigentlich erst nach 1910. Ihre Intensität nahm dann langsam aber stetig zu und erreichte zwischen 1925 und 1933 ihren Höhepunkt. Danach brach sie sehr plötzlich ab. Die Interpretation dieses abrupten Endes liegt auf der Hand: Der Nationalsozialismus wirkte auf die Psychoanalyserezeption in Deutschland traumatisch. Auf die möglichen Gründe der langsamen Entwicklung der Rezeption vor 1915 werde ich später eingehen (vgl. V).

1. Die Intensität der Psychoanalyserezeption am Beispiel philosophischer Lexika

Die Berücksichtigung der Psychoanalyse in den systematischen Lexika der Philosophie ist nach Inhalt und Umfang auffallend wenig einheitlich und z. T. selbst innerhalb eines Wörterbuches sehr unterschiedlich. Ein Beispiel dafür ist das umfangreiche »Wörterbuch der philosophischen Begriffe« (1910³) von R. Eisler: Hier ist das Stichwort ›Psychoanalyse‹ überhaupt nicht zu finden. Hingegen wird unter dem Stichwort ›Traum‹ die psychoanalytische Traumtheorie zumindest kurz erwähnt; das Stichwort ›Witz‹ wird ausschließlich durch ein Freud-Zitat erläutert, während in der ausführlichen begriffsgeschichtlichen Abhandlung des Stichwortes ›Unbewußt‹, in der auch psychologische Theorien referiert werden, die Psychoanalyse wiederum überhaupt nicht erwähnt ist. – An der späteren Geschichte dieses Wörterbuches wird der Fortschritt der Psychoanalyserezeption in der Philosophie erkennbar: In der 4. Auflage (1929[4]) wird das Stichwort ›Psychoanalyse‹ bereits ausführlich behandelt und das Konzept des (dynamischen) Unbewußten zumindest in Umrissen skizziert. – Unter dem Titel »Historisches Wörterbuch der Philosophie« wird dieses Lexikon seit 1971 in einer völlig überarbeiteten Fassung wieder herausgegeben (Hg. J. Ritter und K. Gründer). In den bisher erschienenen sechs Bänden werden selbst ausgesprochen psychoanalytische Fachtermini wie Abwehrmechanismus, Gegenbesetzung, Introjektion, Metapsychologie und Libido berücksichtigt (Beiträge von W. Loch und J. Cremerius).

Ein Beispiel für eine sehr periphere Würdigung der Psychoanalyse ist das umfangreiche »Handbuch der Philosophie« (Hg. A. Baeumler und M. Schröter, 1934), in dem zahlreiche maßgebliche Philosophen der Schulphilosophie mit Beiträgen vertreten sind. Der dritte Band dieses Handbuches ist dem Thema »Mensch und Charakter« gewidmet und behandelt philosophische Anthropologie, Ethik, Psychologie und philosophische Pädagogik. Angesichts der Tatsache, daß sich hier sogar ein eigenes Kapitel über Charakterologie findet, ist die vollständige Auslassung der Psychoanalyse auffällig. Sie wird in diesem Band nur in einem Aufsatz über die Ethik des Altertums (von E. Howald, Bd. III, B 5, S. 28) erwähnt! Die Hinweise in den anderen Bänden sind ebenfalls kurz und unergiebig (vgl. Bd. I, D 8, 28; Bd. II, C 46f.; Bd. IV, C 49).

Im »Philosophischen Wörterbuch« von H. Schmidt (1916) findet sich immerhin das Stichwort ›Psychoanalyse‹. Die gegebene Definition ist inhaltlich sicher unzulänglich, zu berücksichtigen ist aber der relativ bescheidene Gesamtumfang des Lexikons sowie der Zeitpunkt der Veröffentlichung. – Hier ist ein Vergleich mit der 10. völlig neubearbeiteten Auflage von 1943 interessant. Im Gegensatz zu früheren Auflagen wird nun die Betonung der Sexualität durch die Psychoanalyse in den Vordergrund gestellt: »Stets wird dem Sexuellen (der sog. ›Libido‹) gemäß jüdischer Erfahrung eine zentrale Rolle zugeschrieben, indem das gesamte menschliche Seelenleben im allgemeinen auf sexuelle Lust- oder Unlusttriebe zurückgeführt wird.« (S. 465) Die inzwischen von Freud selbst präzisierte Definition der Psychoanalyse (1923) wird nicht erwähnt.

In dem »Systematischen Wörterbuch der Philosophie« von K. W. Clauberg und W. Dubislaw (1923) werden unter dem Stichwort ›Psychoanalyse‹ die wichtigsten theoretischen Aussagen Freuds in elf Punkten zusammengefaßt. Im Verhältnis zum Gesamtumfang des Lexikons nimmt diese Darstellung relativ breiten Raum ein. Andere Wörterbücher wie etwa das von F. Mauthner (1910) berücksichtigen die Psychoanalyse überhaupt nicht. Zusammenfassend kann man sagen, daß die Psychoanalyse in den zeitgenössischen Lexika sehr unterschiedlich und z. T. sporadisch behandelt wurde, was darauf schließen läßt, daß man ihre Relevanz für die Philosophie auch recht unterschiedlich beurteilte.

2. Die Intensität der Psychoanalyserezeption am Beispiel philosophiegeschichtlicher Lehrbücher

Am ehesten den systematischen Standardwerken der Einzelwissenschaften vergleichbar sind in der Philosophie wohl die Lehrbücher der Philosophiegeschichte. Sie geben im Hinblick auf die Gegenwartsphilosophie ein recht genaues Bild, wie die unterschiedlichen Strömungen von den jeweiligen Autoren eingeschätzt und in ihrer Bedeutung beurteilt wurden. Die Behandlung der Psychoanalyse, so zeigt sich in der Übersicht, fällt im allgemeinen recht dürftig aus, was vor allem im Vergleich mit anderen Gebieten der Psychologie auffällig ist. Aufschlußreich und zu beachten ist auch die philosophiehistorische Einordnung der Psychoanalyse.
Karl Vorländer beispielsweise erwähnt in seiner traditionsreichen »Geschichte der Philosophie« (1927^{7}, 3 Bde.) die Psychoanalyse unter dem Thema ›Irrationalismus und Intuitionismus‹. Sie sei anfangs ›hygienisch‹ gemeint gewesen, dann aber »zum Teil durch den Anreiz des mit ihr verbundenen Sexualpathologischen« (3. Bd., S. 247) zur Modesache geworden.
Zu den Standardwerken der Philosophiegeschichte gehört auch F. Überwegs »Grundriss der Geschichte der Philosophie« (1923^{12}), worin im 4. Teil, welcher der deutschen Philosophie des 19. Jahrhunderts und der Gegenwart gewidmet ist, im Kapitel über Psychologie, die Psychoanalyse mit der folgenden kurzen Bemerkung abgetan wird:

»Nicht unbedenklich war der Einfluß, den die Breuer-Freudschen Anschauungen über Verdrängbarkeit von Affekten, insbesondere erotischen Frühimpressionen, mit dem Ergebnis des Entstehens einer Neurose, in manchen, insbesondere medizinischen Kreisen gewonnen haben, insofern als ausschließlich alles bis zu den Produktionen der Genies auf diesem Wege erklärt wurde und erklärt wird.« (S. 486)

Daneben findet sich immerhin ein relativ umfangreiches Verzeichnis der Schriften Freuds und anderer psychoanalytischer Autoren (S. 490). E. v. Aster, der sich andernorts als guter Kenner der Psychoanalyse erwies (1930), erwähnte Freud in seinem Buch »Die Philosophie der Gegenwart« (1935) kaum – betonte allerdings einleitend, daß Auslassungen angesichts des Raummangels keine Wertschätzungen implizierten. R. Müller-Freienfels (1923) beschrieb die Grundzüge der Psychoanalyse in distanziertem, aber eher wohlwollenden Ton und relativ ausführlich. Max Scheler, ebenfalls als Kenner der Psychoanalyse ausgewiesen, erwähnt sie in dem Aufsatz über »Die Deutsche Philosophie der Gegenwart« (1922) als Teil einer Bewegung »zu einer realistischen Psychologie im Unterschiede von bloßer Bewußtseinspsychologie«.
Neben diesen kurzen Erwähnungen der Psychoanalyse gibt es viele Autoren, die sie überhaupt nicht nennen (vgl. W. Moog 1922; F. Heinemann 1929; E. Becher 1929; R. Schmidt 1921; J. Hirschberger 1969[8]). Man könnte vermuten, daß hier die Zeitspanne zwischen der Entstehung und Ausformulierung der Psychoanalyse und ihrer Berücksichtigung in philosophie-*historischen* Lehrbüchern – auch wenn sie sich explizit mit der Gegenwartsphilosophie beschäftigen – zu kurz sei. Ein Blick auf einige z. T. recht umfangreiche Werke, die nach 1940 erschienen, widerlegt jedoch diese Vermutung: Tatsächlich wurde sie später genauso stiefmütterlich behandelt wie zuvor, wobei nun noch ideologische Erschwernisse hinzukamen. So findet sich zwar in dem 1943 erschienenen Buch von G. Lehmann »Die Deutsche Philosophie der Gegenwart«, in dem es teilweise recht völkisch zugeht, eine ausführliche und positive Würdigung C. G. Jungs (S. 456ff.) – Freud indessen wird nur kurz und in negativer Kontrastierung zu Jung erwähnt. Dieses Beispiel stützt die Annahme, daß die Rezeption Freuds und Jungs aufgrund ihrer unterschiedlichen weltanschaulichen Implikationen auch sehr verschieden verlief.
W. Del-Negros »Philosophie der Gegenwart« (1942) mutet schon faschistisch an. Obwohl der Autor versucht, die ›Philosophie des

Verfallstadiums‹ zu kennzeichnen, wird die Psychoanalyse, die in seinen Augen sicherlich hierhergehörte, nicht erwähnt. Von Philosophie ist hier auch kaum mehr zu sprechen. Auch in dem philosophiegeschichtlichen Standardwerk von W. Windelband (1948[14]) wird Freud nur am Rande erwähnt. Als Gegenbeispiel sei abschließend die »Geschichte der abendländischen Philosophie« von A. Baumgarten (1945) genannt, in welchem die Psychoanalyse als Sozialphilosophie kenntnisreich und differenziert besprochen wird. Baumgarten war Professor für Philosophie in der Schweiz, sein Buch erschien in Genf – auch ein Hinweis darauf, daß die Psychoanalyserezeption in der Schweiz anders verlief als in Deutschland.

3. Die Intensität der Psychoanalyserezeption am Beispiel einer philosophischen Fachzeitschrift

Die Berücksichtigung der Psychoanalyse in philosophischen Fachzeitschriften ist der genaueste Indikator für die Intensität der Rezeption. Hier gibt neben der Anzahl von Rezensionen und den Hinweisen in Originalarbeiten die ›Rezeptionslatenz‹ gewisse Aufschlüsse, d. h. die Zeit, die zwischen Erstveröffentlichungen und Besprechungen verstrich. Außerdem bieten sich Vergleichsmöglichkeiten mit der Berücksichtigung anderer Einzelwissenschaften, vor allem der Psychologie.

Unter den zahlreichen für diese Untersuchung in Frage kommenden Fachzeitschriften sind die »Kantstudien« aus verschiedenen Gründen besonders geeignet. Zum einen erschienen sie ab 1897 bis Ende der dreißiger Jahre (durchgesehen bis 1937) sehr kontinuierlich. Zum anderen repräsentieren sie als Organ der Kantgesellschaft die wichtigste Richtung der damaligen deutschen Schulphilosophie.

Die Kantstudien gaben thematisch einem breiten Spektrum von Originalbeiträgen und Rezensionen Raum. Neuerscheinungen aus Psychologie, Pädagogik, Ethik, Religionsphilosophie, Rechtsphilosophie und Soziologie wurden dort besprochen. Auf Freud bzw. die Psychoanalyse wurde sowohl im Rahmen philosophischer Originalbeiträge wie in Rezensionen Freudscher Schriften Bezug genommen. Außerdem wurden Bücher rezensiert, in denen Freud oder die Psychoanalyse behandelt oder erwähnt werden. Insgesamt ergibt sich auch hier das Bild einer recht mageren Auseinandersetzung mit der Psychoanalyse – wiederum v. a. auffällig im Vergleich mit der Psychologie. Der Höhepunkt der Rezeption liegt, wie schon erwähnt, zwischen 1925 und 1933. Vor 1914 wird Freud nicht ein einziges Mal genannt. Dann taucht sein Name erstmals im Lebenslauf eines Studenten aus Wien auf, der beim Preisausschreiben der Kantgesellschaft eine lobende Anerkennung für seinen Beitrag erhalten hatte! Der nächste Hinweis findet sich erst wieder 1918 (J. M. Verweyen, »Zur Logik der Gottesbeweise«!). Es folgt eine Pause bis 1924. In diesem Jahr erscheint eine Besprechung von R. Herbertz' »Das philosophische Urerlebnis«, in dem auf die Psychoanalyse Bezug genommen wird. Die erste Rezension eines Freudschen Werkes (»Das Ich und das Es«) leitet 1925 den bescheidenen Höhepunkt der Psychoanalyserezeption ein. 1926 wird Freud in einer Rezension des Buches von H. Y. Groenewegens »Das dunkle Problem der sexuellen Ethik« genannt, und im selben Jahr wird das Buch des Arztes E. Michaelis, »Die Menschheitsproblematik der Freudschen Psychoanalyse« besprochen sowie das »Jahrbuch der Charakterologie«, in dem R. Allers einen Aufsatz über Adler und Freud verfaßt hatte. In den Jahren 1927-33 folgen weitere kurze Erwähnungen Freuds – meistens werden Veröffentlichungen besprochen, die die Psychoanalyse behandeln.[1] Es finden sich nur noch zwei weitere Rezensionen Freudscher Originalarbeiten (beide 1932). Kein einziger philosophischer Aufsatz setzt sich mit der Psychoanalyse intensiver auseinander. Nach 1934 brechen selbst diese zaghaften Ansätze vollkommen ab.

Es ist indessen nicht ganz leicht zu überblicken, inwieweit der Verlauf der Psychoanalyserezeption in den Kantstudien repräsentativ ist. Das Bild sieht in anderen Zeitschriften etwas anders aus – so z. B. in den »Annalen der Philosophie und philosophischen Kritik« (hg. von H. Vaihinger und R. Schmidt, Bd. 1-8, 1919-1929). Das Programm der ›Annalen‹ war zunächst die Weiterentwicklung von Vaihingers Philosophie des Als-Ob sowie die Zusammenarbeit zwischen Philosophie und Einzelwissenschaft unter diesem Gesichtspunkt. In diesem Kontext erschien 1923 ein Aufsatz über »Fiktionalismus und Psychoanalyse« (Bd. 3, S. 283-295) und 1924 folgte eine weitere Arbeit über »Fiktionen der Psychologie und Mythologeme der Psychoanalytik« (Bd. 4, S. 273-302) (s. dazu III, 5.). Ab 1925 änderten die ›Annalen‹ ihren Charakter etwas und zeigten in den übrigen Bänden sehr detailliert und umfangreich neuerscheinende Literatur sämtlicher an die Philosophie angrenzenden Wissenschaften an. Davon profitierte auch die Psychoanalyse: 1925/26 finden sich gleich sechs Anzeigen von Veröffentlichungen Freuds, jeweils mit Inhaltsangabe und kurzer Besprechung. Weitere folgten bis 1929. Insgesamt finden sich in den 8 Bänden der Zeitschrift neun Rezensionen Freudscher Schriften und zwei philosophische Beiträge zur Psychoanalyse – erheblich mehr als in den ›Kantstudien‹ des gesamten Zeitraums.

III THEMATISCHE SCHWERPUNKTE DER PSYCHOANALYSEREZEPTION UND KRITIK

1. Die Psychoanalyse als Weltanschauung und die weltanschauliche Kritik

Das Interesse der Philosophie galt zunächst den weltanschaulichen Implikationen der Psychoanalyse, weniger bestimmten abgrenzbaren Teilen der psychoanalytischen Theorie. Ein kurioses Beispiel für die weitreichenden Unterstellungen, die man auf diesem Gebiet machte, ist ein Aufsatz von H. V. Philander »Zur Frage der Psychoanalyse aus der Krisis unserer Zeit heraus« (1927), in dem der Autor die Psychoanalyse als Verbündete im Kampf gegen den zeitgenössischen »Kulturbolschewismus« würdigt.
In idealistisch orientierten Kreisen der Schulphilosophie hingegen war es üblich, die Psychoanalyse weltanschaulich unter den Naturalismus zu subsumieren und sie als biologischen Monismus aufzufassen, in welchem die Eigenwesentlichkeit von Geist und Kultur geleugnet und diese letztlich auf Triebvorgänge reduziert würden. In seinem Buch »Die Philosophie des 20sten Jahrhunderts« (1951)^{2} etwa charakterisierte J. Hessen die Psychoanalyse als überwundene Form des Naturalismus, »... wonach das Geistige im Menschen kein selbständiges Prinzip, sondern ein bloßes Derivat der Triebsphäre ist, so daß zwischen Mensch und Tier nur eine graduelle Differenz besteht« (1951^{2}, S. 159). Dieser Kritik von Hessen, der hier übrigens im Kontext Freud negativ gegen Klages absetzte, ist zu entnehmen, daß man sich v. a. gegen Freuds Triebtheorie und die Theorie der Kultur wandte, oder genauer gesagt: gegen die in diesen beiden Theoriestücken (angeblich oder tatsächlich) enthaltene implizite Anthropologie. So schrieb A. Messer (1934^{5}), insgesamt ein moderater Kritiker der Psychoanalyse:

> »So bedeutsam und vielgestaltig aber auch die Eindrücke sind, die uns die Tiefenpsychologie in die unbewußte oder kaum bewußte Unterwelt des Trieblebens eröffnet hat, so darf darüber nicht übersehen werden, daß die meisten Vertreter dieser psychologischen Richtung der Gefahr nicht entgangen sind, im Geiste eines einseitigen Naturalismus den Menschen lediglich als naturhaftes Triebwesen aufzufassen und Blick und Verständnis einzubüßen für das eigentliche Wollen, seine Freiheit und die darin für das

Individuum enthaltene Möglichkeit, sich zur autonomen sittlichen Persönlichkeit emporzuarbeiten.« (S. 314)

Ganz in diesem Sinne äußerte sich auch Graf H. Keyserling (vgl. 1924[a], S. 31), der noch ausführlich zu Wort kommen wird. Bemerkenswert erscheint, daß die Autoren, die der Psychoanalyse einseitige Überbetonung der Triebhaftigkeit des Menschen und einen unangemessenen Reduktionismus hinsichtlich der höheren Kulturleistungen vorwarfen, zwar vor allem, aber keineswegs ausschließlich der idealistisch oder neuidealistisch orientierten Schulphilosophie zuzurechnen sind. Noch 1963 polemisierte etwa G. Lukács in seiner »Ästhetik« gegen die Fetischisierung »eventuell wichtiger Teilmomente wie der Sexualität« als einer alles bewegenden Kraft, die in einen »metaphysischen Gegensatz zum bewußten Leben gebracht« werde (Werke Bd. 11, S. 90).
Die weltanschauliche Auseinandersetzung mit der Psychoanalyse war zwar nicht im Ton, aber der Sache nach defensiv. Man fühlte sich angegriffen und verteidigte ein Konglomerat von weltanschaulichen Vorurteilen und Überzeugungen. Neben wichtigen einzelnen Aspekten der psychoanalytischen Theorie wie der Entdeckung der frühkindlichen Sexualität ging es v. a. um die psychogenetische Interpretation der Ursprünge des Gewissens und der Moral, von Religion und Kunst sowie der menschlichen Sozialität. Die psychogenetische Deutung der Kulturphänomene, der Aufweis ihrer entwicklungsgeschichtlichen Ursprünge, wurde als Angriff auf deren ›Sachgehalt‹ und sachliche Geltung empfunden:

»Ist die Ursache, auf welche eine geistige Erscheinung zurückgeführt wird, eine grob sinnliche, so zieht sie das Geistige zu sich herab. Die Religion, (welche »wahr« sein will) aus der Furcht zu erklären, war, mag diese Theorie noch so sehr als schlichte genetische auftreten, alle Zeit ein Mittel der Religionskritik. Sie sank auf das allzu menschliche Niveau der Furcht.« (Mauthner 1910, Bd. II, C 45)

Indem die Psychoanalyse die ›höheren Kulturleistungen‹ und vor allem: die *Moral* als Gewordenes und Bedingtes zeigte, rückte sie diese in den Bereich des historisch Veränderbaren. Philosophisch gesehen rührte Freud hier an das traditionsreiche Problem des Verhältnisses von Genesis und Geltung. Es wäre möglich gewesen, dieses Problem etwa am Beispiel der psychoanalytischen Kulturtheorie zu diskutieren. Dazu kam es allerding nicht. Offensichtlich war die Freudsche Kulturkritik zu explosiv und die beteiligten Affekte zu stark, um zu einer Reflexion der implizit angesprochenen philosophischen Frage, die Baumgarten 1945 folgendermaßen umreißt, vorzudringen:

»Besondere Empörung hat die Freudsche Psychologie dadurch hervorgerufen, daß sie zwischen der libido sexualis und unseren moralischen oder sonstigen ideellen Bestrebungen eine kausale Verknüpfung herstellen will. Hierin liegt, wurde von psychoanalytischer Seite her geltend gemacht, keine Entwertung des Ideellen, denn der Ursprung einer Vorstellung ist für ihren Wert nicht entscheidend. Indessen läßt sich das Wertproblem vom Ursprungsproblem ebensowenig scharf sondern, wie vom Realitätsproblem. Sagt man uns, daß Hingabe an große ethische Ziele, wie Menschheitsglück oder Kulturfortschritt ihrer Herkunft nach einen Ersatz darstelle für die uns von der Gesellschaft versagte ungeschmälerte sexuelle Befriedigung der sexuellen Triebe, dann heißt das, den Wert ethischer Betätigung herabsetzen.« (A. Baumgarten 1945, S. 435)

Baumgarten kennzeichnet sehr klar die eine mögliche Position in diesem Streit: das Wertproblem läßt sich vom Ursprungsproblem nicht lösen, d. h. die psychoanalytische Aufklärung der Entstehung und Funktion kultureller Einrichtungen relativiert und modifiziert zwangsläufig deren möglichen Geltungsanspruch. Die entgegengesetzte Auffassung wurde von Paul Häberlin vertreten, der, zweifellos um die Psychoanalyse vor dem Naturalismusvorwurf zu schützen, argumentierte, daß Wissenschaft ihrem Wesen nach wertneutral sei und daher weltanschauliche Überzeugungen weder schaffen noch zerstören könne –, auch dann nicht, wenn sie, wie die Psychoanalyse, die genetischen Wurzeln dieser Weltanschauungen aufzudecken versucht (vgl. S. 144ff.). – Beurteilt man diese Auseinandersetzung aus heutiger Sicht, so ist zu berücksichtigen, daß die Psychoanalyse bestimmten kulturellen Institutionen gegenüber tatsächlich nicht neutral war. Dieses Stück aufklärerischer Weltanschauung, das beispielsweise in Freuds Religionskritik zutage tritt und das in der linken Sozialphilosophie später immer wieder im Sinne einer Geistesverwandtschaft zwischen Freud und Marx gedeutet wurde, stieß in der zeitgenössischen Philosophie auf eine starke neoidealistische Strömung. Es liegt nahe, daß es da zu Unverträglichkeiten kommen mußte: während die Psychoanalyse zweifellos in kritischer Absicht nach der psychologischen Entstehung und Funktion von Werten und kulturellen Institutionen fragte, zielte etwa der Neukantianismus – eine der einflußreichsten Strömungen der zeitgenössischen Philosophie – auf eine Apriori-Begründung der Wertphilosophie, was letztlich auf eine Ahistorisierung jener ›höheren Kulturphänomene‹ hinauslief. Hier lagen Welten dazwischen. Gerade dieser Aspekt der Diskussion um die psychoanalytische Kulturtheorie demonstriert jedoch auch, daß Adornos Behauptung, die Auftrennung von Genesis und Geltung und der Versuch, diese beiden Momente als disparat auszugeben, stehe ideologiegeschichtlich häufig im Dienste einer ›Legitimation des Bestehenden‹, nicht ganz von der Hand zu weisen ist (vgl. 1955, GS Bd. 8, S. 76).

2. Psychoanalyse und Anthropologie: Die Rezeption der Triebtheorie

> Einstweilen bis den Bau der Welt
> Philosophie zusammenhält,
> erhält sich das Getriebe
> durch Hunger und durch Liebe.
>
> (Schiller)

Cremerius (1981, S. 24) und Brodthage/Hoffmann (in Cremerius 1981, S. 140) haben auf die Tatsache hingewiesen, daß sich aus dem raschen Begriffswandel der psychoanalytischen Theorie für die Rezeption erhebliche Schwierigkeiten ergaben. Dies v. a. auch deshalb, da der komplexe und vielschichtige Prozeß der Theoriebildung gerade wegen der geringen Transparenz der klinischen Basis der Psychoanalyse für Außenstehende nur schwer zu übersehen war. Dies stimmt insbesondere für die Entwicklung der Triebtheorie, deren Rezeption spezifische Probleme aufwarf.

Freud hielt die Triebtheorie stets für ein zentrales Bestandsstück der Psychoanalyse und formulierte sie entsprechend seiner fortschreitenden klinischen Erfahrung mehrmals um, so daß sich retrospektiv zumindest drei verschiedene Fassungen unterscheiden lassen (vgl. H. Nagera 1974, S. 26ff.). So nahm er zunächst, bis etwa 1911, bekanntlich eine Dualität von Ich- und Selbsterhaltungstrieben einerseits und Sexualtrieben andererseits an. Die Hypothese der Ichtriebe in dieser ersten Fassung der Triebtheorie wurde interessanterweise kaum registriert. Dies mag daran liegen, daß Freud selbst auf die Untersuchung der Ichtriebe – im Vergleich zu den Sexualtrieben – relativ wenig Aufmerksamkeit wandte; jedenfalls war die Auslassung für die Rezeption folgenreich: zum einen wurde nun die dualistische Grundstruktur der Triebtheorie übersehen und zum anderen die Bedeutung, die Freud dem seelischen *Konflikt* für die Neurosenentstehung beimaß und der zu dieser Zeit noch als Konflikt zwischen Ichtrieben und Sexualtrieben verstanden wurde.

Zu großer Verwirrung führte auch die Tatsache, daß phasenweise verschiedene Versionen der Triebtheorie gleichzeitig existierten und gültig waren. So führte Freud 1914 unter dem Eindruck der Entdeckung des Narzißmus die Unterscheidung von Ichlibido und Objektlibido ein, hielt aber gleichzeitig an der Unterscheidung von Ichtrieben und Sexualtrieben fest. Hier bereitete zusätzlich die Rezeption des Libidobegriffs große Schwierigkeiten (s. unten S. 30f.).

Die zunehmend stärkere Berücksichtigung der Aggression in der Entwicklung der Triebtheorie wurde zunächst kaum bemerkt – man war noch reichlich mit den Vorstellungen über die frühkindliche Sexualität okkupiert (s. unten S. 28). Auf starke, wenn auch geteilte Resonanz stieß erst wieder die letzte Version der Trieblehre, die Unterscheidung von Lebens- und Todestrieben – ohne Zweifel aufgrund ihrer besonderen Konsequenzen für die Kulturtheorie. Der Höhepunkt der daran sich anschließenden Diskussion fällt allerdings in die Zeit nach 1940.

Zumindest in zweierlei Hinsicht gab es Mißverständnisse, die sich bei einer gründlicheren Rezeption hätten vermeiden lassen: Zum einen wurde, wie schon erwähnt, nicht selten die Tatsache übersehen, daß die Triebtheorie zu jeder Zeit dualistisch war. Und zum anderen wurde gerade in der Philosophie der Sachverhalt nicht ausreichend gewürdigt, daß die Triebtheorie auf der Grundlage klinischer Erfahrungen formuliert und entwickelt wurde. Freud prätendierte nirgends Vollständigkeit und systematische Abgeschlossenheit der Triebtheorie, wie man ihm vorwarf. Versuche seitens der Philosophie, aus der Triebtheorie eine implizite Anthropologie herauszudestillieren, gingen an Freuds Verständnis vom Sinn seines Entwurfs vorbei – waren aber gleichwohl relativ häufig.

Welche Aspekte der psychoanalytischen Triebtheorie wurden im einzelnen aufgenommen? Wie wurden sie beurteilt und in welchem philosophischen Kontext stand die Rezeption?

Um ähnlich wie viele Autoren mit der Kritik zu beginnen: Der häufigste und mit beachtlicher Stereotypie sich wiederholende Vorwurf lautete, die Psychoanalyse überschätze und überbetone die Sexualität, wobei man sich mehr oder weniger ausdrücklich zum einen gegen die Theorie der frühkindlichen Sexualität (»Ausweitung des Sexualitätsbegriffs«), zum anderen gegen die psychoanalytische Symboltheorie (sexueller Gehalt von Traumsymbolen usw.) sowie die Interpretation von Phantasie und Kunst unter Rekurs auf die Triebpsychologie (mit Hilfe des Konzepts der Sublimierung, s. III, 4.) richtete.

Diese Kritik wurde auch von Autoren geäußert, die zumindest vorgeblich die Verdienste Freuds hinsichtlich der Entdeckung der Bedeutung der Sexualität würdigten. So anerkennt A. Messer grundsätzlich »die Bedeutung des Sexuellen für das ganze Seelenleben« (1914, S. 200f.), findet aber gleichzeitig die »Erweiterung des Sexualitätsbegriffs« (ebd.) im Sinne der frühkindlichen Sexualität und v. a. des Ödipuskomplexes anstößig: »Überhaupt hat die Tendenz, überall nach Sexuellem zu suchen, schon riesenhaft um sich gegriffen« (ebd.). An anderer Stelle äußert Messer, der wohlgemerkt zu den moderaten Rezipienten der Psychoanalyse gerechnet werden muß – hinsichtlich der Einschätzung der Tragweite des Lustprinzips und des Sexuellen wie auch hinsichtlich des Versuches, noch in den höchsten Kulturleistungen nur Sublimierungen des Geschlechtstriebes zu sehen, sei es zu »maßlosen Übertreibungen« gekommen (1934[5], S. 312f.). – Auch R. Müller-Freienfels (1929) beklagt an der Psychoanalyse die einseitige Verabsolutierung der Sexualität (vgl. S. 104). Zudem habe »...der pikante Reiz, den die Sexualpathologie auf viele Leute ausübt, ...die psychoanalytische Forschung oft auf recht unerquickliche Wege verlockt« (1923, S. 89). Auch Müller-Freienfels ist grundsätzlich ein wohlwollender Kritiker der Psychoanalyse. – H. Nohl, auf den ich noch ausführlicher zu sprechen komme (s. IV, 6), sieht in der Entdeckung der Sexualität ein Verdienst Freuds, wenngleich »...die Übertreibungen seiner Schule bis zum Irrsinn gingen und sehr gefährlich gewirkt haben« (1949[4], S. 67). Grundsätzlich zustimmend äußerte sich M. Scheler über die Theorie der frühkindlichen Sexualität und die Bedeutung der Fixierung für die Entstehung der Neurosen (1913[a], S. 177ff., zu seiner Kritik der Triebtheorie s. u.). – Auch E. v. Aster würdigt die psychoanalytische Lehre der frühkindlichen Sexualität und des Ödipuskomplexes sowie dessen Bedeutung für die Gewissensbildung (s. IV, 9). – E. W. J. Meyer (1925) behandelt in seiner Arbeit »Zum Sinn und Wesen der Geschlechter« – ein Schmuckstück für jede Stilblütensammlung! – die psychoanalytische Triebtheorie positiv: Er akzeptiert die Erweiterung des Begriffs der Sexualität über den Geschlechtstrieb (im Sinne der genitalen Sexualität) hinaus als ein Verdienst Freuds und anerkennt die Theorie der Partialtriebe und des zusammengesetzten Aufbaues des Geschlechtstriebes sowie die Tatsache, »...daß sogar gegengeschlechtliche familiäre Liebesbeziehungen häufig irgendwie sexuell gefärbt sind« (S. 137). Das Echo auf die psychoanalytische Sexualtheorie war also gemischt: Neben einem kritischen Unterton läßt sich durchaus auch Anerkennung finden. Die Kritik richtete sich häufig gegen die *Gewichtung* innerhalb der Triebtheorie (›Überbetonung‹ der Sexualität). Ihrem Bedürfnis nach einem ausgewogeneren Menschenbild folgend, fühlten sich daher manche Autoren veranlaßt, noch weitere – und man möchte sagen: ›menschlichere‹ – Triebe zu postulieren, als dies in der Psychoanalyse geschah. So plädierte H. Nohl für die Existenz eines ›Freiheitstriebes‹ (vgl. 1949[4], S. 67), und E. v. Aster, ein guter Kenner der Psychoanalyse, für einen ›Schaffenstrieb‹, der bei der Frau sich auf das Gebären (bzw. das Geborene) richte und beim Mann sich eine Ersatzbefriedigung im ›Werk‹ zu suchen habe. E. Bloch, der die psychoanalytische Triebtheorie sehr genau rezipierte – (einer der wenigen, der die Bedeutung der Ichtriebe in der ersten Fassung der Triebtheorie registrierte) – bemängelte die Vernachlässigung des Hungers (»Doch so laut der Hunger brüllt, so selten wird er hier ärztlich genannt«, 1959, S. 72), und sieht im Trieb nach Selbsterhaltung den einzigen eigentlichen ›Grundtrieb‹. Die Bereitschaft, in der Philosophie nach eigenem Gutdünken zusätzliche oder alternative Hypothesen zur Triebtheorie aufzustellen, zeigt m. E., daß der *Kontext klinischer Erfahrungen*, in dem Freud die Triebtheorie entwickelte und veränderte, nicht oder nicht genug berücksichtigt wurde.

Sicherlich waren manche Aspekte der Freudschen Triebtheorie durch die klinische Erfahrung *nicht* zu decken und in diesem Sinne spekulativ. Hierher gehört z. B. die Todestriebhypothese, die auch in der Psychoanalyse selbst auf Kritik stieß. Sie wurde in der Philosophie vor 1940 überwiegend skeptisch beurteilt. (Für ihre Neubewertung später waren v. a. die Arbeiten von Herbert Marcuse maßgeblich.) J. Klatzkin (1935) kommt zu der Feststellung, daß die Todestriebhypothese »eine ganze Kette von biologischen Paradoxien mitschleppen« (S. 104) mußte:

»Man wird auch versucht zu fragen: cui bono? wozu überhaupt diese gewundene und verschwenderisch geistreiche Theorie? Welche Erscheinungen werden durch ihre Hypothese erklärt? Und welcher biologische Sinn soll einer Organisation innewohnen, in der die stärksten und lustvollsten Triebe, die Sexualtriebe, bloß als Störenfriede auftreten, bloß als Plagegeister wirken? als übelwollende Widersacher des Lebensziels, die die Rückkehr ins Leblose verhindern?« (S. 106)

Auch E. v. Aster, der der Psychoanalyse sonst in allen wichtigen Positionen folgte, möchte sich von der Annahme des Todestriebes vorsichtig distanzieren. Um ein Möglichstes an Konsens zu retten, setzte er ihn verharmlosend mit dem Homöostaseprinzip gleich: »Der Todestrieb ist ja doch trotz seines Namens im Grunde kein feindlicher Trieb des Organismus gegen sich selbst, sondern einfach ein Trieb zu normaler Erniedrigung des Energieniveaus« (1930, S. 192).

Größte Schwierigkeiten bereitete die Rezeption des Libidobegriffs. F. Scheer (1933) kritisierte, Freud sei eine präzise Definition des Libidobegriffs schuldig geblieben und erkläre diesen nur unter Zuhilfenahme »eines verschwommenen Gefühlsanalogons«. Freud habe libidinöse Beziehungen überhaupt mit Liebesbeziehungen und noch allgemeiner mit Gefühlsbindungen gleichgesetzt (Scheer stützt sich bei seinen Erkenntnissen auf das Buch des Arztes E. Michaelis, »Die Menschheitsproblematik der Freudschen Psychoanalyse«, 1925).

Wie häufig in der Psychoanalyserezeption ist es schwierig, die Spreu vom Weizen zu sondern, da sich in der Kritik weltanschauliche Vorurteile, eine schlechte Rezeption, aber eben auch berechtigte Schwierigkeiten miteinander verbinden. Daß der Libidobegriff bei Freud »...von einer einheitlichen Definition weit entfernt« ist (Laplanche, Pontalis 1973, S. 283), muß bei der Beurteilung der Rezeptionsschwierigkeiten berücksichtigt werden. Andererseits war doch immerhin klar, daß Freud unter Libido das energetische Substrat der Sexualtriebe verstand und sie qualitativ von der psychischen Energie überhaupt abtrennte (vgl. 1905, GW Bd. 5, S. 118). Scheer hatte sich in seiner Freud-Kritik an Max Scheler orientiert, der 1913 schrieb, Libido und Geschlechtstrieb würden in der Psychoanalyse nicht klar unterschieden und der Libidobegriff sei überhaupt unklar. Aber das war 20 Jahre zuvor!

Auf Schelers Ausführungen werde ich noch genauer eingehen (vgl. IV, 10). Hier sei nur erwähnt, daß er im Hinblick auf die Libidotheorie die Vorstellung kritisierte, daß sich der Geschlechtstrieb aus Partialtrieben aufbaue, die sich durch die Erfahrungen von Reizempfindungen an den erogenen Zonen differenzierten. Er wandte sich damit gegen die Theorie der Organlust und des Autoerotismus und betonte demgegenüber die primäre Objektbezogenheit der frühkindlichen Sexualität: »Darum ist auch niemals verständlich zu machen, wie aus bloßen zufällig mechanisch erzeugten Wollustempfindungen das, was Freud ›libido‹ nennt, entstehen soll. Auch die ›libido‹ ist eine *ursprüngliche* Strebenstatsache, bestimmt in ihrem Objekte durch eine Regung der vitalen Liebe...« (1913a, GW Bd. 7, S. 200). Der Gesichtspunkt, den Scheler bemerkenswerterweise hier vorwegnimmt, wurde in der Psychoanalyse im Rahmen der ›Objektbeziehungspsychologie‹ erst 30 Jahre später in seiner Bedeutung voll erkannt und theoretisch ausgearbeitet![3]

Überhaupt wurde die energetische Betrachtungsweise, die sich mit dem Libidobegriff in der Metapsychologie verbindet, in der zeitgenössischen Philosophie überwiegend abgelehnt (und sie gehörte wohl auch zu den nicht unproblematischen Teilen der psychoanalytischen Sprache[3a]). So kritisiert J. Schultz den Libidobegriff als eine ›überflüssige Fiktion‹, die zwar illustrativ, aber nicht unschädlich sei, da »...sie dem Unkundigen oder Unvorsichtigen leicht vorspiegelt, es könnte im Psychischen ›Energie‹ physikalischen Wortsinns, also energetische Mengen, Äquivalente, Umwandlungen geben« (1924, S. 282f.).

Ähnlich äußert sich Th. W. Adorno:

> »Wir verzichten hier darauf, die Problematik jener ökonomischen Auffassung des Seelenlebens zu verfolgen, die herrührt von der Unmöglichkeit, die Wägbarkeit und Meßbarkeit, die im Gebiet der physischen Dinge gilt, in gleicher Weise fürs phänomenale Gebiet und auch für die Seelendinge durchzuführen.« (1927, GS Bd. 1, S. 266)[4]

In welchem philosophischen Kontext und mit welcher Intention wurde die psychoanalytische Triebtheorie rezipiert?

Die Intention der Rezeption war im allgemeinen so unterschiedlich wie der philosophische Ansatz, vor dessen Hintergrund und in dessen Kontext sie stattfand. Dennoch kann man vielleicht sagen, daß eine große Zahl philosophischer Autoren die psychoanalytische Triebtheorie als eine implizite Anthropologie verstand. Entsprechend kritisierte M. Buber (1927), die Psychoanalyse sei sich des geschichtlichen Charakters ihres Bildes vom Menschen nicht bewußt. Sie beschreibe nämlich, indem sie »... die Vielfalt der Menschenseele auf ein einziges Urelement – ›Libido‹, ›Geltungsdrang‹ und dergleichen mehr« zurückführe, zutreffend nur den Menschen in einer bestimmten geschichtlichen Situation – nämlich in der geschichtlichen Situation der »inneren Entgemeinschaftung und Vergewaltigung« (1927, Werke Bd. 1, S. 790). Später (1943), in der Auseinandersetzung mit der Anthropologie M. Schelers möchte Buber den Begriff der Sublimierung historisch relativiert wissen:

»Aber wiewohl diesen Kategorien (Verdrängung und Sublimierung, d. Verf.) eine allgemeine Geltung zukommt, so ist doch die zentrale Stellung, die Freud ihnen verleiht, ihre beherrschende Bedeutung für den ganzen Aufbau des persönlichen und gemeinschaftlichen Lebens und insbesondere auch für die Entstehung und Entwicklung des Geistes, nicht im allgemeinen Wesen des Menschen, sondern nur in der Lage und Beschaffenheit des typischen heutigen Menschen begründet. Dieser Mensch aber ist erkrankt, sowohl in seinem Verhältnis zu den anderen, als auch in seiner Seele selbst.« (1943, Werke Bd. 1, S. 396f.)

Für Buber ist mit anderen Worten das Menschenbild der Psychoanalyse nur in geschichtlichem, *nicht* aber im metaphysischen Sinne wahr.

In ganz anderer Weise wirft auch E. Bloch der Psychoanalyse im Hinblick auf die Triebtheorie mangelndes Bewußtsein ihrer Geschichtlichkeit vor. Die ›Grundtriebforschung‹ habe zum einen die Geschichtlichkeit der Triebe selbst zu beachten, die keine Naturkonstanten, sondern plastisch formbar und entwicklungsfähig seien. Zum anderen aber und wichtiger noch, hebt Bloch die Geschichtlichkeit der Trieb*theorien* hervor, in denen sich, wie in der Auffassung vom Menschen überhaupt, jeweils Epoche, Gesellschaft und auch Schicht ihrer Urheber spezifisch artikulieren. Im Hinblick auf die psychoanalytische Triebtheorie vermutet Bloch, wie schon erwähnt, auch einen Zusammenhang zwischen der Vernachlässigung des Hungers und der Klassenzugehörigkeit der Psychoanalytiker bzw. Freud selbst.

Weiteres zum philosophischen Kontext der Triebtheorierezeption wird bei der Darstellung einzelner Autoren nachzutragen sein.
Ich möchte zusammenfassen:

1. Die philosophische Auseinandersetzung mit der psychoanalytischen Triebtheorie blieb überwiegend recht allgemein. Ausnahmen stellen z. B. M. Scheler oder E. Bloch dar.
2. Die psychoanalytische Theorie der frühkindlichen Sexualität wurde von vielen Autoren vordergründig relativ positiv aufgenommen, gleichzeitig aber wurde die angebliche Überschätzung, Überbetonung und Übertreibung der Bedeutung der Sexualität durch die Psychoanalyse scharf kritisiert.
3. Größte Schwierigkeiten bereitete die Rezeption des Libidobegriffes. Die damit verbundene energetische Betrachtungsweise der Metapsychologie wurde überwiegend abgelehnt oder zumindest skeptisch beurteilt.
4. Zahlreiche Philosophen sahen in der Triebtheorie (bzw. in der Psychoanalyse allgemein) eine implizite Anthropologie naturalistischer Provenienz. Die philosophisch-weltanschauliche Auseinandersetzung mit dieser Anthropologie bildete bei diesen Autoren den philosophischen Kontext der Rezeption.

3. Psychoanalyse und Ethik: Die Rezeption der Theorie des Überichs und des psychischen Determinismus

Viele Schwierigkeiten mit der Psychoanalyse in der Philosophie wurden auf dem Gebiet der Ethik besonders deutlich. So erwies sich das spezifische psychoanalytische Interesse an einer psychologischen Theorie des Subjekts und das philosophische an einer Begründung der Moral als nicht kompatibel. Inwiefern?
Während die Psychoanalyse die psychologischen und entwicklungsgeschichtlichen Ursprünge von Normen und Wertsetzungen in der Ontogenese sowie auch in der Gesellschafts- und Kulturgeschichte aufsuchte und dadurch deren absolute Verbindlichkeit zwangsläufig suspendierte, versuchte man in Teilen der Philosophie diese Absolutgeltung von Normen und Werten auf verschiedene Weise glaubhaft zu machen und zu ›begründen‹. Besondere Bedeutung nahm in dieser Diskussion natürlich die psychoanalytische Theorie des Überichs ein sowie deren Fortführung zu einer Theorie der Moral in den kulturtheoretischen Schriften Freuds.

Die Entwicklungspsychologie des Gewissens war aber nur der eine Stein des Anstoßes und vielleicht sogar der kleinere. Hinzu kam, daß die psychoanalytische Theorie des Unbewußten einen Begriff des Subjekts eliminierte, auf den die traditionelle Moralphilosophie angewiesen war. Und zwar rührte die Entdeckung handlungsdeterminierender unbewußter Motivationen an die Fiktion des freien und vernünftig sich selbst bestimmenden Subjekts – eine Fiktion, die v. a. den Gedanken von Verantwortlichkeit und Schuldfähigkeit einschloß und damit von ungeheurer Relevanz nicht nur für die Moralphilosophie, sondern etwa auch für die Rechtsphilosophie war.

Freud hatte bekanntlich den Ursprung des Gewissens in der sozialen Angst entdeckt, »... denn unser Gewissen ist nicht der unbeugsame Richter, für den die Ethiker es ausgeben, es ist seinem Ursprunge nach ›soziale Angst‹ und nichts anderes« (1915a, GW Bd. 10, S. 331), und diese Auffassung später durch die Theorie des Ödipuskomplexes noch präzisiert (1923, GW Bd. 13, S. 263). Die »Ableitung des Gewissensphänomens aus dem Trieb« (P. Häberlin), insbesondere aber den von Freud konstatierten Zusammenhang zwischen dem Ödipuskomplex und der Entstehung des Gewissens, fand man in der Philosophie nicht akzeptabel. Gegen »... solche schrankenlose und gefährliche Generalisierung der hypothetischen Annahmen eines Spezialgebietes«, meinte z. B. H. G. Stoker in ihrer ausführlichen Abhandlung über das Gewissen (1925, S. 45), müsse gründlich protestiert werden: »Was für einige sexualpathologische Sonderfälle gelten mag, darf nicht auf den Normalfall ohne weiteres übertragen werden« (ebd.).[5] Die mißratene Theorie des Gewissens in der Psychoanalyse ist nach Stoker die logische Folge ihres biologischen Monismus:

> »Wo wir das Gewissen positiv bewerten als Hemmung des Bösen, Schlechten, Unerlaubten, bewertet Freud diesen Verdränger negativ. Dieser Gegensatz ist verständlich aus der Tatsache, daß Freud Geist und Natur monistisch denkt und in dem Geiste nicht das Überbiologische, das dem Leben Transzendente erblickt, sondern es unter seinen Libidobegriff einordnet und zu dem Biologischen degradiert.« (S. 135)

Dieser Grundirrtum führe Freud auch zu so grotesken Behauptungen wie der, die Gewissensangst sei die Fortsetzung der Kastrationsangst (S. 136).

Sachlich aber entschieden stellte sich auch P. Häberlin, im übrigen

ein Anhänger der Psychoanalyse, Freuds entwicklungspsychologischer Auffassung des Gewissens entgegen. Seine Kritik ebenso wie die seiner Schülerin B. Hoffet wird noch ausführlich referiert (s. IV, 1. und IV, 11.).
Freud hatte schon früh entdeckt, daß die Zensur und ihre Funktionen unbewußt sind. 1907 äußerte er die Vermutung, daß unbewußte Schuldgefühle in der Entstehung der Zwangsneurosen eine Rolle spielten (1907, GW Bd. 7, S. 135), ein Gedanke, der später in der Neurosentheorie systematisch ausgebaut wurde. Die Erkenntnis, daß das Gewissen als der Garant der Moral und Inbegriff des Besseren und Höheren im Menschen (s. Stoker) an der Entstehung seelischer Erkrankungen Anteil haben sollte, war für die zeitgenössische Moralphilosophie erschütternd, da dadurch »...die Grenzen zwischen sittlich notwendiger und berechtigter Herrschaft über den Geschlechtstrieb und einer falschen, zur Krankheit führenden ›Verdrängung desselben‹ unklar und verwischt wurden«, so drückte es M. Scheler aus (1913a, GW Bd. 7, S. 208).
Wie kontrovers die psychoanalytische Einsicht in die Bedeutung des Überichs für die Pathogenese der Neurosen und die sich daran anknüpfende Moralkritik in der Philosophie beurteilt wurde, zeigt der Vergleich mit der Auffassung Adornos:

»In ihren heroischen Zeiten hat die Freudsche Schule, darin eines Sinnes mit dem anderen, aufklärerischen Kant, die rücksichtslose Kritik des Überichs als eines Ichfremden, wahrhaft Heteronomen gefordert. Sie durchschaute es als blinde und bewußtlose Verinnerlichung von gesellschaftlichem Zwang.« (Adorno 1966b, GS Bd. 6, S. 269)

Adorno kritisierte später, die Psychoanalyse habe ihren aufklärerischen Charakter im Laufe der Zeit gerade durch die Veränderungen der Theorie des Überichs zunehmend eingebüßt, – indem sie nämlich versuchte, ein neurotisches, also zwanghaftes, von einem ›gesunden‹, also bewußten Überich zu differenzieren, – was übrigens genau der Forderung Schelers entsprach. Aber: »Die aufklärerische Intention duldet keine unbewußte Kontrollinstanz, wäre es auch die zur Kontrolle des Unbewußten« (Adorno 1955, GS Bd. 8, S. 64).
Interessanterweise war Blochs Bewertung der psychoanalytischen Theorie des Überichs etwas zurückhaltender. Im Gegensatz zu Adorno sah er in der theoretischen Destruktion des Übrichs keineswegs nur den Aspekt der Aufklärung, da nach seiner Auffas-

sung zum Überich auch die vorwärtstreibenden »Postulate der Weltveränderung« gehören (1959, GA Bd. 5, S. 58).

Wie schon erwähnt, rührte die Psychoanalyse als Psychologie des Unbewußten an die Idee eines autonomen, sich in vernünftiger und bewußter Selbstbestimmung frei wählenden Subjekts. Das Problem der Willensfreiheit und damit verbunden die Vorstellung von Verantwortlichkeit und Schuldfähigkeit wurden insbesondere durch Freuds Theorie des psychischen Determinismus radikalisiert und neu gestellt. Die offenbar auch neuerdings noch aktuelle Diskussion dieser Probleme (vgl. U. Pothast 1978, J. Lutzi 1980) setzte trotz ihrer erheblichen Relevanz für die Ethik in der zeitgenössischen Philosophie erstaunlich zögernd ein. Es ragen darunter zwei konträre Positionen heraus, die kurz erwähnt werden sollen:

Nach Jaspers resultierte das falsche Postulat des psychischen Determinismus aus dem methodologischen Selbstmißverständnis Freuds. Freud habe die Psychoanalyse, die in Wahrheit verstehende Psychologie sei, als Naturwissenschaft bzw. erklärende Psychologie mißverstanden und daher die Forderung des psychischen Determinismus in Analogie zum universal gültigen Kausalitätsprinzip für den Bereich des Seelischen aufgestellt. Später wendete Jaspers diese methodologische Kritik existenzphilosophisch um und warf der Psychoanalyse vor, ihre deterministische Sicht erniedrige die Freiheit des Menschen (s. IV, 3.).

Adorno hingegen sah in der Rede vom psychischen Determinismus nichts anderes als die Annahme eines einheitlichen und durchgängigen Bewußtseinszusammenhanges. Diese oberste und grundlegendste Voraussetzung der Psychoanalyse sei mit der Theorie der freien Willenshandlung insofern vereinbar, als die ›Gesetzmäßigkeit‹ dieses Bewußtseinszusammenhangs gerade *keine* Kausalgesetzlichkeit ist, welche die Bewußtseinsphänomene auf bewußtseinstranszendente Ursachen bezieht. Vielmehr sind die Einzelphänomene, die im Bewußtsein gegeben sind *primär*, – so auch die freie Willenshandlung. Der sie verbindende Sinnzusammenhang als zugrundeliegende ›Gesetzmäßigkeit‹ wird nur nachträglich erschlossen. Diese Form der ›Determination‹ (die im strengen Sinn keine ist, denn sie gestattet keine Voraussagen) ist nach Adornos Auffassung mit der freien Willensbildung vereinbar.

In der angelsächsischen Philosophie wurde das Problem des psychischen Determinismus später vor allem im Lichte der von L. Wittgenstein verwendeten Unterscheidung zwischen Ursachen und Gründen diskutiert. Handeln aus Gründen bedeutet freies Handeln, während sich mit dem durch Ursachen bestimmten Handeln die Idee des Zwanges durch Kausalität verbindet. Ursachen – so Wittgenstein – werden experimentell gefunden, Gründe nur durch die Zustimmung des Betroffenen. Wittgenstein gibt folgendes Beispiel: Wenn jemand weiß, warum er über einen Witz lacht, so weiß er um seine Gründe, nicht um die Ursache seines Lachens. Freud habe Gründe und Ursachen verwechselt. Den entscheidenden Begriff unbewußter Gründe, der in dieser Grund-Ursache-Dichotomie vermitteln könnte, lehnte Wittgenstein ab (vgl. Wollheim und Hopkins 1982, S. 1-11).

Wittgensteins Vorwurf, Freud verwechsle Ursachen und Gründe, wurde später von Mac Intyre wieder aufgenommen. Mac Intyre argumentierte, daß Freud sich durch die Beobachtung des Wiederholungszwanges dazu gedrängt gesehen habe, Gründe nicht nur im Sinne von Intentionen, sondern gleichzeitig als determinierende Ursachen (Konzept des dynamischen Unbewußten) anzusehen. Er habe diese beiden Aspekte dann jedoch durcheinandergebracht (vgl. A. C. Mac Intyre 1958). In einer neueren Arbeit wenden sich Cosin und Freeman gegen diese Kritik Mac Intyres (vgl. in Wollheim und Hopkins 1982, S. 32-60): Mac Intyre halte an einer scharfen Grund-Ursache-Dichotomie fest, die eine Gegenüberstellung von Handlungsfreiheit und kausaler Determination impliziere. Kausalgesetze seien aber nichts anderes als ex posteriori beschriebene Regelmäßigkeiten, die keine determinierende Kraft an sich haben. Die Notwendigkeit, die sich mit der Idee von Kausalgesetzen verbinde, sei rein logischer Natur: Empirische Phänomene treten nicht kraft eines Kausalgesetzes auf, sondern werden nur durch Kausalgesetze beschrieben. Zwingend notwendig seien allein *theoretische* Konsequenzen, falls etwa bestimmte durch Kausalgesetze prädizierte Phänomene *nicht* auftreten. Diese Auffassung von Cosin und Freeman kommt der oben beschriebenen von Adorno nahe, sowohl hinsichtlich der Apriorizität der freien Willens-Handlung wie auch der Interpretation des Charakters von Kausalgesetzen.

Ich möchte zusammenfassen:

1. Die psychoanalytische Theorie des Überichs stieß in der zeitgenössischen Philosophie in drei Punkten auf Ablehnung: Zum einen wurde die Auffassung kritisiert, das Gewissen entstehe aus dem Ödipuskomplex. Man fand darin den naturalistischen Reduktionismus der Psychoanalyse (»Es ist fast immer das Gröbste, woraus verstanden wird«, Jaspers 1923[3], S. 329) nun auch hinsichtlich der Ethik bestätigt. Zum anderen stieß man sich – vorgeblich aus begrifflichen und terminologischen Gründen – an der Entdeckung Freuds, daß Anteile des Überichs unbewußt sein könnten und kritisierte den Begriff ›unbewußter Schuldvorwürfe‹ (vgl. dazu auch III, 5.). Und schließlich nahm man Anstoß an der Vorstellung, daß das Gewissen an der Entstehung von Neurosen maßgeblich beteiligt sei.
2. Die Frage des psychischen Determinismus wurde trotz ihrer unbestreitbaren Relevanz für die Ethik überraschend wenig diskutiert. Als Ausnahmen sind v. a. zwei gegensätzliche Stellungnahmen von Jaspers und Adorno zu nennen.

4. Psychoanalyse und Kulturphilosophie: Die Rezeption der psychoanalytischen Kulturtheorie

Die kulturphilosophische Auseinandersetzung mit der Psychoanalyse war in ihrem Charakter ausgesprochen weltanschaulich. Dies lag z. T. in der Natur der Sache, zumindest insofern, als Freud mit der Kulturtheorie den Rahmen der klinischen Erfahrung der Psychoanalyse als einer Individualtherapie verlassen hatte. Allerdings sah Freud zwischen der Ontogenese und der Kulturentwicklung einen außerordentlich engen Zusammenhang. Er faßte, vermutlich unter dem Einfluß des ›biogenetischen Grundgesetzes‹ von Haeckel, die individuelle Reifungsgeschichte als abgekürzte Wiederholung der Kultur- und Gattungsgeschichte auf (vgl. Görlich 1980, S. 23).[6] Durch die Analogisierung dieser beiden Prozesse hatte Freud die methodische Voraussetzung geschaffen, von der Ontogenese auf die Kulturgeschichte Rückschlüsse zu ziehen. Die Ontogenese war aber wesentlich als Triebgeschichte begriffen worden. Daraus folgte unvermeidlich und unbestreitbar eine gewisse Naturalisierung der Kulturtheorie. Dies sahen die kulturphilosophischen Kritiker der Psychoanalyse richtig. Aufgrund ihrer eigenen weltanschaulichen Voraussetzungen, die überwiegend ausgesprochen idealistischer Natur waren, scheiterte eine unvoreingenommene und sachliche Rezeption an diesem Punkt vollkommen.

Die Eigenart dieser weltanschaulichen Voraussetzungen wird am besten klar, wenn man sich eine ›Spezialität‹ der deutschen Kulturphilosophie in Erinnerung ruft: die Antithese von Kultur und Zivilisation.

In der »Idee zu einer allgemeinen Geschichte in weltbürgerlicher Absicht« hatte I. Kant 1784 geschrieben: »Wir sind in hohem Grade durch Kunst und Wissenschaft cultivirt. Wir sind civilisirt bis zum Überlästigen zu allerlei gesellschaftlicher Artigkeit und Anständigkeit. Aber uns schon für moralisirt zu halten, daran fehlt noch sehr viel. Denn die Idee der Moralität gehört noch zur Cultur; der Gebrauch dieser Idee aber welcher nur auf das sittenähnliche in der Ehrliebe und der äußeren Anständigkeit hinausläuft, macht die bloße Civilisirung aus«. (I. Kant 1784) Während Kant für die Kultur die *Idee* der Moralität reservierte, aber in der Zivilisation immerhin noch deren äußeren Gebrauch sah, verschob sich die Wertung in der Begriffsgeschichte dieser Antithese nach Kant immer mehr zugunsten der Kultur und auf Kosten der Zivilisation, – bis letztere schließlich nur noch die Verrichtungen des »Homo faber« bezeichnete. O. Spengler gar verstand die Zivilisation als das unausweichliche Auflösungsstadium der Kultur: Der zivilisierte Mensch hat keine vernünftige Kultur mehr. – Im Neuidealismus der südwestdeutschen Schule, der zeitgenössischen Philosophie Freuds, kam es nun – vielleicht gerade angesichts der Drohung eines gesellschaftlichen Rückfalls in die Barbarei während des 1. Weltkrieges und danach – zu einer besonders ausgeprägten Ahistorisierung der Kulturphänomene im Rahmen der Wertphilosophie. Während einerseits die Kultur in ein zeitloses Reich des Soll-Seins projiziert wurde, wurde die Zivilisation zunehmend zur blinden und betriebsamen Reproduktion der Gattung deklassiert. Man sah in der Kultur die Selbstobjektivation des Geistes und verband mit den Begriffen von Kultur und Geist eine vage Idee menschlicher Selbstvervollkommnung. Die Unterscheidung von Kultur und Zivilisation hatte, wie Ludwig Marcuse (1972) treffend schreibt, ihren Ursprung »in der idealistischen Deutung des Geistes als Himmel auf Erden« (S. 96). Sie blieb ein deutsches Phänomen, das in die Philosophie anderer europäischer Länder keinen

Eingang fand. Dafür gerieten nicht zuletzt auch auf Grund ihres emphatischen und inflationären Gebrauches die Begriffe Kultur und Geist in einen Definitionszirkel, in dem jedes durch das andere bestimmt werden sollte, tatsächlich aber beides unklar blieb. So galt auch zu Freuds Zeiten noch, was K. Gutzkow in seinem zeitkritischen Roman »Die Ritter vom Geiste« 1850 geschrieben hatte:

»Geist ist ein Chamäleon oder einer jener delikaten Fische des Altertums der, gekniffen und gemartert, in hundert Farben spielte. Über den Magen, das Herz ist man einig, man weiß, daß speisen und lieben oder um mich anständiger auszudrücken, geliebt zu werden in dieser Beziehung die befriedigendsten Seligkeiten gewähren, aber der Geist, dessen Nahrung, dessen Befriedigung, darüber rennen sich die Behälter des Geistes die Köpfe blutig aneinander...« (zit. nach H. Buchner, ›Geist‹, in: Handbuch phil. Grundbegriffe, Kösel 1973, Bd. 2, S. 536ff.).

Freud selbst lehnte die Unterscheidung von Kultur und Zivilisation vehement ab (»Ich verschmähe es, Kultur und Zivilisation zu trennen«, zit. nach L. Marcuse, 1972, S. 97) – nicht aus terminologischen Gründen, sondern weil sie seiner eigenen Kulturtheorie, in welcher eben »kein feiner Unterschied statuiert (wird) zwischen dem Ackerbau – und den Büchern, Bildern und Symphonien« (ebd.) zutiefst fremd war. Bemerkenswerterweise wurde aber diese Gleichsetzung von Kultur und Zivilisation in der Freudschen Kulturtheorie in der Philosophie kaum eigens diskutiert. Statt dessen wendete man sich – im Namen von Geist und Kultur – gegen die Ungeistigkeit, die sich in Freuds Menschen- und Kulturauffassung angeblich kundtat. So beurteilte Graf Hermann Keyserling 1924 die Psychoanalyse ›vom Geistesstandpunkt aus‹: »Für sie alle (die Psychoanalytiker, d. V.) ist, was immer sie behaupten, das Triebhafte die einzige Wirklichkeit. Von geistigen Werten wissen sie alle nichts...« (1924[a], S. 31). W. Schohaus kam zu dem Schluß, Freud negiere »die Existenz einer Geistigkeit im Seelenleben« (worunter Schohaus ein Interesse versteht, »das unabhängig ja möglicherweise im Gegensatz zur Lustgewinnung an Forderungen orientiert ist, die im subjektiven Erleben grundsätzlich mit objektivem Anspruch auftreten«, 1923, S. 41). H. G. Stoker beanstandete, daß »das höhere Wesen im Menschen, sein Geist... zur Lustprinzipsphäre degradiert« wird (1925, S. 44), und auch Jaspers hielt der Psychoanalyse eine »eigentümliche Ungeistigkeit« (1923[3], S. 329) vor. Freud kollidierte also offensichtlich mit einer recht überhöhten und verklärenden Menschen- und Kulturauffassung in der idealistischen Philosophie. Seine Versicherung, die Psychoanalyse habe sich doch »um das Höhere, Moralische, Überpersönliche im Menschen« gekümmert, indem »von Anbeginn an den moralischen und ästhetischen Tendenzen im Ich der Antrieb zur Verdrängung zugeteilt wurde« (1923, GW Bd. 13, S. 264), war in diesem Zusammenhang natürlich nur noch Öl ins Feuer gegossen. Denn seinen Kritikern ging es ja gerade *nicht* um eine Erklärung des Besseren und Geistigen im Menschen, sondern um dessen Erhöhung und Mystifizierung. Diesem Zweck diente letztlich auch die strikte Trennung von Kultur und Zivilisation.

Gleichsam als ›Markenzeichen‹ der psychoanalytischen Kulturtheorie faßte man in der Philosophie das Konzept der Sublimierung auf. Freud sah darin bekanntlich tatsächlich einen wichtigen Schlüssel zum Verständnis der ›höheren Kulturleistungen‹. Der Begriff stellte in gewisser Weise sogar ein Bindeglied zwischen der psychoanalytischen Trieblehre und der Theorie der Kultur dar, da er die Möglichkeit beschrieb, daß auf dem Wege einer Verschiebung des Triebzieles die Triebe auf gesellschaftlich und kulturell akkreditierte Weise sich Ausdruck verschaffen und umgesetzt werden können. Dazu stellte P. Häberlin zutreffend fest, die Sublimierung sei eher ein moralischer, jedenfalls kulturell wertender als ein psychologischer Begriff. Psychologisch könne man nur von einer »Verwandlung eines Triebmodus in einen anderen« (1924, S. 362) sprechen. Die kulturelle Bedeutsamkeit hinge aber nicht an der Triebmodifikation als solcher, »...sondern an der Verwendung des so oder so modifizierten Triebes zu bestimmten, eben kulturellen Zwecken« (ebd.). Ähnlich äußerte sich E. v. Aster, der in der Sublimierung einen Wertbegriff für ein Phänomen sah, welches psychopathologisch als Ersatzhandlung zu klassifizieren sei. Es drücke sich hierin allein eine kulturhistorisch relative gesellschaftliche Bewertung bestimmter Ersatzhandlungen aus (vgl. 1930, S. 197).

Obwohl die Vorstellung, daß die anarchischen Triebe des Menschen unter bestimmten Bedingungen auch kulturfähig oder sogar kulturfördernd sein können, doch eher ein versöhnliches Element der Freudschen Kulturtheorie darstellt, stieß das Konzept der Sublimierung auf heftigen Widerstand. Man sah darin eine weitere Spielart der ›naturalistischen Reduktion‹ des Geistigen auf das Triebhafte:

»Vor allem aber ist zu fragen, was mit dem Worte »Sublimierung« hier überhaupt gemeint ist. Nach Freuds Darstellung hat es den Anschein, als nähme er an, es entsprängen die Akte geistiger Betätigung, wie sie in aller Erkenntnis und Kunsttätigkeit, in allem Wirken im Beruf sich betätigen, aus verdrängter Libido. Sollte das wirklich Freuds Meinung sein, so erübrigt sich hier eine Diskussion; denn eine geistige Alchymie, durch deren Künste aus ›Libido‹ ›Denken‹ und ›Güte‹ und dergleichen gemacht wird, ist uns bisher absolut unbekannt geblieben.« (M. Scheler, 1913a, GW Bd. 7, S. 206)

Nicht ganz zu Unrecht hingegen wurde beispielsweise von Scheler kritisiert, daß »eine bestimmt umschriebene Angabe der differentiellen *Bedingungen*, die von der verdrängten Libido einmal in die Richtung der »Sublimierung«, ein andermal in die Richtung der Erkrankung führen sollen« (1913a, S. 208), in der Psychoanalyse fehle. Dem stimmte später auch Adorno zu, allerdings noch mit der Erweiterung, Freud habe die internen theoretischen Schwierigkeiten des Sublimierungsbegriffs unter Zuhilfenahme des äußeren Kriteriums der gesellschaftlichen Nützlichkeit nur umgangen:

»Im Freudschen System fehlt es insgesamt an jedem ausreichenden Kriterium für die Unterscheidung der ›positiven‹ und der ›negativen‹ Ichfunktionen, zumal der Sublimierung und der Verdrängung. Stattdessen wird von außen der Begriff des gesellschaftlich Nützlichen oder Produktiven einigermaßen vertrauensselig herbeizitiert.« (1955, S. 33)

Wie schon erwähnt, betraf der Vorwurf des Naturalismus – das Wort wurde in der zeitgenössischen Schulphilosophie fast ausschließlich als Pejorativ gebraucht – natürlich besonders die psychoanalytische Kulturtheorie. A. Liebert warf ihr beispielsweise gleich einen doppelten Naturalismus vor, nämlich in methodischer und erkenntnistheoretischer Hinsicht:

»Das offenbart sich mit belehrender Deutlichkeit an der viel zu einfachen, jedes tiefere geschichtliche Problem außer acht lassenden geschichtsphilosophischen Deutung, die Freud der Entwicklung der Menschheit zuteil werden läßt. Diese Art von naturwissenschaftlich-medizinischem Denken wird dem ungeheuer verwickelten Sachverhalt der Kultur nicht gerecht, ja sie erfaßt nicht einmal das Problem der Kultur als solches. Sie nivelliert seinen Gehalt und die Tiefe seines Sinnes und gleitet an der Dialektik dieses Sinnes vorbei. Sie ist in zwiefacher Beziehung der Ausdruck eines Naturalismus, der zu einem inneren philosophischen Verständnis und zu einer geschichtsphilosophischen Deutung der *Idee* der Kultur nicht ausreicht, nämlich eines Naturalismus in methodischer und eines Naturalismus in metaphysischer und weltanschaulicher Hinsicht... Die Psychoanalyse ist letzten Endes gar nicht bloß die Methode, in der sich eine rein positivistische Geisteshaltung niederschlägt, sie ist auch der Ausdruck einer einseitigen naturalistischen Lebensmetaphysik und einer naiv-biologistischen Philosophie.« (A. Liebert, Kantstudien, 1932, S. 194f.)

Eine weitergehende und differenziertere Auseinandersetzung mit Freuds Kulturtheorie fand in der Philosophie vor 1940 nicht statt. Die weltanschaulichen Blockierungen waren offensichtlich noch unüberwindbar. Es gingen dabei in erster Linie drei Gesichtspunkte verloren, die wahrzunehmen wichtig und wohl auch möglich gewesen wäre. Sie seien hier zumindest kurz erwähnt.
Obwohl man mit dem Naturalismusvorwurf an die Psychoanalyse ja nicht geizte, setzte man sich in der Philosophie mit der in Freuds Kulturtheorie enthaltenen Gefahr einer Biologisierung und Anthropologisierung soziologischer Phänomene kaum auseinander (vgl. zu diesem Problem Görlich 1980). Diese Gefahr lag vor allem in der Konsequenz der letzten Fassung der Triebtheorie. – Auch das tragische Moment in Freuds Kulturtheorie, die Vorstellung nämlich, daß ein erhebliches Maß von Triebunterdrückung im Wesen der Kultur, d. h. in ihrer Funktion, die äußere Natur zu bewältigen und die zwischenmenschlichen Verhältnisse zu regeln, begründet sei, wurde nur von wenigen Philosophen in seiner Tragweite erkannt (zu den Ausnahmen gehörte hier etwa M. Scheler!). – Und letztlich übersah man weithin auch die bescheidene Hoffnung in der psychoanalytischen Kulturtheorie, die Tatsache nämlich, daß Freud, obwohl er den Antagonismus zwischen Kultur und Triebnatur zunehmend stärker betonte, doch an der Idee einer ›rationalen Kultur‹ festhielt, die im Rahmen des der menschlichen Konstitution Möglichen auf einem Minimum an Repression aufgebaut wäre.

5. Psychoanalyse und Erkenntnistheorie: Die Rezeption der Theorie des Unbewußten

Der psychoanalytische Begriff des Unbewußten fand in der zeitgenössischen Philosophie besondere Beachtung und wurde v. a. unter erkenntnistheoretischen und methodologischen Gesichtspunkten aufgenommen und diskutiert. Man meinte einerseits, den Aporien und erkenntnistheoretischen Schwierigkeiten der Freudschen Theorie hier am ehesten auf die Spur zu kommen. Andererseits war die ›Psychologie des Unbewußten‹ ja tatsächlich der Titel für die gesamte psychoanalytische Theorie und verdiente deswegen besondere Aufmerksamkeit (vgl. Laplanche, Pontalis 1973, S. 563). Wie sich zeigt, vernachlässigte man in der Philosophie die mehrfache und die ›materiale‹ Bedeutung des Unbewußten: Man übersah die Fülle klinischer Beobachtungen und Phänomene, die sich mit dem Terminus in der Psychoanalyse verbinden.

Freud gebrauchte den Begriff bekanntlich in drei verschiedenen Bedeutungen. Diese lassen sich rudimentär bereits in der ersten Fassung der Traumdeutung finden und wurden 1912 (vgl. GW Bd. 8, S. 429) eindeutig unterschieden. Danach verwendete Freud den Begriff zum einen im *deskriptiven* Sinn, um die Qualität eines seelischen Zustandes oder Inhaltes hinsichtlich seiner Bewußtheit bzw. Unbewußtheit zu kennzeichnen. Zum anderen verwendete er ihn im *dynamischen* Sinn und benannte damit die Wirksamkeit bestimmter nicht bewußter Erlebnisinhalte, die er klinisch in den Phänomenen Widerstand und Verdrängung erfahren hatte. Und schließlich gebrauchte er den Ausdruck im *topischen* Sinn, indem er das Unbewußte als ein psychisches System beschrieb, dem bestimmte Merkmale und Funktionsweisen (etwa die des Primärprozesses) zugeordnet werden können. Die verschiedenen Bedeutungen des Begriffs spiegeln die Ebenen der psychoanalytischen Theoriebildung: Der deskriptiven Bedeutung entspricht die Ebene der phänomenalen Beschreibung, der dynamischen Bedeutung die Ebene der klinischen Konzepte (Widerstand und Verdrängung) und der topischen Bedeutung die Ebene der Metapsychologie (Theorie des Systems Ubw). – Mit der Einführung des Strukturmodells 1923 wurden die Verhältnisse vorübergehend unübersichtlicher. Gerade im Hinblick auf die Rezeption ist aber zu betonen, daß Freud am Konzept des dynamischen Unbewußten – eine der wichtigsten Entdeckungen der Psychoanalyse – entschieden festhielt: »Unseren Begriff des Unbewußten gewinnen wir also aus der Lehre von der Verdrängung. Das Verdrängte ist uns das Vorbild des Unbewußten« (1923, GW Bd. 13, S. 240). Dies kann deshalb nicht genug hervorgehoben werden, da die dynamische (wie auch die topische) Bedeutung so häufig vernachlässigt wurde. Die Beschränkung der Rezeption auf den oberflächlich-

sten, nämlich deskriptiven Sinn des Unbewußten folgte dem einseitigen Interesse an terminologischer Klärung dieses scheinbar widersinnigen Begriffs, wobei man die entscheidenden klinischen Sachverhalte, die Freud im Auge hatte, ausblendete. Eine wichtige Rolle hierbei spielte vermutlich auch – wie Freud selbst mehrfach feststellte –, daß man von dem geläufigen Vorurteil ausging, welches das Psychische überhaupt mit dem Bewußtsein identifizierte.
Hinzu kam, daß der Begriff des Unbewußten in der Philosophie eine lange Tradition hatte, die einer unvoreingenommenen Rezeption seiner neuen Bedeutung in der Psychoanalyse eher hinderlich war. Es lassen sich hier etwas schematisch zwei Traditionslinien unterscheiden: Die eine betrachtete das Unbewußte vorwiegend als ein erkenntnistheoretisches Problem, das prinzipiell im Rahmen der ›Bewußtseinsphilosophie‹ zu lösen sei. Die andere, spätere Traditionslinie wendete sich gerade *gegen* die Bewußtseinsphilosophie und behauptete, das Unbewußte sei dem Bewußtsein gegenüber ontologisch disparat und der Vernunfterkenntnis prinzipiell entzogen.[7] Beide Traditionslinien waren aufgrund ihrer Voraussetzungen dazu disponiert, den psychoanalytischen Begriff des Unbewußten selektiv und verzerrt zu rezipieren: die eine, indem sie ihn erkenntnistheoretisch einengte und letztlich daraus ein nur methodisch begründetes Konstrukt machte, das durch keinerlei empirische Erfahrung einzulösen sei; die andere, indem sie der Psychoanalyse einen ontologischen (metaphysischen) Begriff des Unbewußten zu supponieren versuchte. Einer der sehr wenigen Vertreter dieser zweiten Richtung (auf die ich im folgenden nicht weiter eingehe) ist A. Drews, ein Schüler E. v. Hartmanns (vgl. IV, 5).
Die Autoren der ersten Richtung betrachteten, wie schon erwähnt, das Unbewußte als eine unerläßliche theoretische Vorannahme im Sinne eines methodischen Konstruktes, welches empirisch nicht überprüfbar sei, aber wissenschaftskonstituierende Funktion habe. Und zwar insofern, als es für die Psychologie unumgänglich sei, vorauszusetzen, daß das Seelische sich auf einen einheitlichen und bruchlosen Zusammenhang beziehen läßt und nicht letztlich ein völlig diskontinuierliches Geschehen ist. Da man von der klinischen Erfahrung der Psychoanalyse völlig abstrahierte, übersah man, daß der durch den Begriff des Unbewußten theoretisch postulierte Zusammenhang am Material selbst zwar nicht ›vorfindlich‹, aber doch auf dem Wege der Interpretation konkret herstell-

bar und in diesem Sinne mehr als bloß ein methodisches Konstrukt ist. – Da einige der erkenntnistheoretischen Überlegungen zum Begriff des Unbewußten trotz gewisser Verkürzungen originell sind, möchte ich im folgenden die Beiträge der wichtigsten Autoren kurz erwähnen.

J. Schultz kam in seiner Arbeit »Fiktionen der Psychologie und Mythologeme der Psychoanalytik« (1924) zu dem Schluß, daß eine wissenschaftliche Psychologie nicht umhin könne, verschiedene Grundannahmen vorauszusetzen, die ›Fiktionen‹ seien. Den Begriff der ›Fiktion‹ entnahm Schultz der ›Philosophie des Als-ob‹ von H. Vaihinger, dem Begründer des ›Fiktionalismus‹, mit dessen Werk Freud selbst offensichtlich vertraut war (er bezog sich 1927 sehr kritisch auf den Versuch Vaihingers, den Begriff der ›Fiktion‹ auch auf religiöse Vorstellungen anzuwenden [vgl. GW Bd. 14, S. 350f.]). – Fiktionen sind nach Schultz, in Anlehnung an Vaihinger, Vorstellungen, deren Wahrheitswert nicht überprüfbar ist, die aber aus erkenntnispragmatischen Gründen für die Wissenschaft unverzichtbar sind. Insofern wäre auch ihr Gebrauch in der Psychologie unproblematisch. Neben diesen Fiktionen hätten nun aber noch zusätzlich ›merkwürdige Hilfsannahmen‹ Einzug in die Wissenschaft gehalten, »die Unpersönliches, um es begreifbar zu machen, personifizieren«. Diese nannte Schultz ›Mythologeme‹ und entdeckte eine größere Anzahl davon in der Psychoanalyse (nämlich in der Theorie der Verdrängung, der Konversion und Symptombildung sowie in der Traumtheorie). Da Schultz der Psychoanalyse grundsätzlich gewogen war, hoffte er, diese unstatthaften Theoriegebilde durch die Fiktionen und Hypothesen einer ›rationalen Seelenlehre‹ ersetzen zu können, – fiel dabei aber mit neurophysiologischen Erklärungsansätzen auf den Stand der Dinge vor Beginn der Psychoanalyse zurück.

Einen anderen Versuch, den Fiktionalismus auf die Psychoanalyse anzuwenden, unternahm Knopf (1923). Knopf stand der Psychoanalyse ebenfalls positiv gegenüber und widmete ihr eine kenntnisreiche Darstellung. Zu den ›fiktionalen Elementen‹ der psychoanalytischen Theorie rechnete er die Annahme eines Sinnzusammenhangs im Seelischen sowie den Begriff des Unbewußten (S. 286). Knopf wendete ein, daß Freud seine wissenschaftlichen Begriffe irrtümlicherweise als Hypothesen auffaßte, die mit dem Fortschritt der Wissenschaft prinzipiell zu bestätigen seien, anstatt als ›Fiktionen‹.

Mit anderen Worten, aber in der Sache ähnlich, äußerte sich A. Tumarkin (1929). Tumarkin hatte etwa zur gleichen Zeit mit P. Häberlin und R. Herbertz einen Lehrstuhl in Bern inne: Da das Unbewußte in keiner Weise erlebt werden könne oder direkt in Erscheinung trete, überschreite der Begriff die Grenze des Erfahrbaren und könne daher keine Geltung als wissenschaftliche Hypothese beanspruchen (S. 76). Interessant ist, daß Tumarkin die dynamische Bedeutung des Unbewußten (und die dahinterstehende klinische Erfahrung) auch sah, sie aber als ›indirekten Beweis‹ der Theorie mit einer ziemlich haarspalterischen Argumentation zu widerlegen versuchte: Der indirekte Beweis für die Annahme des Unbewußten schließe quasi von dessen Wirkungen (im Bewußtsein) auf die ›Ursache‹ (das Unbewußte) zurück. Damit werde aber das, was bewiesen werden sollte: die Existenz des Unbewußten und sein ›funktioneller Zusammenhang‹ mit dem Bewußtsein schon vorausgesetzt. Eine petitio principii also! (S. 76f.) Diese Überlegung träfe aber nur zu, wenn man sich das Unbewußte als eine Art ›Substanz‹ vorstellte, die dem Bewußtsein gegenüber transzendent ist – mit anderen Worten, wenn man der Psychoanalyse einen recht verdinglichten Begriff des Unbewußten unterstellte. Und genau dies tat Tumarkin: Sie kritisierte – vielleicht nicht *ganz* zu Unrecht –, daß die Psychoanalyse das Unbewußte zu einem ›Realfaktor‹ verdingliche (S. 79). Um dieser Gefahr zu entgehen, schlug sie vor, das Unbewußte als ›regulatives Prinzip‹ der psychologischen Erkenntnis aufzufassen, welches die Möglichkeit schaffe, das Seelische über die empirische Analyse hinaus (welche notwendig auf das Bewußtsein beschränkt bliebe) als einen ›rationalen Zusammenhang‹ zu konstruieren.

Grundsätzlich stimmte mit dieser Auffassung auch A. Messer (1934^5) überein: Der Begriff des Unbewußten sei notwendig, um das Seelische als einen durchgehenden Zusammenhang vorstellen zu können, ohne dabei auf Körperliches rekurrieren zu müssen (S. 347). Allerdings fügte Messer einschränkend hinzu, biete die Psychoanalyse auch genügend Beispiele dafür, wie bequem und verführerisch es sei, den Begriff übermäßig zu strapazieren.

Die Alternative zum Begriff des Unbewußten, die Messer in diesem Kontext andeutete, nämlich in der Psychologie zur Konstitution eines in sich geschlossenen Kausalzusammenhangs auf Körperliches zu rekurrieren, liefe letztlich auf einen psychophysischen Parallelismus hinaus:

»Wegen der praktischen Schwierigkeiten, einen in sich geschlossenen psychischen Kausalzusammenhang herzustellen, ist die Substitution psychischer durch physische Zwischenglieder gestattet, aber mit dem Vorbehalt, ›daß die heterogenen Elemente als Stellvertreter der vorläufig und in vielen Fällen wahrscheinlich immer verborgen bleibenden homogenen zu betrachten seien.‹ (Wundt)« (zit. nach Eisler 1929[4], S. 382)

Freud hatte diesen Weg im ›Entwurf einer Psychologie‹ (1895) zuerst beschritten, dann aber fallengelassen. Die Annahme *unbewußter seelischer* Vorgänge stellte die zweite und bessere Möglichkeit dar: sie führte, wie von vielen Philosophen bemerkt und hervorgehoben wurde, zur Konstitution eines *seelischen* Zusammenhanges, der durch das Bewußtsein allein nicht gegeben war, »weil die Daten des Bewußtseins in hohem Maße lückenhaft sind...« (1915, GW Bd. 10, S. 264).
Auch A. Nyman wollte auf den Begriff des Unbewußten nicht verzichten, obwohl er ihn für logisch widersinnig hielt. Anders sei das Seelenleben nur als diskontinuierliches und in sich selbst kausalitätsloses Geschehen aufzufassen. Die Erklärung seelischer Phänomene mache es erforderlich zu ›interpolieren‹ und so einen psychischen Zusammenhang anzunehmen. Nyman kommt Freuds eigenen Formulierungen z. T. recht nahe, faßte aber letztlich das Unbewußte wie die anderen Philosophen auch als einen »irrealen oder imaginären Hilfsfaktor im Dienste der kausalen Erklärung und eines erweiterten und vertieften Zusammenhangs« auf (1929, S. 164) und engte es als ein methodisches Konstrukt in seiner Bedeutung ein.
In einem vielbeachteten Vortrag vor der Heidelberger Akademie der Wissenschaften befaßte sich 1914 W. Windelband, ein Vertreter der südwestdeutschen Schule des Neukantianismus, mit dem Problem des Unbewußten. (Der Vortrag wurde noch im selben Jahr von Reik in der *Internationalen Zeitschrift für ärztliche Psychoanalyse* rezensiert.) Windelband maß der ›Hypothese des Unbewußten‹ außerordentliche Bedeutung bei (»Sie spielt, wie Sie alle wissen, in der modernen Psychologie eine hervorragende Rolle und hat darin solche Bedeutung gewonnen, daß man Sorge tragen muß, ob sie nicht gewisse Grundformen der bisherigen Weltvorstellung zu sprengen geeignet ist«, 1914, S. 3) und brachte gleichzeitig sehr massiv sein Unbehagen über diese Vorstellung zum Ausdruck:

»Man schreckt kaum mehr vor der unheimlichen Vorstellung zurück, daß zu unserem seelischen Lebensbestand Inhalte, Regungen und Strebungen gehören können, von denen wir in dem klaren Ablauf unserer bewußten Tätigkeiten nichts ahnen, – daß wir darauf gefaßt sein müssen, aus dieser dunklen Tiefe Mächte in uns aufsteigen zu sehen, denen unser rational bewußtes Wesen nicht gewachsen ist. Was an Leidenschaft und Unvernunft aus unbekannten Gründen in das Menschenleben einbricht, das gilt als willkommene Bestätigung dieser Lebensauffassung und alle irrationalen Neigungen der heutigen Weltansicht haben hier in der dämonischen Macht des Unbewußten ihren willkommenen Sammelpunkt. Lassen Sie mich nur an die Auswüchse der sogenannten Psychoanalyse erinnern, um die bedenklichen Folgerungen zu kennzeichnen, die sich daraus ergeben können.« (S. 7)

Windelband nennt drei Gesichtspunkte, die zu beachten seien, um die ›Hypothese des Unbewußten‹ methodologisch korrekt zu verwenden: Erstens, daß sie »niemals eine Tatsache der Erfahrung, niemals der Inhalt eines Wahrnehmungserlebnisses« sei und »...also eine Hypothese, und zwar eine solche, die nicht in dem eigensten Sinne des Wortes verifizierbar ist« (S. 7). Das Motiv für diese Hypothese bestünde in dem Bedürfnis, die Bewußtseinszustände, die wir erfahren, zu erklären (ebd.).
Als zweites Kriterium einer korrekten Verwendung der ›Hypothese des Unbewußten‹ gibt Windelband an, daß sie auf die Fälle beschränkt bleiben müsse, in denen »die Annahme physischer Zustände und Verhältnisse zur Erklärung der betreffenden bewußten Erscheinungen in strikt nachweisbarer Weise nicht ausreicht« (S. 8). Diese ›Vorschrift‹ ist außerordentlich wichtig, da sie besagt, daß in methodologischer Hinsicht prinzipiell physiologische Erklärungen den psychologischen im Sinne der Psychoanalyse vorzuziehen seien – eine Einschätzung, die Freud selbst bis zu einem gewissen Grade teilte und die den Hintergrund seines ›szientistischen Selbstmißverständnisses‹ (Habermas 1968) bildete.
Der dritte Gesichtspunkt, den Windelband hervorhebt, stellt eher eine Erläuterung des Begriffs als eine Vorschrift seiner korrekten Verwendung dar: daß nämlich im psychologischen Begriff des Unbewußten ein seelischer Zusammenhang gemeint sei und kein körperliches Unbewußtes. Dieser Hinweis, der sich mit Freuds Definition vollkommen deckt, war nicht so banal wie es retrospektiv scheinen könnte, da manche Philosophen auch das Körperliche unter einen weitgefaßten Begriff des Unbewußten subsumierten

(vgl. A. Drews, IV, 6.). Wie viele andere Autoren verfehlte aber auch Windelband letztlich die dynamische Theorie des Unbewußten und blieb bei der rein deskriptiven Bedeutung stehen.
Grundsätzlich ebnete die Ausblendung der dynamischen Bedeutung den Weg, das Unbewußte immer stärker dem Bewußtsein anzugleichen. Man konnte dann etwa unter dem Unbewußten den Bewußtseinsbereich verstehen, der im aktuellen Bewußtsein nicht gegenwärtig, aber bewußtseinsfähig ist. In psychoanalytischer Terminologie entspräche dies dem Vorbewußten. Jaspers prägte dafür den Begriff ›das Unbemerkte‹ (vgl. IV, 3.). J. Klatzkin (1935) vertrat z. B. die Auffassung, die Schwierigkeiten der psychoanalytischen Theorie resultierten daraus, daß Freud Bewußtes und Unbewußtes als zwei unterschiedliche Systeme auffasse, anstatt sie nur als graduelle Abstufungen *eines* Bewußtseinsystems zu verstehen. An die Stelle des Gegensatzpaares bewußt – unbewußt habe dann die Bezeichnung gewußt – ungewußt zu treten:

»Es ist ungenau und zuweilen irreführend, wenn man von einem Bewußtseinsvorgang aussagt, er sei aus dem Bewußtsein verdrängt und unbewußt geworden. Kein Bewußtseinsvorgang kann aus dem System BW verdrängt werden und austreten, wohl aber aus dem Bezirk des Gewußtseins (GW) innerhalb des Bewußtseins (BW).« (1935, S. 267)

Auch der Vergleich zwischen den ›petites perceptions‹ von Leibniz und dem psychoanalytischen Begriff des Unbewußten (Tumarkin) weist in diese Richtung: er impliziert die Vorstellung des Unbewußten als eines ›unterbelichteten‹ Teilbereiches des Bewußseins, identifiziert es also mit dem Vorbewußten und vernachlässigt den dynamischen Gesichtspunkt. (Leibniz hatte unter den ›petites perceptions‹ kleinste Wahrnehmungen bzw. Sinneseindrücke verstanden, die noch unter der Bewußtseinsschwelle bleiben und erst durch Kombinationen qualitativer oder quantitativer Art die Schwelle überschreiten und ›bewußt‹ werden.)
Freud hat sich 1923 in einer Anmerkung zu »Das Ich und das Es« mit der Rezeption des Begriffs des Unbewußten in der Philosophie auseinandergesetzt und auf einige der oben referierten Einwände geantwortet. Diese Klarstellung wurde erstaunlich wenig zur Kenntnis genommen – viele Beiträge zur philosophischen Diskussion des Begriffs *nach 1923* offenbaren unverändert eine unzulängliche und um die gesamte klinische Dimension verkürzte Rezeption der Theorie des Unbewußten. In seiner Antwort behandelte

Freud die problematische »Subsumierung des Unmerklichen unter das Bewußte«, die man gegen ihn ins Feld geführt hatte. Noch wichtiger und grundlegender aber war die Vernachlässigung des dynamischen Konzeptes, auf die er zum Schluß zu sprechen kommt:

»Eine neuerliche Wendung in der Kritik des Unbewußten verdient an dieser Stelle gewürdigt zu werden. Manche Forscher, die sich der Anerkennung der psychoanalytischen Tatsachen nicht verschließen, das Unbewußte aber nicht annehmen wollen, schaffen sich eine Auskunft mit Hilfe der unbestrittenen Tatsache, daß auch das Bewußtsein – als Phänomen – eine große Reihe von Abstufungen der Intensität oder Deutlichkeit erkennen läßt. So wie es Vorgänge gibt, die sehr lebhaft, grell, greifbar bewußt sind, so erleben wir auch andere, die nur schwach, kaum eben merklich bewußt sind, und die am schwächsten bewußten seien eben die, für welche die Psychoanalyse das unpassende Wort unbewußt gebrauchen wolle. Sie seien aber doch auch bewußt oder ›im Bewußtsein‹ und lassen sich voll und stark bewußt machen, wenn man ihnen genug Aufmerksamkeit schenkte. Soweit die Entscheidung in einer solchen entweder von der Konvention oder von Gefühlsmomenten abhängigen Frage durch Argumente beeinflußt werden kann, läßt sich hierzu folgendes bemerken: Der Hinweis auf eine Deutlichkeitsskala der Bewußtheit hat nichts Verbindliches und nicht mehr Beweiskraft als etwa die analogen Sätze: ›Es gibt soviel Abstufungen der Beleuchtung vom grellsten blendenden Licht bis zum matten Lichtschimmer, folglich gibt es überhaupt keine Dunkelheit...‹ (...) Ferner erreicht man durch die Subsumierung des Unmerklichen unter das Bewußte nichts anderes, als daß man sich die einzige unmittelbare Sicherheit verdirbt, die es im Psychischen überhaupt gibt. Ein Bewußtsein, von dem man nichts weiß, scheint mir doch um vieles absurder als ein unbewußtes Seelisches. Endlich ist solche Angleichung des Unbemerkten an das Unbewußte offenbar ohne Rücksicht auf die dynamischen Verhältnisse versucht worden, welche für die psychoanalytische Auffassung maßgebend waren. Denn zwei Tatsachen werden dabei vernachlässigt: erstens, daß es schwierig ist, großer Anstrengung bedarf, um einem solchen Unbemerkten genug Aufmerksamkeit zuzuführen, und zweitens, daß, wenn dies gelungen ist, das vordem Unbemerkte jetzt nicht vom Bewußtsein erkannt wird, sondern oft genug ihm völlig fremd, gegensätzlich erscheint und von ihm schroff abgelehnt wird. Der Rekurs vom Unbewußten auf das wenig Bemerkte und nicht Bemerkte ist also doch nur ein Abkömmling des Vorurteils, dem die Identität des Psychischen mit dem Bewußten ein für allemal feststeht.« (1923, GW Bd. 13, S. 242f.)

Ich fasse zusammen:

1. Der Begriff des Unbewußten wurde in der Philosophie in erster

Linie unter methodologischen und erkenntnistheoretischen Gesichtspunkten rezipiert.

2. Man faßte das Unbewußte zumeist als methodisches Postulat zur Konstitution eines einheitlichen und bruchlosen seelischen Zusammenhanges auf.
3. Die gesamte klinische Dimension sowie das Konzept des ›dynamischen Unbewußten‹ wurde weitgehend vernachlässigt. Auch die Beschreibung der spezifischen Merkmale des Systems Ubw (die topische Bedeutung des Begriffs) wurde kaum beachtet.
4. Verschiedentlich versuchte man das Unbewußte als den Teil des Bewußtseins aufzufassen, der aktuell der Aufmerksamkeit entzogen ist. Es fällt dann mit dem Unbemerkten, in psychoanalytischer Terminologie mit dem Vorbewußten zusammen.
5. Freud wies 1923 auf einige wichtige Mißverständnisse in der Rezeption des psychoanalytischen Begriffs des Unbewußten hin, insbesondere auf die Vernachlässigung des dynamischen Aspektes. Auch dies wurde kaum rezipiert.
6. Verglichen mit der Rezeption anderer Teile der psychoanalytischen Theorie war die Diskussion des Unbewußten relativ wenig weltanschaulich und überwiegend sachlich.

IV DIE PSYCHOANALYSEREZEPTION EINZELNER AUTOREN

1. Paul Häberlin

(1878-1960; Studium der Theologie, Philosophie, Biologie und Psychologie in Basel und Göttingen; Promotion in Philosophie 1903. 1903/4 Mittelschullehrer in Basel; 1904-1909 Direktor am Lehrerseminar in Kreuzlingen. 1908 Habilitation in Philosophie und Beginn der Lehrtätigkeit als Privatdozent in Basel. 1914-1922 Ordinarius für Philosophie in Bern (Schwerpunkt Psychologie und Pädagogik). 1923 Ruf nach Basel; seit 1930 Direktor des Anthropologischen Institutes der Stiftung Luzerna)

P. Häberlin gehört zu den ›Grenzgängern‹ zwischen Philosophie und Einzelwissenschaften – in diesem Falle Psychologie und Pädagogik. Er lernte schon während der Zeit als Seminardirektor in Kreuzlingen zwischen 1904 und 1909 die Psychoanalyse kennen. Sein Interesse war zunächst v. a. pädagogisch motiviert und wurde durch den regen Verkehr mit L. Binswanger, L. Frank und die Teilnahme an den Zusammenkünften der Freud-Gesellschaft in Burghölzli gefördert. Die persönliche Beziehung Häberlins zu Freud ist erstaunlicherweise wenig bekannt.[8] 1910 kam der erste Briefkontakt zwischen ihnen zustande. Häberlin dankte für die Überweisung eines Patienten in seine heilpädagogisch-psychotherapeutische Praxis. Er war Freud von C. G. Jung empfohlen worden, der im März 1909 in einem Brief schreibt: »Pfister ist zweifellos eine sehr schöne Akquisition; vom theoretischen Standpunkt aus jedoch Häberlin eine noch bessere. Er ist ein glänzend gescheiter Kopf von umfassender Bildung. Er hat für nächstes Semester ein Privatissimum: ›Lektüre von Freuds Traumdeutung‹ an der Basler Universität angekündigt« (zit. nach Kamm 1977, S. 255). Zwei Jahre später, 1911, empfiehlt Freud einen 14jährigen Neffen in die pädagogische Obhut Häberlins. Aber erst 1913 kam die persönliche Begegnung, von Binswanger vorbereitet, zustande. Viele Jahre später hat Häberlin die wichtigsten Punkte des Gespräches mit Freud zusammengefaßt (vgl. Kamm 1977, S. 256f.). Persönlich schienen sich beide hochzuschätzen und auch am Willen zur Zusammenarbeit fehlte es nicht (vgl. Kamm, S. 257f.). Häberlin hatte Freud 1912 seinen Aufsatz »Sexualgespenster« (1912) geschickt – die Fallgeschichte eines 19jährigen Mädchens mit einer Angstneurose –, worin sich »...wieder einmal besonders klar die zentrale Bedeutung der Liebe in allen ihren Formen für die Kultur und das Einzelleben...« offenbart, welche durch die Psychoanalyse entdeckt worden sei (1912, S. 209). Freud dankte für »die wertvolle Zusendung« mit der Bitte, »...im Falle ähnlicher Publikationen des ›Zentralblattes für Psychoanalyse‹ nicht zu vergessen« (zit. nach Kamm, S. 256).

Bei der Begegnung 1913, kam aber bereits das Zentralthema der späteren Kritik Häberlins an der Psychoanalyse zur Sprache – »...die Ableitung des Gewissensphänomens (›Zensur‹) aus dem Trieb« (zit. nach Kamm, S. 256). In diesem in den folgenden Jahren immer schärfer und prononcierter vorgetragenen Einwand verdichtete sich Häberlins idealistisch-moralistische Grundüberzeugung einer a priori gültigen Gewissensinstanz.[9] Zunächst aber war Häberlin um Ausgleich bemüht: In dem Aufsatz »Über die Tragweite psychologischer Erkenntnisse und Theorien. Mit besonderer Anwendung auf die psychoanalytische Kulturtheorie« (1913) setzte er sich mit dem Problem der Geltung religiöser und moralisch-ethischer Weltanschauungen auseinander, welches durch die Psychoanalyse aufgeworfen worden sei – insbesondere seitdem diese den Rahmen einer wissenschaftlichen Psychopathologie weit überschritten habe und beanspruche, auch die höchsten und kompliziertesten Kulturphänomene genetisch erklären zu können. Die Kritik an der Psychoanalyse richtete sich nach Häberlins Auffassung grundsätzlich gegen jeden Versuch einer genetischen Aufklärung der Religion und Moral, da man dadurch eine Relativierung des autoritären Absolutheitsanspruchs ethischer und religiöser Normen befürchte. Insbesondere aber gelte sie dem Versuch, die Genese dieser Werte mit dem Sexualleben in Zusammenhang zu bringen. Beide Parteien, die Psychoanalytiker wie ihre Kontrahenten, irrten aber nach Häberlins Auffassung, da sie übersähen, daß Wissenschaft prinzipiell wertindifferent sei und praktische Überzeugungen weder schaffen noch zerstören könne. Die genetisch-psychologische Aufklärung von Religion und Moral brauche deren *Geltung* nicht zu berühren. Die Psychoanalyse verdiene als wissenschaftliche Theorie unvoreingenommene Prüfung und werde zu ihrem Schaden von ihren Gegnern *wie* ihren Anhängern mit dem Naturalismus bzw. der naturalistischen Kulturtheorie in Verbindung gebracht. Die Sexualtheorie – wissenschaftlich gesehen – enthalte richtige Beobachtungen, sei aber im Ganzen einseitig, da die Sexualität kein ›Grundtrieb‹, sondern aus zwei tieferen Grundtendenzen zusammengesetzt sei. Seine persönliche Überzeugung zum ›Naturalismusstreit‹ formuliert Häberlin so, daß »...jede Kultur- und Weltanschauung, die keinen religiösen, supranaturalen, absoluten und normativen Hintergrund hat, für armselig und eigentlich wertlos...« zu halten sei; »...und dasselbe gilt vom *ethischen* Naturalismus, der keine absoluten Verpflichtungen kennt, welche über alles triebhafte Gefallen und Mißfallen hinausgehen...« (1913, S. 116f.).

Im Juli 1914 schrieb Häberlin mit Bezug auf Freuds Bericht »Zur Geschichte der psychoanalytischen Bewegung« in einem Brief an Binswanger:

»Freuds Darstellung ist famos wie immer, und ich glaube, daß er in der Beurteilung der beiden ›Abfälle‹ durchaus Recht hat, wenigstens, was die persönlichen Motive betrifft. Und doch steckt vielleicht hinter Adler und Jung, wenn auch ihnen nicht klar oder jedenfalls von ihnen verzerrt, eine Wahrheit, die ich gegenüber Freud immer vertreten habe und die Freud seinerseits nicht zu würdigen versteht. Ich meine die Tatsache des normativen (ästhetischen, ethischen, logischen) Prinzips, das (vgl. Platons Wagenlenker!) nicht mit den Trieben identisch und nicht aus ihnen zu erklären ist, das aber seinerseits einen wichtigen Faktor im Psychischen darstellt. Wahr ist, daß sehr viele Neurotiker davon nicht viel besitzen, und vor allem: daß die Neurose stets eine *Trieb*-angelegenheit ist; darum konnte Freud – therapeutisch sozusagen ungestraft – jenen Faktor übersehen. Obschon er persönlich das Ethos v. a. als Wissenschaftler und anständiger Mensch, vielmehr besitzt als z. B. Jung. Aber man sieht ja oft, daß die Theorie minder ist als der Mensch!« (Zit. nach Kamm 1977, S. 387)

Freud seinerseits dankte Häberlin in einem Brief des gleichen Jahres für die Übersendung der Schrift »Über das Gewissen« (1915) mit der trockenen Bemerkung: »Auch Ihr ›Gewissen‹ ist angelangt und wird Besprechung finden. In diesem Punkt sind wir allerdings nicht beisammen« (zit. nach Kamm 1977, S. 388).

Auch Häberlins pädagogische Schriften sind von der Annahme einer a priori gültigen Moral und einer empirisch psychologisch nicht zureichend erklärbaren Gewissensinstanz durchdrungen. In dem Buch »Wege und Irrwege der Erziehung« (1918) stellte er der Triebenergie eine gleichursprüngliche ›normative Energie‹ gegen-

über, die sich als Triebzensur manifestiert und die empirische Repräsentation eines (transzendentalen) Seinsollenden darstellt. Das Ziel der Erziehung ist die Überlegenheit der normativen Funktion, d. h. »die vollkommene Beherrschung der Triebhaftigkeit« (1918, S. 126). Einige Jahre später setzte sich Häberlin noch deutlicher wegen »grundlegender Differenzen... in der ethischen Weltanschauung« (1931², S. 13) von Freud ab. Er nahm nun einen sittlichen ›Urfaktor‹ an, der nicht aus den Trieben abzuleiten sei und den er als ›geistiges Formprinzip‹, d. i. die Idee der Norm überhaupt, bestimmte (1931², S. 13f.). Die psychoanalytische Theorie der frühkindlichen Sexualität und ihrer Entwicklung erkannte Häberlin an, kritisierte aber den Versuch, »...alle anderen Formen des Liebestriebes, bis zu der sozialen und kosmisch-mystischen, genetisch aus der infantilen Individualerotik oder gar nur der Sexualität herleiten zu wollen« (1918, S. 184). Trotz dieser Einschränkung baute Häberlin seine allgemeine und angewandte Erziehungslehre zu weiten Teilen auf der psychoanalytischen Entwicklungspsychologie auf und dankte der Psychoanalyse für zahlreiche Anregungen und Entdeckungen. Er selbst nahm zu dieser Zeit (1918) zwei antagonistische Grundtriebe an, die Ichtriebe, deren Funktion die Selbstbehauptung ist, und die Identifikationstriebe, d. i. das Bestreben, in höheren sozialen Einheiten aufzugehen. Davon stellen die Sexualtriebe eine Sonderform dar. Die Psychoanalyse habe die Bedeutung der Erotik und Sexualität ebenso wie des Unbewußten überschätzt und andererseits den Selbsterhaltungstrieb und den formalen sittlichen Grundfaktor (s. oben) vernachlässigt. In starkem Gegensatz zu dieser deklamatorischen Distanzierung stehen aber, wie schon erwähnt, gerade in dem Buch »Kinderfehler als Hemmungen des Lebens« (1931²), die Ausführungen zu einzelnen Aspekten der kindlichen Entwicklungspsychologie und zur Psychopathologie von Angst und Schuld, die sich zumindest auf der phänomenal-deskriptiven Ebene eng an die Psychoanalyse anlehnen.
Den Vorwurf, die Psychoanalyse reduziere alle verschiedenen Formen von Liebe auf ›bloße‹ Sexualität und kindliche Individualerotik, griff Häberlin viele Jahre später in dem Aufsatz »Himmlische und irdische Liebe« (1929) wieder auf. Der platonische Eros wird nun als Sinnbild der himmlischen Liebe gegen den groben Reduktionismus und Triebnaturalismus der Psychoanalyse ins Feld geführt. Im wahren platonischen Eros seien zwei ant-

Suhrkamp
Soziologie
1985

Pierre Bourdieu
Sozialer Raum und »Klassen«
Leçon sur la lęcon

Zwei Vorlesungen
Übersetzt von Bernd Schwibs
Mit einer Bibliographie der Schriften Pierre Bourdieus von Yvette Delsaut
stw 500. 106 Seiten. DM 12,– [28100]

Die Konstruktion einer angemessenen Theorie des sozialen Raumes setzt den Bruch mit einer Reihe marxistischer Theoreme voraus: zunächst mit einer ›substantialistischen‹ Konzeption der sozialen Gruppen; dann mit der intellektuellen Illusion, die vom Wissenschaftler entworfenen Gruppen ließen sich im Realen identifizieren; drittens mit der ökonomistischen Reduktion des sozialen Raumes auf die ökonomischen Produktionsverhältnisse, das heißt der Unterschlagung der symbolischen Auseinandersetzung um die Repräsentation (in) der sozialen Welt.

»Die Soziologie des Bildungssystems und der Welt der Intellektuellen scheint mir deshalb von so zentraler Bedeutung, weil sie zur Erkenntnis des Erkenntnissubjekts beiträgt, indem sie – direkter als jede reflexive Analyse – zu den ungedachten Denkkategorien vordringen läßt, die das Denkbare wie das Gedachte vorab bestimmen.« *Pierre Bourdieu*

Dieter Claessens
Das Konkrete und das Abstrakte

WSA. 400 Seiten. Kartoniert. DM 26,– [57738]

Dieter Claessens' Arbeit ist unter anderem der Versuch einer »Genealogie des Abstrakten«. Ihre These lautet, daß sich in der Freisetzung des Menschen durch sich selbst ein evolutionäres Handicap offenbart, das den Kontrapunkt zu seinen Distanzierungstechniken darstellt und in der bisherigen Anthropologie zwar nicht übersehen, aber zu wenig gewürdigt worden ist. Es ist die These, daß neben der Haupt*fähigkeit* zur Distanzierung von der »alten Natur« das Haupt*defizit* des Menschen seine evolutionär bedingte Unfähigkeit ist, zum Organisieren großer Populationen ein direktes emotionales, das heißt *unmittelbar motivierendes* Verhältnis zu finden. Offenbar – das wird ausgedehnt behandelt – ist der Mensch zur Organisation größerer gesellschaftlicher Formationen nur imstande, indem er komplizierte Konstruktionen, wie »Institutionen« erfindet, durch die die fehlende *direkte, emotional* getragene Motivation zur Organisation großer Bevölkerungsgruppen und großer Ereignismassen bzw. großer technologischer oder organisatorisch-bürokratischer Konstruktionen *indirekt* erbracht werden soll.

agonistische, vollständig voneinander unabhängige und nicht aufeinander zurückführbare Grundtendenzen am Werke, deren Kampf überhaupt das Wesen des Menschen und der menschlichen Kultur ausmache: der Geist und die Triebe (diesem Thema hat Häberlin ein eigenes Buch gewidmet, s. unten). Die große Überlegenheit des platonischen Sokrates besteht nach Häberlin darin, daß jener »...die zweideutige zusammengesetzte Natur aller wirklichen Liebe erkennt, wo die Psychologie nichts als immer einen und eindeutigen Trieb sieht« (1929, S. 135). Die wahre Liebe ist aber für Häberlin nicht die philosophische (wie für Platon), sondern die religiöse. In ihr ist der Antagonismus zwischen Sittlichkeit und Triebhaftigkeit aufgehoben, und durch die Idee des Guten hindurch wird der Blick frei auf Gott als den einigenden Urgrund des Seienden. Diese mit heute kaum nachvollziehbarer Emphase vorgetragenen Gedanken erinnern an Schelers Psychoanalyse-Kritik, sowohl was den Dualismus von Geist und Triebnatur betrifft, wie auch an den Vorwurf, die Psychoanalyse reduziere alle Formen der Liebe, ja überhaupt alle komplexen Kulturphänomene (was Scheler unter dem Begriff ›Geist‹ faßte) auf ›bloße Sexualität‹. Nur wird diese Kritik bei Häberlin noch verkürzt, denn Scheler hatte der Psychoanalyse zudem vorgeworfen, sie führe ein quasi ›transzendentales Phänomen‹ wie die Liebe auf empirisch-psychologische Tatbestände zurück.

Zu erwähnen bleibt das oben genannte Buch »Der Geist und die Triebe« (1924), in dem Häberlin u. a. die methodologischen Möglichkeiten einer Psychologie des Unbewußten erörtert. In weiten Teilen liest es sich wie ein Plädoyer für die Wissenschaftsfähigkeit der Psychoanalyse – dessen Autor es aber vorgezogen hätte, ungenannt zu bleiben:

»Die ganze Frage des Unbewußten ist leider besonders in neuerer Zeit in den Kampf der Affekte hineingezogen worden. Leidenschaften sprechen bei ›Freunden‹ und ›Feinden‹ mit, und sachliche Erörterung ist schwer zu finden... Es steht uns nicht zu, den streitenden Parteien, also insbesondere der psychoanalytischen Schule und ihren Gegnern Zensuren auszuteilen. Aber man wird sich des Eindrucks nicht erwehren können, daß auf beiden Seiten nicht nur theoretische, sondern auch Wertgesichtspunkte, und zwar manchmal offensichtlich subjektive, im Spiele seien...« (1924, S. 256)

Nach dieser distanzierten Einleitung werden schrittweise die methodologischen Aspekte einer Theorie des Unbewußten verhan-

delt – fast durchgehend ohne expliziten Bezug auf die Psychoanalyse. Es können drei Arten des Unbewußten unterschieden werden: das Vorbewußte, das ursprünglich Unbewußte und das durch Vergessen und Verdrängungen unbewußt Gewordene. Das Unbewußt-Gewordene ist dem Subjekt in Gefühlen und Handlungen erfahrbar, und – wenn das Motiv der Verdrängung entfällt – prinzipiell erinnerbar. Es ist aber auch in der Fremdbeobachtung wahrzunehmen. Da es sowohl dem Subjekt selbst wie dem ›außenstehenden Beobachter‹ grundsätzlich zugänglich ist, kann es auch Gegenstand einer wissenschaftlichen Psychologie sein. Die Ansicht, wonach Aussagen über das Unbewußte nur Hypothesen, und zwar, so die Implikation: unerlaubte Hypothesen seien, da sie empirisch nicht bewahrheitet werden könnten[10], weist Häberlin als logisch ›widersinnig‹ zurück. Und zwar könnten Aussagen über Unbewußtes nach dem Bewußtwerden durch das Subjekt selbst bestätigt werden. Das entscheidende Kriterium sei aber nicht diese ›Selbstaussage‹ des Untersuchten, wie die Kritiker fälschlich unterstellten, sondern die Entscheidung, ob die Aussage mit dem Kontext der Theorie übereinstimme. – Ebenfalls ohne ausdrücklichen Bezug auf die Psychoanalyse werden an anderer Stelle des Buches die Begriffe Sublimation, Übertragung, Triebfixierung usw. besprochen.
Sowohl durch seine Schriften, wie auch durch die zahlreichen Seminare, die Häberlin in Basel und Bern als Ordinarius für Philosophie über psychoanalytische Themen und Texte abhielt, wurde seine Psychoanalyserezeption wirkungsgeschichtlich bedeutsam. Unter den Schülern in Bern saß im Jahr 1918 auch W. Benjamin, der im Rahmen seiner Promotion bei Häberlin ein Nebenfach-Seminar über »Die Trieblehre S. Freuds« belegte und über dieses Thema ein ausführliches Referat anfertigte[11], in dem er sich sehr ablehnend über die psychoanalytische Trieblehre äußerte (vgl. W. Fuld 1981, S. 76; G. Scholem 1975, S. 75). – Zwei interessante Dissertationen über die Psychoanalyse sind auf Anregung Häberlins und in seiner Betreuung entstanden (W. Schohaus 1923; B. Hoffet 1918; vgl. IV, 11.). Häberlins eigene Arbeiten wurden zum Teil in psychoanalytischen Zeitschriften veröffentlicht und rezensiert (vgl. *Imago* 2, 1913, S. 242-247 [Lorenz]; *Imago* 9, 1923, S. 268-270 [Zulliger]; *Imago* 12, 1926, S. 528f. [Bernfeld]).

2. Graf Hermann Keyserling

(1880-1946; Studium der Geologie und anderer Naturwissenschaften in Dorpat, Genf, Heidelberg, Wien. 1902 Promotion in Wien; nach Verlust der Besitztümer im Baltikum durch die russische Revolution 1919 Übersiedlung nach Darmstadt. 1920 Gründung der ›Schule der Weisheit‹)

Der baltische Sinnphilosoph und Weltweise Graf Hermann Keyserling wurde in den 20er Jahren durch die von ihm mit Unterstützung des Großherzogs von Hessen gegründete ›Schule der Weisheit‹ in Darmstadt bekannt, die sich nichts Geringeres als eine Erneuerung der geistigen Kultur des Abendlandes zur Aufgabe gemacht hatte (vgl. Garthe 1976, S. 339f.). Ursprünglich Naturwissenschaftler war Keyserling unter dem Einfluß des Rasseideologen Sir H. Chamberlain in Wien zur Philosophie gekommen, deren Sendung er nach einer kurzen ›kritischen Phase‹ – in der ›Sinngebung des Lebens‹ sah (vgl. Garthe 1976, S. 345ff.). Der mutige spekulativ-intuitive Zugriff aufs Ganze, den er als seine Philosophie verstand, stieß bei den Zeitgenossen auf sehr geteiltes Echo (K. Tucholsky: »...ein Mittelmäßiger, der Genie posiert...«, zit. nach Garthe, S. 4).

Obwohl sich Keyserling nach eigenen Angaben zwischen 1921 und 1924 intensiv mit der Psychoanalyse beschäftigte, sind ihm genaue Kenntnisse kaum nachzusagen. Seine Schriften offenbaren grundlegende Mißverständnisse bis hin zu kuriosem Unfug und entbehren weitgehend des Bezuges auf Quellentexte. Die erste schriftliche Erwähnung der ›modernen analytischen Psychologie‹ findet sich in einem kleinen Aufsatz aus dem Jahre 1921 (›Vom Weg der Erneuerung‹, 1921/22). Die Psychoanalyse wird hier als Beleg für die These angeführt, »...daß auf dem Gebiet des Lebens die Bedeutung den Tatbestand schafft...« (S. 3). Ein höherer geistiger Sinnzusammenhang sei gegenüber den bloßen Tatsachen primär und verleihe diesen erst ihre Bedeutung. – 1922 nahm Keyserling dieses Thema wieder auf (»Schöpferische Erkenntnis«, 1922): Seitdem Freud Träume, Fehlhandlungen und Neurosen aus ihrer Bedeutung zu verstehen gelehrt habe, sei durch die Psychoanalyse eine eigene Wirklichkeit des Sinns jenseits der Tatsachen anerkannt worden. Alles Tatsächliche des Lebens werde in der Psychoanalyse auf Sinnzusammenhänge zurückbezogen »...so daß heute nach dem geistigen Ziel eines Menschen gefragt wird, um sein Empirisches zu verstehen« (1922, S. 20). Diese Auffassung belege die Existenz einer quasi-transzendentalen Wirklichkeit des Sinns, von der natürliche und materielle Realität nur Spiegelung und Ausdruck seien: »Überall erweist sich der Sinn als der eigentliche Schöpfer der Erscheinung« (S. 21). An späterer Stelle (S. 402 ff.) geht Keyserling genauer auf die Psychoanalyse ein. Bemerkenswerterweise gelten ihm die »massenhaften praktischen Erfolge« der Analyse zu dieser Zeit noch als Erweis ihrer Theorie (vgl. unten). Freud habe als erster mit der Hypothese gearbeitet, »...daß jeder psychische Tatbestand... aus seiner Bedeutung für das Individuum verstanden werden müsse« (S. 405). Im einzelnen störe aber an Freuds Theorie, daß sie sich »...am Niedrigsten orientiert..., wo geistige Probleme nur in ihrem Höchstausdruck ihr tiefstes Wesen offenbaren« (S. 405). Dieser Mangel der Freudschen Theorie, »das äußere Gebaren allzu oft als Symptom von bloß Triebhaftem« zu beurteilen, »...wodurch er das Menschenwesen über Gebühr aufs Tierische zurückbezog...«, sei durch Adler und vor allem C. G. Jung behoben worden.[12]

Im Jahr 1923 fand in Darmstadt, veranstaltet von der Schule der Weisheit, die ›psychoanalytische Tagung‹ statt. In seinem Schlußwort behandelte Keyserling die Frage nach dem Verhältnis von Psychoanalyse und Selbstvervollkommnung (1923): die Psychoanalyse reduziere das gesamte ›unterbewußte‹ Seelenleben auf Triebhaftigkeit – im Hinblick auf die Therapie mit einer gewissen Berechtigung. Die Persönlichkeit aber sei ›Logos‹ oder ›Sinn‹ und könne als höhere geistige Synthese durch die Psychoanalyse bestenfalls vorbereitet, aber nie selbst geleistet werden. Dagegen bestünde die Gefahr, daß die Analyse, indem sie beim Triebhaften stehenbleibe, anstatt die Vorherrschaft des Logos anzuerkennen – den Menschen zum Tier herabzöge.

Die ausführlichste und zugleich schärfste Kritik läßt Keyserling der Psychoanalyse 1924 in dem Aufsatz »Heilkunst und Tiefenschau« (1924a) angedeihen, den er in einem Brief an O. A. H. Schmitz vom 20.8.1924 als seine »Schlußabrechnung mit der Psychoanalyse« bezeichnet (»Sinnsuche oder Psychoanalyse. Briefwechsel Keyserling-Schmitz«, 1970, S. 27): Zunächst habe die Psychoanalyse als medizinische Therapie gewisse Erfolge vorzuweisen, wobei ihre therapeutische Wirksamkeit keineswegs ein Beweis für die Richtigkeit der Theorie sei. Diese Theorie sei vielmehr z. T. nicht neu, z. T. falsch akzentuiert (z. B. die Überbetonung des Sexuallebens). Vor allem aber sei sie rein mechanistisch, worin »der erkenntnistheoretische Kern aller Analytiker-Irrtümer« (1924a, S. 10) zu sehen sei. Die große Gefahr der Psychoanalyse für den »strebenden Menschen« bestehe darin, daß die Analytiker glaubten, sie analysieren nur, anstatt anzuerkennen, »... daß es den nicht suggestiv beeinflussenden Analytiker nicht gibt« (S. 24). In seiner Rolle als Therapeut könne der Analytiker nur ›geistiger Führer‹ sein – seiner Weltanschauung nach aber sei er es wesentlich nicht. Diese könne »vom Geistesstandpunkt« aus nicht scharf genug bekämpft werden, denn alle Psychoanalytiker seien Positivisten (S. 31):

»Für sie alle ist, was immer sie behaupten, das Triebhafte die einzige Wirklichkeit. Von geistigen Werten wissen sie alle nichts... Wer andere daraufhin zu ›lösen‹ unternimmt, daß alles Höhere nur Verkleidung von Triebhaftem bedeutet, der entwickelt den Menschen... zum Tier zurück.« (S. 31)

Von hier aus erhellt Keyserlings Auffassung, der Widerstand gegen die Analyse bedeute »...in überaus vielen Fällen den Widerstand gegen das Schwein, das im Arzt sitzt und in das er nun auch sein Opfer verwandeln will.« (S. 20). Durch die Lösung von Triebproblemen, um die sich die Psychoanalyse verdient gemacht habe, bleibe das geistig-seelische Leben bzw. die Synthese der geistig seelischen Persönlichkeit unberührt. Sie ist dem wissenden geistigen Führer vorbehalten. Das wahre Menschliche beginne dort, wo die Psychoanalyse nur noch Künstliches, Abgeleitetes sehe, im Geistigen.
In einem Brief an Freud vom 18.12.1924 bezieht sich G. Groddeck auf diesen Aufsatz und schilderte seinen persönlichen Eindruck von Keyserling, der sich um diese Zeit wegen psychosomatischer Beschwerden in seine Behandlung begeben hatte. Freud hatte sich wohl negativ über Keyserling geäußert, nachdem dieser ihm im Februar 1923 einen Besuch abgestattet hatte (vgl. E. Jones, Bd. 3, S. 121). Groddeck seinerseits versuchte Keyserling zu verteidigen (»Gefallen hat er mir, weil er eine glückliche, heiter stimmende Mischung von Mann und Kind ist, wobei das harmlos gütige, etwas prahlsüchtige, intuitiv lebende Kind überwiegt«, Groddeck 1970, S. 75) und riet gleichzeitig von einer Polemik gegen ihn ab, die Freud – durch den oben referierten Aufsatz verletzt – wohl erwogen hatte: »Eine Polemik gegen Keyserling halte ich für zweck-

los. Ihr Werk ist lebendig aus eigener Kraft, wächst und gedeiht und wird viele Keyserlings überdauern« (ebd.). – Im Frühjahr 1925 kamen zwei weitere Begegnungen zwischen Freud und Keyserling zustande, diesmal unter günstigerem Stern: »Keyserling hat mir diesmal einen besseren Eindruck gemacht. Wir haben einen sehr interessanten Abend verbracht« (Brief Freuds an Groddeck vom 18.6.1925, in: Groddeck 1970, S. 79). E. Jones deutet an, das Gespräch zwischen Freud und Keyserling habe »eine Wendung in Richtung einer Konsultation genommen« (Bd. 3, S. 141) und Freud habe Keyserling empfohlen, sich wegen einer Analyse an Abraham zu wenden.

Liest man diese biographischen Details nun im Kontext der offiziellen philosophischen Stellungnahmen zur Psychoanalyse, so zeigt sich eine erstaunliche Ambivalenz: der Mann, der Freud mehrmals aufgesucht, sich bei Jung um persönlichen Kontakt bemüht und sich von Groddeck hat analysieren lassen, geißelte zur gleichen Zeit die Psychoanalyse, sie ziehe den Menschen zum Tier herab, indem sie ihn als ›Logos‹, ›Sinn‹, geistige Synthese, oder wie immer Keyserling es nennt, verfehle. Ein Kuriosum ist nachzutragen, das 1924 unter dem Titel »Weltanschauung und Lebensgestaltung« veröffentlicht wurde. Keyserling handelt darin von der »innerlichen Korrespondenz von Makrokosmos und Mikrokosmos«, die er in der Entsprechung von Astrologie und Psychoanalyse entdeckt: »Es führt zum Gleichen, ob man zum Grundverständnis einer Seele zum Sternenhimmel hinaufschaut oder in die Urgründe jener selbst hinabblickt« (1924b, S. 10f.). Die Psychoanalyse leiste das, was sie leisten könnte, allerdings deshalb noch nicht, »...weil sie den universellen Hintergrund der Seelenbildung verkennt« (S. 14). Aus der kosmischen Korrespondenz zwischen Horoskop und »psychoanalytischer Tiefenschau« folgt, daß bestimmte Komplexe Planetenkonstellationen entsprechen, so daß der Versuch, diese zu behandeln, ebenso grotesk sei wie die Absicht, »Sternenbilder verrücken zu wollen« (ebd.).

Obwohl Keyserlings Philosophie in den Tagen der Schule der Weisheit eine ganz große Verbreitung gefunden hatte, blieb sie wirkungsgeschichtlich völlig bedeutungslos. Auch seine zahlreichen Stellungnahmen zur Psychoanalyse wurden, mit Ausnahme einer Rezension von Reik (*Imago* 9, 1923, S. 392f.), wenig beachtet. Man würdigte ihn kaum der kritischen Entgegnung – und Groddeck behielt am Ende recht.

3. Karl Jaspers

(1883-1969; 1901-1908 Studium Jura und Medizin in Heidelberg, Berlin, Göttingen. 1909-1915 Assistent an der Psychiatrischen Universitätsklinik Heidelberg. 1913 Habilitation im Fach Psychologie bei Windelband. 1920 Extraordinarius für Philosophie in Heidelberg (Nachfolge von H. Driesch). 1922 Ordinarius (Nachfolge von H. Maier). 1938-1945 Berufsverbot. 1945-1948 Beteiligung am Wiederaufbau der Heidelberger Universität. 1948 Übersiedlung nach Basel, Nachfolge von P. Häberlin. 1961 emeritiert)

Jaspers' Auseinandersetzung mit der Psychoanalyse begann während seiner Assistenzzeit in Heidelberg ab 1909 und fand bereits in der erstmals 1913 erschienenen »Allgemeinen Psychopathologie« ihren Ausdruck.[13] Sie blieb bis in die sechziger Jahre in zahlreichen Aufsätzen zentrales Thema, wurde dabei in ihrem Charakter aber zunehmend weltanschaulich-polemisch.

In Übereinstimmung mit der Zielsetzung der »Allgemeinen Psychopathologie«, eine methodologisch fundierte, umfassende Systematik der Psychiatrie zu entwerfen, standen auch in Jaspers' Psychoanalyse-Kritik zunächst methodologische Überlegungen im Vordergrund und zwar der Vorwurf, Freud verwechsle verständliche mit kausalen Zusammenhängen und mißverstehe daher die Psychoanalyse, die tatsächlich verstehende Psychologie sei, als Naturwissenschaft. Aus diesem methodologischen Selbstmißverständnis Freuds resultiere zum einen das falsche Postulat eines durchgängigen psychischen Determinismus, das in Analogie zum universal gültigen Kausalitätsprinzip für den Bereich des Seelischen aufgestellt werde.[14] Nach Jaspers besteht aber nur die Forderung unbegrenzter Kausalität, nicht die nach unbegrenzter Verständlichkeit zu Recht (vgl. 1923^3, S. 330). – Zum anderen folgten daraus grundlegende Irrtümer in der Theoriebildung: Freud versuche nämlich, aus verständlichen Zusammenhängen allgemeine Theorien über den seelischen Ablauf zu gewinnen, was methodisch prinzipiell fragwürdig sei (1923^3, S. 331). Die so gebildeten Theorien seien vollkommen unübersichtlich und empirisch nicht überprüfbar – ja nicht einmal ausreichend durch kasuistisches Material belegt.

Die Kontroverse zwischen Jaspers und Freud betraf in erster Linie auch den Begriff des Unbewußten (vgl. Jaspers 1923^3, S. 197ff., S. 204; dazu N. Schaub 1973, S. 48ff.). Jaspers unterschied das Unbewußte in ›Unbemerktes‹ und ›Außerbewußtes‹, das erste sei erlebbar, das zweite grundsätzlich nicht (vgl. 1923[3], S. 204). Das Unbemerkte kann »durch Phänomenologie und verstehende Psychologie aus Unbemerktem zu Bewußtem gemacht« werden (ebd.). – Jaspers' Begriff des Unbewußten war sehr statisch und ging an Freuds Entdeckung des Unbewußten im Sinne des Verdrängten, des dynamischen Unbewußten also, vollkommen vorbei. Während Jaspers' Begriff im Kontext seiner methodologischen Überlegungen sinnvoll und begründet war, bildete er zur Konzeptualisierung der psychoanalytischen Erfahrung sicherlich keine Alternative. Freuds Interesse galt ja primär der Frage, warum bestimmte Vorstellungen mit auffälliger Hartnäckigkeit aus dem Bewußtsein ausgeschlossen werden, die zugleich im Seelischen dynamisch äußerst wirksam sind. Darüber gab die deskriptive Unterscheidung zwischen Unbemerktem und Außerbewußtem keine Auskunft. Sie zielte ja auch vielmehr darauf, die Gegenstandsbereiche von verstehender und erklärender Psychologie gegeneinander abzugrenzen.

Wie schon erwähnt, wies Freud 1923 in einer langen Anmerkung in »Das Ich und das Es« auf die Bedeutung des dynamischen Aspektes des Unbewußten hin. Die Mißverständnisse, mit denen er sich hier auseinandersetzte, hätten wörtlich von Jaspers stammen können (Jaspers wird nicht namentlich genannt). Indessen scheint Jaspers diese Klarstellung nicht mehr rezipiert zu haben, da er in den späteren Auflagen der »Allgemeinen Psychopathologie« mit keinem Wort darauf Bezug nahm.

Aufgrund der Unterscheidung zwischen Unbemerktem und Außerbewußtem wird nach Jaspers die Wahl der wissenschaftlichen Methode begründet: das Unbemerkte ist als Bewußtseinsfähiges legitimer Gegenstand der verstehenden Psychologie, während das Außerbewußte in die erklärende Psychologie gehört. In der Psychoanalyse wird nun – so die Kritik – Außerbewußtes wie ein Gegenstand der verstehenden Psychologie behandelt. Die Anwendung der verstehenden Methode auf Außerbewußtes nennt Jaspers »als-ob-verstehen«. Dies sei methodisch nicht notwendig unzulässig, sondern könne eine sinnvolle Orientierungsfunktion haben, etwa bei der Erklärung der Psychosen (vgl. 1923[3], S. 331); es bleibe aber ein Provisorium, außer in den sehr seltenen Fällen der ›Abspaltung‹ seelischer Zusammenhänge bei der Konversion (ebd.).

Jaspers sah das Verdienst der Psychoanalyse hauptsächlich darin,

die verstehende Psychologie in die naturwissenschaftlich-somatisch reduzierte Psychiatrie wiedereingeführt zu haben. Insbesondere habe Freud entscheidende Impulse etwa für die Traumdeutung (1923[3], S. 222) und die Psychologie der frühkindlichen Entwicklung gegeben (1923[3], S. 242f.).
Wie auch bei anderen Zeitgenossen werden die weltanschaulichen Elemente der Kritik bei der Behandlung der psychoanalytischen Triebtheorie besonders deutlich. So fordert auch Jaspers – wie z. B. Häberlin und Scheler – Existenz und Autonomie rein geistiger Triebe (»Triebe zum Erfassen und zur Hingabe an ein Sein, das in absolut gültig erfahrenen Werten erscheint«, 1946[4], S. 265f.). Die psychoanalytische Theorie der Sexualität und ihre Bedeutung für die Neurosenlehre stellt demgegenüber nach Jaspers ein Glaubensbekenntnis dar, in dem ein ungeistiger Reduktionismus zutage tritt:

»Vor allem aber ist Freud in seinen verstehenden Zurückführungen von einer eigentümlichen Ungeistigkeit. Es ist fast immer das Gröbste, woraus verstanden wird. Die Masse der Menschen, die bloß Sinnlichen, der Großstadtmensch mit chaotischem Seelenleben, sie erkennen sich in der Freudschen Psychologie wieder. Man kann, statt wie Freud an das Vitale und Sexuelle, auch an das Geistige im Menschen appellieren und seine Psychologie entwickeln.« (1923[3], S. 329)

In der Schrift »Die geistige Situation der Zeit«[15] verbindet Jaspers die Kritik an der Triebtheorie mit einem Thema, das er schon in der »Allgemeinen Psychopathologie« hatte anklingen lassen: Freud gehöre zwar als verstehender Psychologe in die große Tradition von Kierkegaard und Nietzsche, halte sich aber im Gegensatz zu diesen im Verborgenen, setze sich selbst nicht ein (vgl. 1923[3], S. 330). Ebenso sei »die Selbstreflexion des redlichen Menschen, wie sie nach langer christlicher Entwicklung in Kierkegaard und Nietzsche die Höhe erreicht hat« (1960[5], S. 155) in der Psychoanalyse »denaturiert zur Aufdeckung sexueller Begehrungen und typischer Kindheitserlebnisse« (ebd.); die eigentliche ›gefahrvolle Selbstreflexion‹ werde dadurch verstellt, »das menschliche Dasein in seinen Niederungen verabsolutiert« (ebd.). Die Psychoanalyse diene der Rechtfertigung des Allzumenschlichen des Menschen, werde »zur Selbstrechtfertigung des Daseins in seiner bloßen Faktizität gebraucht« (ebd.): »Eigentliche Wirklichkeit sind die Libido und andere Triebe...« (ebd.).

Soweit die Schriften vor 1940. Sie fanden auffälligerweise innerhalb der Psychoanalyse nur geringes Echo: Freud äußerte sich nur indirekt zu Jaspers.[16] Binswanger setzte sich in einem Aufsatz 1913 mit der Unterscheidung zwischen verständlichen und kausalen Zusammenhängen und der methodologischen Psychoanalysekritik auseinander. Marseille rezensierte in der *Imago* 1933 ›Die geistige Situation der Zeit‹ (*Imago* 19, 1933, S. 573-577).

Diese Situation änderte sich nach 1940. Während Jaspers' Psychoanalysekritik in der Sache stagnierte, wurde sie im Ton zunehmend aggressiver. Gleichzeitig wurde deutlich, daß Jaspers die Entwicklung der psychoanalytischen Theorie in den zwanziger und dreißiger Jahren nicht mehr rezipiert hatte, so daß die Neufassung der »Allgemeinen Psychopathologie« von 1946 im Hinblick auf die Psychoanalyserezeption nicht die zu erwartenden Erweiterungen und Modifizierungen brachte. (Die gesamte Ich-Psychologie, die Theorie des Narzißmus, die Ansätze zu Theorie und Therapie von Psychosen, aber auch methodologische Überlegungen, insbesondere von H. Hartmann, fanden keine Berücksichtigung.)

Anfang der fünfziger Jahre erreichte die nunmehr zur reinen Polemik verkommende Auseinandersetzung mit der Psychoanalyse ihren vorläufigen Höhepunkt. In seinem Aufsatz »Zur Kritik der Psychoanalyse« (1951a) greift Jaspers die methodologische Kritik (Verwechslung von Sinnverstehen und kausalem Erklären) noch einmal auf, um sie nun aber existenzphilosophisch umzudeuten:

> »Durch Verstehen bewirke ich nicht, sondern appelliere an Freiheit. Durch kausales Erklären werde ich fähig, in gewissem Umfang rational berechenbar einzugreifen in das Geschehen im Sinne erwünschter Ziele. Verwechsle ich aber Verstehbarkeit von Sinn im Raume der Freiheit und die kausale Erklärbarkeit, so taste ich die Freiheit an. Dann behandle ich sie wie ein Objekt, als ob sie erkennbar da sei, wodurch ich sie erniedrige.« (1951a, S. 222)

Mit anderen Worten: in ihrem methodologischen Selbstmißverständnis *irrt* die Psychoanalyse nicht nur, sondern *versündigt* sich auch an der Existenz des Menschen, indem sie seine Freiheit erniedrigt. – Die weiteren Vorwürfe gegen die Psychoanalyse beziehen sich auf folgende Punkte:

- Die therapeutischen Erfolge der Psychoanalyse seien fragwürdig und hätten, während »in der eigentlichen Medizin durch die Erkenntnisse der letzten anderthalb Jahrhunderte gewaltige, fast märchenhafte Heilerfolge möglich geworden sind...« (ebd.), kaum Fortschritte gemacht.

- In der Psychoanalyse lebe der Glaube an unendliche und unbeschränkte Deutbarkeit unter dem Postulat, daß »Alles, was dem Menschen und im Menschen geschieht« (S. 223), Sinn habe.
- Die Psychoanalyse erhebe den Anspruch, ein Totalwissen vom Menschen zu sein. Diese »Totalisierung der Menschenauffassung« sei wissenschaftlich unmöglich und als »Denkstruktur dem Totalitarismus... analog« (S. 224).
- In der Psychoanalyse werde Krankheit zu Schuld umgewendet und das Ethos ärztlichen Helfens verdorben (ebd.).
- »Eine verborgene, fanatische und zerstörerische Tendenz« sei in der Psychoanalyse am Werk (ebd.), die insbesondere bei V. v. Weizsäcker deutlich zutage trete (»Die recht verstandene psychosomatische Medizin hat einen umstürzenden Charakter... Aber allerdings wo das Leben ein sinnvoller Widerspruch ist, da soll es, da muß es auch die Therapie sein...« [zit. nach Jaspers 1951a, S. 225]). Es stellt sich daher die Frage,

  »ob hier nicht vielmehr durch verkehrten, bodenlosen Glauben, der sich doch fanatisch festhält, der Weg verlegt wird zum eigentlichen Menschsein, das sich durch Bezug auf Transzendenz gewinnt.« (ebd.)

- Die psychoanalytischen Vereinigungen appellierten wie Sekten an die Solidarität ihrer Mitglieder.
- Die Lehranalyse diene als Instrument zur Indoktrination und Manipulation »analog den Exerzitien« (S. 226); sie »muß der Vernunft als würdelos erscheinen« (S. 227) und ist, wenn auch »keine Gefahr für Leib und Leben, aber Gefahr für die Reinheit, Freiheit und das Heil der Seele« (S. 229).
- Daher stellt sich die Frage, ob eine Hochschule legitimerweise Institute errichten dürfe, die die Lehranalyse ihrer Mitglieder zur Voraussetzung machten, was Jaspers ablehnt.

Der Aufsatz »Marx und Freud« (1951b) wiederholt fast wörtlich diese Kritik (Vorwurf endloser Deutbarkeit, Anspruch auf Totalwissen, Orthodoxie, Sektenbildung, Indoktrination durch die Lehranalyse usw.) (vgl. S. 145ff.). Erstmals verhandelte Jaspers hier ausführlich Marxismus und Psychoanalyse im Vergleich; diesen »Erscheinungen des Glaubensersatzes« (S. 150) wird die »echte moderne Wissenschaft« gegenübergestellt (ebd.). In ihrem Anspruch auf Totalerkenntnis übersähen Psychoanalyse wie Marxismus die Notwendigkeit der Partikularität des Wissens. Während die »reine Wissenschaft in methodologischer Reflexion ihrer Grenzen der Partikularität ihres Wissens inne wird und damit das Denken freiläßt »zur Erhellung des nicht wissenschaftlich Wißbaren« (S. 149), suche die Psychoanalyse das Jenseits der Wissenschaft »im Erlebnis, im Dunkel, im Irrationalen als solchem...« (ebd.). Die Erkenntnis auf dem Holzweg ist – wiederum – nicht nur ein Irrtum, sondern verstellt zugleich die Möglichkeit existentiellen Selbstseins. Hinter den »Erscheinungen des Glaubensersatzes« steht so als Grundtendenz »der Drang, sich von der Freiheit zu befreien« (S. 150) und »die Möglichkeit eigentlichen Selbstseins zu vergessen« (ebd.). Ein anderes Motiv nimmt Jaspers aus früheren Schriften wieder auf: Die historische Wahrheit der Psychoanalyse bestünde darin, daß sie die Verkehrtheit ihres Zeitalters entlarvte. Indem sie aber das Entlarvte verabsolutiere, würde sie selbst unwahr. Worin die Verkehrtheit des Zeitalters und die Unwahrheit der Psychoanalyse besteht, hatte Jaspers früher schon deutlich gesagt:

»Sagt man, die Psychoanalyse sei in einem verlogenen Zeitalter als erschütternde Wahrhaftigkeit aufgetreten, so ist das nur z. T. und wiederum in der Niederung richtig. Eine bürgerliche Welt, die glaubenlos in den Konventionen der faktisch preisgegebenen religiös-moralischen Welt »mit dem Sexus als ihrem geheimen Gott« lebt, wurde entlarvt. Aber diese Entlarvung war so unwahr wie das Entlarvte: beide waren an die Sexualität als das vermeintlich Absolute gebunden.« (1946[4], S. 300)

Auf diese beiden Aufsätze hin erhielt Jaspers nun endlich die Resonanz, die vor 1940 so hartnäckig ausgeblieben war. 1951 setzte sich A. Mitscherlich in der *Psyche* unter dem Titel »Kritik oder Politik« mit den Vorwürfen auseinander (*Psyche* 4, 1951, S. 241-254). Im gleichen Jahr antwortete Schultz-Hencke in *Der Monat* (»Zur Verteidigung der Psychoanalyse«, Jg. 3, 1951, H. 28, S. 438-440). 1952 folgte O. Pfister mit einer ausführlichen Besprechung und Erwiderung der Jasperschen Polemik.
Die letzten Äußerungen zur Psychoanalyse – zugleich der endgültige Tiefstand der ›Kritik‹ – finden sich in den Vorlesungen im Rahmen der Fernsehuniversität des Bayrischen Rundfunks im Herbst 1964 mit dem Titel »Kleine Schule des philosophischen Denkens« (in: »Psychologie und Soziologie«, 1971). In der Form einer fiktiven Seminardiskussion wiederholt Jaspers inhaltlich

weitgehend unverändert die oben referierten Vorwürfe. Hinzu kommt noch der Vorwurf der Arroganz:

»Die Leute nehmen zuweilen eine wunderlich hochmütige Haltung ein, als ob sie das tiefe, enthüllende, souveräne Wissen besäßen. Von ihm her blikken sie hinab auf die Befangenheiten der Menschen. Sie fühlen sich als überlegene geistige Herrscher der Welt, um so lächerlicher, wenn sie persönlich rechte Zwerge sind.« (S. 107f.)

Der Vorwurf, die Psychoanalyse taste in ihrem methodologischen Selbstmißverständnis die Freiheit des Menschen an, wird noch radikalisiert: die beanspruchte Totalerkenntnis ziele als ›Verfügungswissen‹ auf totale Manipulierbarkeit des Menschen (S. 108). Im Hinblick auf die In-Frage-Stellung des therapeutischen Erfolges, die Kritik der Selbstanalyse, die Gefahr der Psychoanalyse für die existentielle Selbsterhellung usw. wird Altbekanntes in noch simplifizierterer Form wiederholt.

Überblickt man Jaspers' 50jährigen »Feldzug gegen die Psychoanalyse« (Pfister 1952) in seiner Entwicklung, so läßt sich folgendes zusammenfassen:

1. Die methodologischen Überlegungen, die die Substanz seiner Psychoanalysekritik ausmachten, sind im wesentlichen in der 3. Auflage der »Allgemeinen Psychopathologie« von 1923 ausformuliert und werden später kaum noch erweitert oder vertieft.
2. Statt dessen wird ab der 4. Auflage der Allgemeinen Psychopathologie (1946) deutlich, daß Jaspers entscheidende Weiterentwicklungen der psychoanalytischen Theorie in den 20er und 30er Jahren (insbesondere die Ich-Psychologie, aber auch methodologische Überlegungen, die mit seiner Kritik korrespondierten [vgl. Hartmann 1927]) nicht mehr rezipiert hat.
3. Schon die 4. Auflage der Psychopathologie, v. a. aber die beiden Aufsätze zu Beginn der 50er Jahre lassen eine zunehmende Aggressivität in der Auseinandersetzung feststellen, die nun weitgehend auf offensichtlich unzutreffenden polemischen Unterstellungen basiert und die sich bis in die letzten Veröffentlichungen durchhält.

4. Ernst Bloch

(1885-1977. Studium der Philosophie in München und Würzburg. 1908 Bekanntschaft mit Lukács. In Berlin Teilnahme am Privatkolloquium bei G. Simmel. 1912 Kontakt mit dem Kreis um M. Weber in Heidelberg. 1926 in Berlin engere Beziehungen zu Kracauer, Adorno und Benjamin. 1933 Emigration, 1938-1949 USA. 1949 Berufung nach Leipzig. 1961 Annahme einer Gastprofessur in Tübingen und Übersiedlung in die BRD)

E. Bloch begann schon früh, sich im Rahmen seiner eigenen philosophischen Überlegungen mit der Psychoanalyse Freuds vielseitig und differenziert auseinanderzusetzen. Den Berührungspunkt bildete der Begriff des Unbewußten. Bloch ging es philosophisch um den Entwurf einer ›Phänomenologie des antizipierenden Bewußtseins‹, d. h. um die Auszeichnung und Beschreibung eines ›zukunftshaltigen‹ und antizipierenden Denk- und Vorstellungsbereiches, der zumindest teilweise, nicht unmittelbar und in voller Klarheit im Bewußtsein gegeben und insofern in einem *vorläufigen* Sinn ›unbewußt‹ ist. Diesen Bereich nannte Bloch das Noch-Nicht-Bewußte. Seine Auseinandersetzung mit der Psychoanalyse zielte wesentlich auf die Abgrenzung des Begriffs des Noch-Nicht-Bewußten von Freuds Theorie des Unbewußten:

»Nun ist es wichtig, hier zunächst, wenn auch noch so andeutend und skizzenhaft, einige Äquivokationen im Begriff des allgemein Nicht-Bewußten auszuscheiden, damit der Zustand des *Noch-Nicht-Bewußten* möglichst unverwechselbar notiert werde.« (1919, GA Bd. 10, S. 116)

Der wichtigste Gesichtspunkt, durch den sich das ›Noch-Nicht-Bewußte‹ vom psychoanalytischen Begriff des Unbewußten unterscheidet – und dies ist der Kern der gesamten Blochschen Psychoanalysekritik – ist die Tatsache, daß Freuds Unbewußtes ausschließlich rückwärtsgewandt und auf Vergangenheit hin orientiert ist, wobei Bloch jedoch die Existenz und Relevanz unbewußter Vorstellungen und Reminiszenzen nicht in Zweifel zieht:

»Aber aus alldem ergibt sich, daß das Unbewußte, wie es so über die Traumschwelle tritt, nicht die enthüllten Willensrichtungen und neugeschaffenen Erfüllungsinhalte der *Zukunft*, dieses anderen »Unbewußten«, enthält, sondern (...) durchaus nur halluzinierte Vergangenheit...« (S. 117f.)

Die Unterscheidung des Noch-Nicht-Bewußten vom Unbewußten im Sinne der Psychoanalyse – als Programm bereits 1919 formuliert – durchzieht Blochs Schriften wie ein roter Faden. Sie spiegelt sich in der Entgegensetzung von Nachtträumen und Tagträumen, in der Unterscheidung von »triebhaftem« und »aurorischem« Wünschen und am umfassendsten in der Entgegensetzung von Hoffnung und Erinnerung. Zu keiner Zeit hat Bloch die Existenz und Relevanz des Unbewußten in Abrede gestellt. Dagegen verwahrte er sich gegen die in seinen Augen drohenden Versuche einer Reduktion der antizipatorischen, auf Zukunft gerichteten Vorstellungsinhalte auf das »archaische« Unbewußte der Psychoanalyse:

»Dieses Hoffnungswesen, im Grund des ›Wachtraums‹ und vor allem seiner reinigenden, erhöhenden, genialen Fassung, ist seinen Weiterungen nach keineswegs mit dem uns bekannten kreatürlichen Wollen und mit den es sättigenden Erfüllungsinhalten der verflossenen oder noch gegebenen Welt verwechselbar. Vielmehr wirkt hier in Wahrheit ein originärer Punkt, und nichts scheint zu dessen Erfassung untauglicher, (denn hier ist nicht von Therapie und Neurose die Rede) als jene psychoanalytische Problemverengung und allzu ausgedehnte Kunst enthüllter Anfänge…« (1919, S. 118)

Vielmehr kommt für Bloch dem Noch-Nicht-Bewußten, das sich im Wachtraum als aurorisches Wünschen kundtut, gegenüber dem Unbewußten der Vergangenheit und Regression eindeutige Priorität zu: »Auf neue gesetzte Anfänge kommt es an, statt archaischer, auf ein noch Nicht-Bewußtes und seine Inhalte über den *Höhen* des vorhandenen Bewußtseins, statt eines Nicht-Mehr-Bewußten im psychisch-archaischen *Keller*« (ebd., S. 119). Später drückte sich Bloch hinsichtlich der Priorität zugunsten des Noch-Nicht-Bewußten noch deutlicher aus:

»Der Schlaftraum selber also stammt zumeist in jedem Sinn aus der Vergangenheit, zersetzt gegenwärtig Gewesenes in Vergangenheit und hält es in deren toten Teilen, in deren Stereotypie, in der Wiederholungstendenz bloßer »Natur« fest. Ja schließlich: auch eine Einzelwissenschaft, die lediglich fassen will, was ohne uns ist und wie es war, die lediglich das Gewesene, das Material betrachtet und jeden Lichttrieb ohne Rest auf kreatürliches Vorher herunteranalysiert, jeden lebendig utopischen Strom verliert und schließlich in leerer Mechanik sich eingrenzt: auch die solchergestalt entspannte, auf Entspanntes gerichtete Einzelwissenschaft ist schließlich dem nicht mehr Bewußten, einer so sehr stabilisierten Vergangenheit verhaftet, daß in ihr schließlich nur noch Steine rollen.« (1923[2], GA Bd. 3, S. 239)

Während im Nachttraum das archaische, triebgeschichtliche Unbewußte zum Ausdruck kommt, nimmt im Tagtraum das Noch-Nicht-Bewußte Gestalt an. Die Unterscheidung von Tagtraum und Nachttraum ist für Bloch von zentraler Bedeutung. Deutlich wird der Nachttraum in die Nähe des ›kreatürlichen Wollens‹ gerückt und der antizipierende Charakter des Tagtraumes, den die Psychoanalyse so gründlich verfehlt, dagegen abgegrenzt.

In den dreißiger Jahren gewinnt in Blochs Psychoanalyserezeption die ideologiekritische Auseinandersetzung mit C. G. Jung an Bedeutung (»Erbschaft dieser Zeit«, 1935, GA Bd. 4).[17] Zwar habe sich auch Freud ins Unbewußte vertieft, nahm »den Trieb als Grund, den Geist als Reflex« (S. 344), doch während Freud darauf zielte, das Unbewußte »mit hellstem analytischem Bewußtsein« (ebd.) zu durchdringen, eliminierten die »Kryptofaschisten der Psychologie« (Prinzhorn, Jung, Klages) (ebd.) gerade jene Elemente Freuds, »die noch der aufgeklärten, materialistischen Periode des Bürgertums entstammen« (ebd.). Die Schritte dieses Prozesses sieht Bloch in der Revision des Triebbegriffes, wie v. a. in der Entindividualisierung des Unbewußten bei Jung (vgl. S. 345). In bezug auf Freud kritisiert Bloch den Begriff der Sublimierung als »aufgeklärte, auch allzu aufgeklärte Entzauberung«: »Er (Freud, d. V.) sieht die Verlogenheit der Plüschzeit in theoretisch ziemlich ähnlicher Linie wie die dichterische oder religiöse ›Lüge‹, nämlich beides nur als ›Sublimierungen‹, mit verdrängter Libido als Kern« (S. 345).

Insgesamt jedoch bescheinigt Bloch Freud gerade in der Gegenüberstellung mit Jung ein Interesse an Aufklärung – eines allerdings, das in seinen Zielen über den »bürgerlich-normalen Menschen von heute« (ebd.) kaum hinausreicht.

Diese Einschätzung der Psychoanalyse als bürgerlich rationalistischer Aufklärung, die ihre Grenze am »gängigen bürgerlichen Bewußtsein« findet, wird in dem Aufsatz »Aus der Begriffsgeschichte des (doppelsinnig) ›Unbewußten‹« (GA Bd. 10, S. 86-114)[18] noch einmal aufgenommen. Dem Begriff des Unbewußten haftet bei Freud eine Erinnerung an das Enge und Dumpfe an »... und – was hier entscheidend ist – ans bloß *Abgesunkene* dieses Unbewußten« (ebd., S. 109). Doch – wiederum in der Gegenüberstellung mit Jung – ist Freud immerhin ein Mann, der »im Trüben nur fischen, nicht verschwinden« will (ebd.). Deutlich ist nämlich bei ihm das Unbewußte in der Ontogenese begründet und dem Be-

wußtsein prinzipiell zugänglich: »Dementsprechend ist Freuds Unbewußtes, dies nicht tief gelegte, auch nahe erhellbar, nämlich mit dem gängigen bürgerlichen Bewußtsein« (S. 110).
Der Begriff der ›Realität‹, an dem die Psychoanalyse sich nach Bloch orientiert, »ist, bei allem ›Unbehagen in der Kultur‹, einzig die bürgerliche Umwelt um 1900, mit ihren großenteils mechanistischen Maßen und Inhalten« (S. 110). Am Realitätsbegriff zeigt sich die Grenze der psychoanalytischen Aufklärung: sie erschöpft sich in der bürgerlich-rationalistischen Erhellung des Unbewußten:

»die Sperre vor einem Noch-Nicht-Bewußten (...) ist spätbürgerlich-normalem Bewußtsein am wenigsten überwindbar. Immerhin war Freud auch darin noch gut aufklärerisch, daß er aus dem Keller in die Bel Etage helfen will.« (ebd.)

1938 greift Bloch das Problem der Äquivokationen im Begriff des allgemein Unbewußten wieder auf.[19] Nicht-Mehr-Bewußtes als ›Erinnerungsspur‹ und ›Noch-Nicht-Bewußtes‹ als ›Hoffnungsspur‹ bezeichnen zwei unterschiedliche Formen von Akt-Inhaltsbezügen (S. 126). Ihr Unterschied wird an der ›Tendenz‹ deutlich: Wird das Unbewußte i. S. des Nicht-Mehr-Bewußten erinnernd bewußt, so löst es sich auf: »Es ist im Gewußten verschwunden, die Psychoanalyse heilt vom Verdrängten, indem sie es verschwinden läßt« (S. 129). Das Noch-Nicht-Bewußte hingegen wird, wenn es bewußt wird, als formende und gestaltende Kraft erst wirklich: *»Noch-Nicht-Bewußtes wird durch Gewußtsein ausgeführt, nicht zerschlagen, und wird es gewußt gemacht, so ist das Bewußtsein um Inhalte bereichert, die vorher nie manifest, nur latent in ihm waren«* (ebd.). Während das Nicht-Mehr-Bewußte sich gegen das Bewußtwerden sperrt, drängt das Noch-Nicht-Bewußte »nach Bewußtsein, Aussage, Gestaltung, Gegenständlichkeit« (ebd.). Bloch konzediert in diesem Zusammenhang erstmals, daß zwischen den verschiedenen Formen des Nicht-Bewußten Vermischungen und Übergänge möglich sind:

»Übergänge zwischen dem bloß Vergessenen, Verdrängten, Komplexhaften, unecht Symbolischen einerseits und dem Vorschwebenden, neu Andrängenden andererseits bestehen gewiß; jede Produktion ist voll von ihnen.« (S. 130)

Beide Arten des Unbewußten sind gleichursprünglich, sind dem

Menschen »seit eh und je mitgegeben« (S. 131). Wichtig ist aber, daß die Gestaltungen des Noch-Nicht-Bewußten etwa in Tagtraum und Kunst nicht auf das archaische Unbewußte reduzierbar sind.

Erst im »Prinzip Hoffnung« (1959, GA Bd. 5) wird die Auseinandersetzung mit der Psychoanalyse in ihrem systematischen Zusammenhang vollends überschaubar. Die zentralen Themen sind erneut der Begriff des Unbewußten, die psychoanalytische Traumtheorie, die unterschiedliche Deutung des Tagtraumes und des Nachttraumes, der implizite Realitätsbegriff der Psychoanalyse und ihre Auffassung von Phantasie und Kunst und die ideologiekritische Gegenüberstellung von Freud und Jung. Neu hinzu kommt eine Kritik der psychoanalytischen Trieblehre und der Theorie der Angst.

Die Kritik des psychoanalytischen Begriffs des Unbewußten wird unverändert wiederholt (vgl. S. 61). Bloch betont in diesem Zusammenhang dessen dynamischen Charakter sowie die Bedeutung von Widerstand und Verdrängung (vgl. S. 61 u. 131). In seinen späten Schriften – Bloch zitiert »Das Ich und das Es« (Freud 1927) – habe Freud neben dem Vergessenen und dem Verdrängten noch eine dritte Form des Unbewußten entdeckt: nämlich die unbewußten Ich-Anteile. Diese Entdeckung habe sich dem »Schema der Verdrängung« nicht gefügt. Berührt sei damit aber jenes Vorbewußte, »...das überhaupt nicht in Freuds Konzept paßt, das Vorbewußte in der anderen Bedeutung, nach der anderen Seite, in dem kein Verdrängtes, sondern ein Heraufkommendes zu klären ist« (S. 131). So näherte sich Freud zwar dem Unbewußten »der anderen Seite, der Dämmerung nach vorwärts« (ebd.), habe es dann jedoch verfehlt. – Auch unter dem dynamischen Gesichtspunkt lassen sich die beiden Formen des Unbewußten (Nicht-Mehr-Bewußtes und Noch-Nicht-Bewußtes) unterscheiden: Der Widerstand gegen das Bewußtwerden des Verdrängten ist ein grundsätzlich anderer als der gegen das Bewußtwerden des Noch-Nicht-Bewußten. Denn beim ersten fundiert ein »deutlich vorhandener Wille« den Widerstand, während beim zweiten die Sperre nicht im Subjekt liegt, sondern vielmehr durch »dieses Noch-Nicht-Gewordene, ja Noch-Nicht-Gelungene im Objekt fundiert« ist (S. 148). *Dieser* Widerstand ist letztlich ökonomisch-sozial begründet, sofern die Macht der Verhältnisse ›das Neue‹ noch hindert (vgl. S. 147f.).

Zusammenfassend referiert Bloch die psychoanalytische Traumtheorie (S. 88ff.) und kritisiert ironisch deren Symbolismus, auf dessen Grunde man allemal auf die einseitige Libidotheorie stoße: »Für Freud ist der manifeste Trauminhalt schlechthin nur verkleidet oder Maskenball; die Deutung wird der Aschermittwoch« (S. 91). Freuds bleibende Entdeckung sei jedoch, daß der (Nacht-)Traum seinem Inhalt wie Ursprung nach Wunscherfüllung ist. Ihre Eigenart als halluzinierte Wunscherfüllung verdanken die Träume drei charakteristischen Vorgängen (vgl. S. 88ff.): erstens einer Schwächung des erwachsenen Ich durch den Schlaf und damit einem Nachlassen der Zensur. Zweitens der assoziativen Lockerung der Tagesreste im Schlaf und drittens einem Rückzug von der Außenwelt und ihren Realitäten. – Auf Blochs Unterscheidung zwischen Tagträumen und Nachtträumen wurde bereits hingewiesen. Aufgrund seines utopischen Gehaltes hat der Tagtraum – als Gestaltung des antizipierenden Bewußtseins – vor den Nachtträumen Priorität. Insbesondere kritisiert Bloch erneut jeden Versuch, die Tagträume unter die Nachtträume zu subsumieren, bzw. sie analog zu den Nachtträumen psychodynamisch zu erklären:

»Also wäre es absurd, Tagträume: als jene Vorgriffe der Einbildungskraft, die man seit alters zwar gleichfalls Träume, doch ebenso Vorauseilungen, Antizipationen nennt, unter den Nachttraum zu subsumieren oder ihm gar nachzusetzen.« (S. 97f.)

Umgekehrt aber können auch die Nachtträume als »ein Teil (ein freilich verschobener und nicht ganz homogener) auf dem riesigen Feld des utopischen Bewußtseins« (S. 88) aufgefaßt werden. Und zwar deshalb, weil im Nachttraum, wenn auch deutlich zugunsten der Vergangenheit, eine Verschränkung von Vergangenheit und Zukunft statthat:

»...weil nicht nur psychologisch, auch objektiv noch Zukunft in der Vergangenheit lebt, weil auch manches Nachtstück nicht abgegolten oder fertig ist und deshalb Tagtraum, Vorwärtsintention verlangt. Diese Nacht hat noch etwas zu sagen, nicht als brütend-Urgewesenes, sondern als Ungewordenes, noch nirgends recht Lautgewordenes, das darin streckenweise eingekapselt ist.« (S. 115)

Das utopische, aber eingekapselte Potential der Nachtträume wird dann erst durch Wachphantasie (Tagtraum) artikuliert und befreit:

»Und eben mit beständigem Primat der Wachphantasie: nicht das Utopische kapituliert hier vor der Archaik, sondern die Archaik kapituliert, wegen ihrer unabgegoltenen Bestandstücke gegebenenfalls vor dem Utopischen.« (S. 115)

Ausführlich behandelt Bloch das Problem der Angstträume: »Freud hat selbstverständlich Schwierigkeit, auch die Nachtfurie als schenkende Fee zu deuten...« (S. 91).[19a] Erstens könne nach Freud der Traum aber eine mißlungene Wunscherfüllung darstellen, d. h. der Traum bricht ab, während der peinliche Reiz weiterbesteht – so entsteht ein Angsttraum. Zweitens könne ein besonders verworfener Wunsch zuweilen im Traum auf besonders unverhüllte Art befriedigt werden, wodurch ebenfalls Angst entstehe. Bloch leitet nun zur psychoanalytischen Angsttheorie über (S. 93f.). Seine Kritik betrifft in diesem Zusammenhang insbesondere die Rolle der Libido bei der Angstentstehung:

»Libido freilich wieder, nichts als Libido die ganze Zeit (und damit das Freudsche, das nicht bleibt, es läßt sich schon sagen: nicht blieb); ... Reicht denn sexuelle Libido zu dieser Angsterzeugung aus, ja ist sie überhaupt zu ihr notwendig?« (S. 93)

Der Überschätzung der Libido für die Angstentstehung korrespondiert nach Bloch die Vernachlässigung der äußeren Realität in der Psychoanalyse. Die Angst werde psychoanalytisch nur an den inneren Vorgängen im Subjekt festgemacht, anstatt an den Bedingungen der sozialen Umwelt:

»Die bürgerliche Gesellschaft war bis vor kurzem tatsächlich und ist heute noch ihrer Anlage nach auf freie Konkurrenz gegründet, folglich auf ein antagonistisches Verhältnis, auch in der gleichen Klasse und Schicht. Die derart gesetzte, ja geforderte feindliche Spannung zwischen Individuen produziert unaufhörliche Angst; und diese braucht nicht erst Libido und Geburtsakt, um sich daran anzusetzen. Sie ist mit dieser Art Außenwelt genügend gesetzt, zuletzt noch mit zwei Weltkriegen in ihr.« (S. 94)

Erst der späte Freud habe sich dieser Einsicht genähert, indem er feststellte, »...daß eine gefürchtete Triebsituation im Grunde auf eine äußere Gefahrensituation zurückgeht« (S. 94). Bloch selbst sieht den Ursprung der Angst vor allem in der gesellschaftlichen Blockierung des Selbsterhaltungstriebes (vgl. S. 95).
»Der Mensch als ziemlich umfängliches Triebwesen« – unter die-

sem Titel verhandelt Bloch ausführlich die psychoanalytische Trieblehre: den Libidobegriff, die Ichtriebe, die dualistische Grundkonzeption der Triebtheorie, die Vorstellung des Todestriebes (vgl. S. 55 ff.). Bloch kritisiert, daß die Psychoanalyse kein Bewußtsein der geschichtlichen Bedingtheit der Triebe wie auch der Grundtriebforschung selbst habe (vgl. S. 74). An der Vernachlässigung des Hungers – dem sinnfälligsten Ausdruck des Selbsterhaltungstriebes – zeigt sich die klassenmäßige Begrenztheit der psychoanalytischen Trieblehre:

»Doch so laut der Hunger brüllt, so selten wird er hier ärztlich genannt. Dieser Ausfall zeigt, daß psychoanalytisch stets nur die besseren Leidenden behandelt worden sind und werden. Die Sorge, wie man Nahrung findet, war für Freud und seine Besucher die unbegründetste.« (S. 72)

Bloch weiß in diesem Zusammenhang als Beleg beizubringen, daß »auch im bürgerlich deklassierten Wien« an der Wand einer psychoanalytischen Beratungsstelle die Inschrift vermerkt war: »Wirtschaftliche und soziale Fragen können hier nicht zur Behandlung kommen« (S. 72). Der einzige wirkliche Grundtrieb ist für Bloch der Trieb nach Selbsterhaltung (vgl. S. 74).
Auch in ganz anderer Hinsicht verkennt die Psychoanalyse nach Auffassung Blochs ihre ideologischen Implikationen, wie sich am Konzept des Realitätsprinzips und am ideologisch voreingenommenen Realitätsbegriff überhaupt zeigt. Das ›Ich‹ besorgt gemäß dem Realitätsprinzip die Regulation der Triebvorgänge sowie die Anpassung an die – bürgerliche – Umwelt:

»...der erwachsene, oder besser aber: der von Freud bürgerlich gesehene bürgerlich individuelle Mensch läuft sich an der ›Realität‹, wie Freud seine bürgerliche Umwelt nennt (der Warenwelt und ihrer Ideologie), die dionysischen Hörner ab.« (S. 57)

Die adaptive Funktion des Ich erscheint als Unterwerfung unter den schlechten gesellschaftlichen status quo und fungiert letztlich als bloße Kontrollinstanz. – Diesem einseitigen Begriff von ›Realität‹ in der Psychoanalyse korrespondiert nach Bloch ihre Auffassung von Phantasie und Kunst:

»Bei Freud erscheint die Realität allemal als unveränderliche, und sie erscheint als die mechanische, im Einklang mit dem Weltbild des vergangenen Jahrhunderts. Dadurch wird dann utopischer Tagtraum, besonders als

Fahrt ans Ende, reflexiv gemacht oder, psychologisch gesprochen, rein introvertiert, wie der Nachttraum auch.« (S. 109f.)

Während die Psychoanalyse Kunst und Phantasie v. a. als *subjektive* Leistungen auffaßt, sieht Bloch darin Antizipation und objektiven Vorschein von ›Zukunft‹ – welche er wesentlich im Sinne einer dialektischen Geschichtseschatologie denkt[20]:

»Vielmehr ist jedes große Kunstwerk, außer seinem manifesten Wesen, auch noch auf eine *Latenz der kommenden Seite* aufgetragen, soll heißen: auf die Inhalte einer Zukunft, die zu seiner Zeit noch nicht erschienen waren, ja letzthin auf die Inhalte eines noch unbekannten Endzustandes...« (S. 110)

Entsprechend kritisiert Bloch den Begriff der Sublimierung, mit dessen Hilfe nach seiner Auffassung der utopische Gehalt der Phantasie ins Subjektive gewendet wird.
Breiten Raum nimmt in »Prinzip Hoffnung« die Polemik gegen C. G. Jung ein, die in ihren Grundmotiven den früheren Äußerungen entspricht und daher nicht wiederholt zu werden braucht.
Würdigt man Blochs Psychoanalyserezeption und Kritik in der Übersicht, so fällt an der umfangreichen und differenzierten Auseinandersetzung eine Einseitigkeit ins Auge, die vermutlich maßgeblich auf das Konto der besonderen philosophischen Intention ging, die Bloch an die Psychologie des Unbewußten herantrug – nämlich die Präzisierung des Begriffs des Noch-Nicht-Bewußten in Abhebung vom psychoanalytischen Konzept des dynamischen Unbewußten. Es scheint, als habe sich hier eine zunächst nur strategisch begründete Unterscheidung zur Klärung einiger ›Äquivokationen im Begriff des allgemein Nicht-Bewußten‹ zunehmend selbständig gemacht, bis sich schließlich die beiden Arten des Unbewußten in starrem und unversöhnlichem Gegensatz gegenüberstanden. Damit blieb Bloch einerseits dem psychoanalytischen Denken extern und verpaßte andererseits im Hinblick auf seine eigene Philosophie die Chance, zwischen dem »antizipierenden« und dem »archaischen« Unbewußten die Übergänge und Zusammenhänge aufzuzeigen. Gerade weil es Bloch sonst darum geht, antizipatorische Denk- und Vorstellungsinhalte auch dort aufzuspüren, wo sie gebrochen, vermittelt und nicht ohne weiteres zu entschlüsseln sind, scheint die Ausgrenzung des Erfahrungsbereiches der Psychoanalyse vom antizipierenden Bewußtsein rigide

und undialektisch. Bloch hat dies gespürt und die Möglichkeit einer Vermittlung angedeutet, es jedoch bei dieser Andeutung belassen: »Übergänge zwischen dem bloß Vergessenen, Verdrängten, Komplexhaften, unecht Symbolischen einerseits und dem Vorschwebenden, Neuandrängenden andererseits bestehen gewiß; ... jede Produktion ist voll von ihnen« (S. 130).
M. Wurth (1983) hat zu Recht darauf hingewiesen, daß Bloch den psychoanalytischen Begriff des Unbewußten nur verkürzt rezipiert hat, und zwar insofern, als er das Unbewußte ausschließlich mit dem Verdrängten identifizierte. Freud habe zwar erklärt, daß das Verdrängte unbewußt, nicht aber daß das Unbewußte mit dem Verdrängten deckungsgleich sei (S. 483). Vor allem enthalte das Freudsche Unbewußte in der Funktion des Lustprinzips »die Überreste eines ursprünglichen Glückszustandes« und damit das Moment einer »Utopie nach rückwärts« – einen Aspekt, den Bloch nicht gesehen hat. Dennoch bestehen zwischen dem Denken Freuds und Blochs unüberbrückbare Gegensätze:

»Es ist bezeichnend, daß Hoffnungen auf die zukünftige Möglichkeit allumfassender Versöhnung von Mensch, Natur und Gesellschaft im Denken Freuds nicht auftauchen. D. h. daß Freud den Gedanken zurückweist, der die Basis der Philosophie Ernst Blochs ausmacht: Bloch begreift das Unbewußte als ein Phänomen, das eine Zukunftsutopie antizipiert, indem es von Endzeitphantasien durchdrungen ist. Das Unbewußte ›nach Vorwärts‹ bewahrt die Hoffnung auf universale Versöhnung, an deren möglicher zukünftiger Realisierung Bloch festhält« (S. 484f.).

Sicherlich hat Bloch in seiner Psychoanalysekritik aber auch wichtige Probleme getroffen. Hierher gehört etwa der Vorwurf, daß der antizipierende Charakter der Phantasie in der Psychoanalyse nicht gewürdigt werde (vgl. Anm. 40). Auch Blochs Vorbehalte gegen eine Theorie der Kunst, die die künstlerische Produktion vor allem unter dem Gesichtswinkel der Lösung individueller Triebkonflikte sieht, ist im Rückblick verständlich und nahm eine Kritik vorweg, die später auch von Psychoanalytikern selbst formuliert wurde.
Bloch hat sich so gut wie gar nicht mit der Psychoanalyse als einem therapeutischen Verfahren beschäftigt: Der Gedanke, daß es hier im Rahmen einer besonderen Dialogsituation weniger um eine »archäologische Rekonstruktion« als um die Bildung einer zukunftsfähigen Lebensgeschichte geht, ist von ihm nicht aufgenom-

men worden. Dies erstaunt nicht, wenn man sich vergegenwärtigt, daß Bloch sich weitgehend auf eine Auseinandersetzung mit der frühen Psychoanalyse, vor allem Freud und Jung, beschränkt und die Entwicklungen nach dem 2. Weltkrieg wohl kaum noch rezipiert hat.

5. Arthur Drews

(1.11.1865-19.7.1935. Promotion 1889. Ab 1898 ord. Professor in Karlsruhe)

Arthur Drews war ein Schüler E. v. Hartmanns und fühlte sich dessen Philosophie des Unbewußten verpflichtet. In der 1924 von ihm verfaßten »Psychologie des Unbewußten« (1924) gedachte er mit wenigen Worten der Psychoanalyse und offenbarte in aller Kürze bemerkenswerte Mißverständnisse:

»Darauf gründet sich alsdann die sog. psychoanalytische Methode *Freuds*, nämlich durch Befragung oder auf suggestivem Wege Erlebnisse wieder ins Bewußtsein zurückzurufen, die diesem unmittelbar entschwunden sind, nicht ohne jedoch ihr Fortbestehen in gefühlsmäßiger Weise bemerkbar zu machen.« (S. 17)

Über Befragung und Suggestion war die Psychoanalyse allerdings 1924 längst hinaus. – Höchst einseitig und übertrieben erschien Drews in diesem Zusammenhang auch die Bedeutung, die sexuellen Wünschen in der psychoanalytischen Traumtheorie beigemessen wird (vgl. S. 457).
1929 beschäftigte Drews sich in einem Aufsatz mit dem Problem des Unbewußten in Philosophie und Psychoanalyse und bezog sich dabei auf eine »gewisse medizinische Moderichtung«, unter deren Einfluß das Unbewußte »zum Tummelplatz der phantastischsten und verwegensten Behauptungen geworden« sei (ebd., S. 341). Die außerordentlich verworrenen und konfusen Gedanken, die Drews in dieser Arbeit darlegt, wären nicht weiter erwähnenswert, veranschaulichten sie nicht, wie sehr der Begriff des Unbewußten in bestimmter Weise durch die philosophische Tradition vorbelastet und die Rezeption seiner Bedeutung in der Psychoanalyse dadurch erschwert war. Zudem gehörte Drews zu den wenigen Autoren, die sich, von der Philosophie E. v. Hartmanns

herkommend, mit der Psychoanalyse befaßten.
Drews verstand unter dem Unbewußten dreierlei: Erstens das ›körperliche Unbewußte‹, zweitens das ›bezugsweise Unbewußte‹ und drittens die ›absolut unbewußte Tätigkeit‹. Das ›körperliche Unbewußte‹ ist der Leib – mit seinen physiologischen Prozessen. – Die Bedeutung des ›bezugsweise Unbewußten‹ ist nur im Zusammenhang mit Drews' spekulativer ›Bewußtseinsontologie‹ zu verstehen: Nach Drews' Auffassung haben auch kleinste Einheiten der Materie wie Zellen, ja sogar Moleküle und Atome ein Bewußtsein. Dem Stufenbau der materiellen Welt entspricht eine Architektur des Bewußtseins, wobei jeweils das Bewußtsein einer niederen Stufe gegenüber der nächsthöheren als ›Unterbewußtsein‹ gedacht wird. Das eigentliche menschliche Bewußtsein ist an die Großhirnrinde gebunden, demgegenüber das Bewußtsein der niedrigeren Zentren ›bezugsweise unbewußt‹ ist.
Der dritte Aspekt des Unbewußten ist die ›absolut unbewußte Tätigkeit‹ – ein sich in Ideen vollziehendes, nicht-diskursives unbewußtes Denken, welches »alles Einzelne gleichsam in Eins zusammenschaut« (S. 351).
Es ist hier nicht der Ort, sich mit Drews' Philosophie genauer auseinanderzusetzen. Deutlich sollte aber werden, woran eine unvoreingenommene Rezeption psychoanalytischer Gedanken in diesem Falle scheiterte: Drews trug offensichtlich einen recht eigenwilligen Begriff des Unbewußten (nämlich das Unbewußte als Körperliches und als ›bezugsweises Unbewußtes‹) von außen an die Psychoanalyse heran. Dies paßte mit dem psychoanalytischen Konzept nicht zusammen – deshalb kritisierte Drews, Freud habe das Unbewußte als etwas rein Seelisches aufgefaßt und lehne

»die Annahme eines bezugsweise Unbewußten, eines Bewußtseins außerhalb des Großhirnbewußtseins in einem und demselben Organismus mit freilich vollkommen unzutreffenden Einwänden ab, sowie er auch das körperliche Unbewußte kaum irgendwie besonders berücksichtigt.« (S. 356)

Auch der Begriff der ›absolut unbewußten Tätigkeit‹ ließ sich, wie Drews selbst bemerkte, beim besten Willen nicht mit psychoanalytischen Vorstellungen in Beziehung bringen, so daß an Gemeinsamkeiten zwischen Drews' Philosophie des Unbewußten und der Psychoanalyse letztlich nicht viel mehr als ein Wort blieb.
Indessen mangelte es nicht an Kritik. Zwar gelang Freud, nach der Auffassung von Drews, was E. v. Hartmann und ihm selbst ver-

sagt geblieben sei, nämlich dem Begriff des Unbewußten zu öffentlicher Reputation verholfen und das »Vorurteil der Einerleiheit von Sein und Bewußtsein« (S. 354) ausgeräumt zu haben. Aber darüber hinaus habe die Psychoanalyse nicht nur zur weiteren Klärung des Unbewußten nichts beigetragen, sondern

»...die in bezug auf jenen Begriff herrschende Verwirrung vielmehr nur gesteigert und so ungeheuerliche, tollkühne und verstiegene Folgerungen an ihn angeknüpft, daß man es den Psychologen wahrlich nicht verdenken kann, wenn sie jetzt erst recht nichts vom Unbewußten wissen wollen.« (S. 354f.)

Drews denkt bei seiner Freud-Kritik nicht einmal an Freuds sogenannte Sexualtheorie, »...an sein merkwürdiges Versessensein darauf, alle seelischen Störungen auf geschlechtliche Ursachen zurückzuführen, das besonders in seiner Deutung des Traumes oft nahezu ans Komische anstreift.« Dies wie andere Einzelheiten der psychoanalytischen Theorie (Verdrängung, Ödipuskomplex, Theorie der Fehlleistungen usw.) überläßt er getrost Ärzten und Psychologen zur Beurteilung

»...deren Meinung doch wohl keine andere wird sein können, als daß hier gewisse vielleicht gelegentlich vorkommende Einzelfälle in unglaublicher Überspannung zu einer allgemeinen Tatsache aufgebauscht sind.« (S. 355)

Vielmehr geht es Drews um »die vollkommen willkürliche und durch nichts gerechtfertigte Deutung, die Freud und seinesgleichen dem Begriffe des Unbewußten geben...« (ebd.). Denn:

»Obwohl sich vielleicht keiner unter ihnen mehr als Freud selbst um dessen genauere Bestimmung bemüht und in immer erneuten Anläufen das Wesen des Unbewußten festzustellen versucht hat, ist er doch bisher über dunkle Redewendungen und schwer verständliche Unterscheidungen z. B. zwischen einem Vorbewußten und Unbewußten nicht hinausgekommen, wie denn überhaupt seine ganze Art sich auszudrücken, ..., in unklarem Halbdunkel, verzweifeltem Ringen mit dem Gegenstande und einem unerquicklichen Spielen mit neu geprägten Fachausdrücken steckenbleibt.« »So rächt sich an der Psychoanalyse das Übersehen Hartmanns und die fast gänzliche Nichtbeachtung, durch welche die akademischen Kreise diesem Denker seine gegensätzliche Stellung gegen die herrschende Philosophie bisher haben entgelten lassen.« (S. 358)

6. Herman Nohl

(7. 10. 1897 Berlin-26. 9. 1960 Göttingen. Von 1920-1937 und von 1945-1949 Professor für Philosophie und Pädagogik in Göttingen. Anhänger von Dilthey)

Der Pädagoge und Philosoph Herman Nohl ist in mehrfacher Hinsicht mit seinem Schweizer Kollegen Paul Häberlin geistesverwandt. Dies betrifft nicht nur die Gemeinsamkeit der Fächer (Philosophie und Pädagogik), sondern ihre liberale pädagogische Position ebenso wie die Offenheit der Psychoanalyse gegenüber.
Nohls Äußerungen zur Psychoanalyse datieren in ihrer Erstfassung sämtlich vor 1940. Sie stehen im Kontext pädagogischer Betrachtungen, sind nur kursorisch und wenig umfangreich und zeugen von einer positiven Grundeinschätzung der Psychoanalyse. In dem Aufsatz »Gedanken über die Erziehungstätigkeit des Einzelnen mit besonderer Berücksichtigung der Erfahrungen von Freud und Adler« (1926) erkennt es Nohl als Verdienst der Psychoanalyse an, daß sich die moderne Pädagogik nicht mehr bloß an einer abstrakten Ethik, sondern an der Struktur der Persönlichkeit und ihres Milieus orientiere. Die Psychoanalyse habe von der naturalistischen Überschätzung der Anlage hin zur stärkeren Berücksichtigung der personalen Aspekte geführt. Ein weiteres Verdienst sei darin zu sehen, daß sie die Bedeutung der Übertragung für die Psychotherapie wie den pädagogischen Umgang erkannt habe. Allein deren Ableitung aus der Libido sei noch Rest einer falschen naturwissenschaftlichen Betrachtungsweise (vgl. 1926, S. 154). Zu weit geht nach Nohl die Psychoanalyse in ihrer Ablehnung der Strafe. Denn neben den unbestreitbaren »mittelbaren Vergehen«, denen eine psychologische Motivation zugrunde liege, gäbe es auch die »naturgewachsene Ungezogenheit« (S. 159). An anderer Stelle[20a] sieht Nohl die Bedeutung der Psychoanalyse für die Pädagogik darin, daß sie ein neues pädagogisches Ideal begründet habe, und zwar insofern, als sie gezeigt habe, daß die ethische Anforderung in richtigem Verhältnis zu den biologischen wie seelischen Bedürfnissen der Zöglinge stehen müsse. Die Psychoanalyse ersetze den Glauben an den angeborenen Charakter durch die Idee der Lebensgeschichte und der lebensgeschichtlichen Verstehbarkeit der seelischen Störungen. – In diesem Aufsatz bezieht sich Nohl auch anerkennend auf Häberlin, der die Bedeutung der objektiven

geistigen Mächte (Schuldbewußtsein und religiöse Bindung) für das Seelenleben sichtbar gemacht habe (vgl. 1963^6, S. 61).
1938 revidierte Nohl in seinem Buch »Charakter und Schicksal« die Wertschätzung der Psychoanalyse ein wenig.[21] Die Psychoanalyse sei eine ›historische Psychologie‹, die versuche, die scheinbaren Anomalien und Sinnlosigkeiten des individuellen Lebens zu verstehen, indem sie von der Gesamtpersönlichkeit ausgehe. Das psychoanalytische Menschenbild sei durch ein Schichtenmodell der Seele bestimmt, womit Nohl das psychoanalytische Strukturmodell und die Instanzenlehre meinte (vgl. 1949^4, S. 62f.). Für die Heilpädagogik sei entscheidend, daß die Verdrängungen und die daraus entstehenden Komplexe zur Fehlentwicklung des Charakters führen könnten (vgl. ebd., S. 63). Aus der Spannung zwischen den verdrängten Komplexen und der Zensur leite die Psychoanalyse das neurotische Symptom ebenso ab wie die Entwicklung zu höherer Vollkommenheit (qua Sublimierung). In der Entdeckung des Sexuellen sei ein Verdienst Freuds zu sehen, wenngleich »... die Übertreibungen seiner Schule bis zum Irrsinn gingen und sehr gefährlich gewirkt haben« (S. 67). – Nohl selbst möchte hingegen in Anlehnung an Rousseau den ›Freiheitstrieb‹ anthropologisch verankert wissen und warf der Psychoanalyse in diesem Zusammenhang vor, daß sie im Komplex immer nur den verdrängten Wunsch sehe. Es könnten ihm jedoch auch verdrängte Schuldgefühle zugrunde liegen:

»Die Aussprache hat dann den Sinn des Bekennens, der Beichte, und das wirklich tiefe Befriedetsein erfolgt erst nach dem Wiedergutmachen und der Übernahme der Strafe, die die Psychoanalyse gar nicht verstehen kann.« (S. 68)

Die Psychoanalyse kuriere durch Bewußtmachen und nachträgliches Abreagieren durch Aussprache: »Viel Unheil ist durch solche Analyse und Behandlung angerichtet worden...« (S. 69). Ganz im Gegensatz zu früheren Äußerungen kritisierte Nohl hier auch die psychogenetische Deutung des Charakters durch die Psychoanalyse: dieser sei nicht etwa aus frühen Kindheitserlebnissen zu erklären, sondern seinerseits angeboren und allererst der Grund, auf dem diese Kindheitserlebnisse zustande kämen (vgl. S. 69f.).
Erwähnenswert ist noch eine Bemerkung Nohls, die das umstrittene Verhältnis von ›geistiger Liebe‹ und ›Geschlechtsliebe‹ betrifft (vgl. dazu Scheler [oben, S. 114] und Häberlin [unten, S. 56], die

sich ausführlich mit diesem Problem beschäftigten.) Nohl bezieht sich dabei nicht explizit auf die Psychoanalyse, bejaht aber im Gegensatz zu Häberlin und Scheler einen engen psychologischen Zusammenhang zwischen diesen beiden Formen der Liebe und bemerkt, daß die geistige Liebe dadurch weder unwahr würde noch ihren eigenen selbständigen Sinn verlöre (vgl. 1947^2, S. 70).[22]
Gelegentlich mit dem deutschen Pädagogen Herman Nohl verwechselt (vgl. J. Scharfenberg in Cremerius 1981, S. 331) wird der fast gleichnamige Johannes Nohl, der vermutlich Theologe war, sich aber darüber hinaus psychotherapeutisch betätigte und in seiner Arbeit eine eigenartige Mischung von Freud, Jung und christlicher Ethik eklektisch zu verbinden suchte.[23] Im Jahre 1918 »analysierte« er Hermann Hesse.[24] Etwa um diese Zeit scheint er sich auch mit der Frage nach einer finanziellen Unterstützung an Freud gewandt zu haben, wie aus einem Brief Freuds an O. Pfister vom 2. Januar 1919 hervorgeht:

»Infolge dieser Verlagsgründung bleibt uns aber wenig oder nichts für andere Zwecke. Ich war also in Verlegenheit, was ich Joh. Nohl antworten sollte, dessen bisherige Produktionen auch mir sehr gut gefallen haben...« (Freud/Pfister 1963, S. 67)

J. Nohl hatte im Jahre 1916 einen Aufsatz über »Die Fruchtbarkeit der Psychoanalyse für Ethik und Religion« verfaßt, in dem er die Psychoanalyse überschwenglich lobte. Da diese Arbeit ohne Frage zu den Stilblüten der Rezeptionsgeschichte gehört, sei eine Kostprobe hier nicht vorenthalten. Nohl beginnt:

»Die prometheische Verwegenheit des Menschengeschlechts ist durch zwei jüngste Entdeckungen ins Ungemessene gesteigert worden: durch die Eroberung des Luftreiches und durch die Erschließung des Unbewußten, das seit den Tagen der Revolution unter dem ganzen europäischen Leben, wie unter Hamlet der Geist des Vaters, wühlte. Es ist, als ob der Mensch mit der Durchhellung seines Unbewußten die Traumschwere der Jahrtausende erst von sich abschütteln, als ob er durch die Wiederherstellung seiner ursprünglich integren Triebkräfte erst leicht und licht genug werden müßte, um im Äther, dem Reiche der überwundenen Schwerkraft, so heimisch, ja heimischer zu werden als bisher auf der Erde. Man hat mit freudiger Erregung angesichts der ersten Luftschiffe an die beflügelten Phallen der Antike erinnert: die heiligen Werkzeuge sind wie nie zuvor zum Symbol des ewig nach neuer Ausdehnung und Erfüllung trachtenden Lebens geworden.« (S. 328).

Freud ist nach Nohls Auffassung durch die Überwindung der Gotik in der Psychologie zum Thomasius des Jahrhunderts geworden:

»Nicht zuletzt seinen tagschaffenden Entdeckungen werden es die Menschen verdanken, wenn sie sich fürder nicht mehr vor dem eigenen Schatten, den ihr Leib in das Reich des Lichts und der Sonne wirft, entsetzen, wenn sie zur Besonnenheit genesen sich selbst lieben lernen, und die Wein und Brotfrucht tragende Erde als ihrer Träume Vertraute wiedererkennen.« (ebd.)

Einem kurzen Abriß der Entwicklung der Psychoanalyse folgt dann ein Lob der Befreiung des menschlichen Trieblebens. Gerühmt werden die Erkenntnisse der Psychoanalyse in Sachen Sexualentwicklung und Traumtheorie. Letztendlich jedoch verfehlte eine Psychoanalyse ohne den Geist des Gebetes, welches sie nicht ersetzen, zu dem sie aber hinführen kann, gewiß ihr Ziel (vgl. S. 331).

7. Theodor W. Adorno

(1903-1969. Philosoph und Soziologe. Ab 1928 Mitarbeit am Institut für Sozialforschung in Frankfurt. 1931 Habilitation bei P. Tillich. 1933 Emigration. Mitarbeit am Institut für Sozialforschung in New York. Nach dem Kriege Rückkehr nach Deutschland. Ab 1949 Professor in Frankfurt)

Die Psychoanalyserezeption Th. W. Adornos war umfangreich, differenziert und sehr fruchtbar. Ihre Entwicklung läßt zwei Phasen erkennen, die dem Wandel seines philosophischen Denkens korrespondieren: Und zwar versuchte Adorno zunächst, die Psychoanalyse unter Rekurs auf transzendentalphilosophische Begriffe zu interpretieren und zu ›begründen‹ – dies war das Ziel seiner Frühschrift »Der Begriff des Unbewußten in der transzendentalen Seelenlehre« (1927). Die spätere Rezeption hingegen stand im Zeichen der ›Kritischen Theorie‹ und war mit der Geschichte des ›Institutes für Sozialforschung‹ eng verbunden. Dort gab es unter Leitung von K. Landauer (der später in Belsen umkam) eine eigene Abteilung für Psychoanalyse, in der zeitweise auch E. Fromm mitarbeitete. In dieser zweiten Phase setzte sich

Adorno mit den sozialphilosophischen Implikationen der Psychoanalyse auseinander.
Die oben genannte frühe Arbeit (1927, GS Bd. 1, S. 79-322) wurde erst posthum veröffentlicht (1973) und fand bislang relativ wenig Beachtung, obgleich sie für Adornos Psychoanalyserezeption von außerordentlicher Bedeutung war. Adorno hatte sie zunächst als Habilitationsschrift geplant und bereits vorgelegt, dann jedoch zurückgezogen, da sie den inzwischen veränderten Grundpositionen seiner Philosophie nicht mehr angemessen erschien. In einem Brief wenige Wochen vor seinem Tod bezeichnete er es als ›Hauptfehler‹ des Manuskriptes,

»daß es Freud einseitig auf die Erkenntnistheorie etwa der Schule von Mach und Avenarius bezieht und das von Anbeginn in Freud vorhandene materialistische Moment, das bei ihm durch den fundamentalen Begriff der Organlust bezeichnet wird, vernachlässigt.« (GS Bd. 1, S. 381f.)

Adorno ging 1927 davon aus, daß ein Begriff des Unbewußten für die *empirische* Psychologie unentbehrlicch sei (S. 89) und sah zugleich die Psychoanalyse als Paradigma einer empirischen Psychologie des Unbewußten an. Die erkenntnistheoretische Klärung des Begriffs des Unbewußten zielte letztlich auf eine Begründung der Psychoanalyse als Wissenschaft (S. 104). Dies sollte v. a. durch die Rückführung psychoanalytischer Grundbegriffe auf solche der Transzendentalphilosophie geschehen: »Die allgemeine transzendentale Begründung der Psychoanalyse als Wissenschaft ist das letzte Ziel, das wir mit unserer Untersuchung im Auge haben« (S. 304). Adorno unterzog zunächst die Philosophien des Unbewußten einer Kritik. Darunter faßte er alle diejenigen philosophischen Richtungen zusammen, die 1. dem Begriff des Unbewußten eine zentrale Bedeutung beimessen, die 2. unter dem Unbewußten etwas dem Bewußtsein prinzipiell Transzendentes verstehen und 3. beanspruchen, für ihren Erkenntnisgegenstand eine spezifische angemessene Erkenntnisweise zu besitzen (S. 118). Diesen Philosophien des Unbewußten wies er nun einerseits immanente Widersprüche nach (vgl. S. 119-130), widerlegte andererseits ihre vermeintliche Unabhängigkeit von der Transzendentalphilosophie und zeigte dann (vgl. 2. Kap.), inwiefern die Philosophien des Unbewußten von echten Problemstücken der Kantischen Transzendentalphilosophie ihren Ausgang nehmen konnten (vgl. S. 134ff., vgl. übersichtlich S. 93ff.).

Kants Philosophie bot, wie die Kritik der Parallogismenlehre deutlich zeigt, für den Begriff des Unbewußten, der doch durch die empirische Theorie unabweisbar gefordert wird, keinen Raum (vgl. S. 150, 158ff.). Adorno eröffnet nun das Feld der ›transzendentalen Psychologie‹, indem er Kants Begriff des transzendentalen Subjekts – das ›ich denke‹, das als synthetische Einheit der Apperzeption Erfahrung allererst ermöglichen soll – in der Weise umdeutet, daß das transzendentale Subjekt nicht mehr, wie für Kant, letzte Bedingung der Möglichkeit von Erfahrung ist, sondern »... die tatsächliche Einheit meiner Erlebnisse im empirischen Bewußtseinsverlauf« (S. 163); ›transzendentale Bedingungen‹ werden so als »die Gesetzmäßigkeiten meines tatsächlichen Bewußtseinsverlaufes« (ebd.) aufgefaßt, d. h. als ›empirisch‹ einsichtige Gesetze des Bewußtseinszusammenhangs.

Der Begriff des Unbewußten wird innerhalb der transzendentalen Seelenlehre näher bestimmt. Zunächst kann der Begriff seinen Rechtstitel ausschließlich im Zusammenhang des *persönlichen Bewußtseins* finden (vgl. S. 200), d. h. Unbewußtes wird in seinem Bestand immer nur ausweisbar durch den Rekurs auf Bewußtes (vgl. S. 203f.). Dies ist die wichtigste Bestimmung: Das Unbewußte ist dem Bewußtsein nur mittelbar gegeben, – es kann selbst nicht unmittelbar wahrgenommen, jedoch aufgrund der Gesetzmäßigkeit des Bewußtseinszusammenhanges erschlossen werden (vgl. S. 202).

Das Unbewußte i. S. des mittelbar Gegebenen läßt sich unterscheiden in unbewußte Einzelerlebnisse (phänomenale Tatsachen) und unbewußte ›Seelendinge‹, worunter die *Gesetzmäßigkeiten* zu verstehen sind, die das Auftreten einer Reihe einzelner Erlebnisse unter sich begreifen:

»Solche unbewußten Seelendinge – und alle Seelendinge sind unbewußt – erblicken wir in unseren Eigenschaften, Anlagen, Dispositionen, Stimmungen und den Zusammenhängen vor allem, deren uns, wie sich zeigen wird, die Psychoanalyse versichert« (S. 218).

Die Erkenntnis des Unbewußten ist für Adorno wesentlich Erkenntnis der »psychischen Dinglichkeit« im bereits genannten Sinn.

Gegenüber der Assoziationspsychologie, der experimentellen und Gestaltpsychologie, der Charakterologie und auch der Psychiatrie hat nun die Psychoanalyse die Tatsache des Bewußtseinszusammenhanges als der konstitutiven Bedingung aller Erlebnisse betont (S. 229).

»Sie geht aus von dem Satz, daß *alles Psychische* einen *Sinn hat,* daß alles psychische Sein in gesetzmäßiger Weise durch den Zusammenhang des persönlichen Bewußtseins sich bestimmt oder, wie wir es nach unserer Bestimmung des Begriffs des Unbewußten auch formulieren dürfen, daß alle unsere Phänomene – all unser ›Bewußtsein‹ im engeren prägnanten Sinn – Phänomene von *unbewußten* Dingen sind, deren Erkenntnis eben auf Grund der Erkenntnis des Bewußtseinszusammenhanges und seiner Gesetzlichkeit sich vollzieht.« (S. 230f.)[25]

Die Psychoanalyse eignet sich deshalb als Paradigma einer empirischen Wissenschaft vom Unbewußten, weil sie sich ihm gegenüber *erkennend* verhält und zur Erkenntnis des Unbewußten methodisch auf Bewußtes rekurriert – im Gegensatz etwa zu den genannten metaphysischen Theorien (vgl. S. 238). Des weiteren, weil sie von einem Zusammenhang der Erlebnisse in der Einheit des persönlichen Bewußtseins ausgeht, diesen aber nicht nur als Zusammenhang der bewußten Phänomene begreift, sondern auch dessen unbewußten Gesetzmäßigkeiten Rechnung trägt (vgl. S. 243, 269).
Adorno interpretiert die Psychoanalyse primär als eine Methode der Erkenntnis unter Hintanstellung ihres therapeutischen Interesses, geht aber davon aus, daß Erkenntnis und Therapie in der Psychoanalyse weitgehend identisch seien (vgl. S. 236). Ebenso schließt Adorno alle biologischen Hypothesen der Psychoanalyse aus der Untersuchung aus.
Die Behauptung der Existenz des Unbewußten ist nach Adorno identisch mit der Forderung, daß alle seelischen Phänomene einen ›Sinn‹ hätten (vgl. S. 231, 244).[26] Dies ist der einheitliche Gesichtspunkt, der sich auf die drei Hauptgruppen der Gegenstände psychoanalytischer Forschung – die Theorie der Fehlleistungen, die Traumtheorie und die Theorie der neurotischen Symptombildung erstreckt (vgl. S. 231). Wie sich bei der Untersuchung der psychoanalytischen Theorie der Fehlleistungen zeigt, bedeutet die Rede vom ›Sinn‹ einer Fehlleistung nicht in erster Linie die Symbolbedeutung einer einzelnen Fehlleistung, sondern weist auf die Beziehung zwischen dieser Bedeutung und anderen ›Bewußtseinstatsachen‹ (Interferenz einer bewußten und einer unbewußten Intention) hin. Der Sinn eines Phänomens (für Adorno etwa synonym mit Erlebnis) entdeckt sich durch die Erkenntnis seiner gesetzmä-

ßigen Abhängigkeit von ›Seelendingen‹ (vgl. S. 247), d. h. von den Gesetzmäßigkeiten des Bewußtseinszusammenhanges.
Die Forderung, daß keine Tatsache des Bewußtseinszusammenhanges zufällig oder sinnlos sei, involviert das Postulat des ›psychischen Determinismus‹. Adorno versucht dieses mit der Freiheit der Willenshandlung folgendermaßen zu vereinen: Zwischen dem Phänomen der Willenshandlung und der Gesetzlichkeit des Bewußtseinszusammenhanges besteht ein analoges Verhältnis wie zwischen Ding an sich und Erscheinung. Die Willenshandlung ist als *Phänomen* letzte irreduzible Gegebenheit, das Gesetz, unter dem sie steht, hingegen nur eine *Abbreviatur* des Phänomenalen. Die Gesetze des Bewußtseinsverlaufes sind keine transzendenten ›Ursachen‹ der Phänomene, »da ja die Dingbegriffe nur aufgrund der Phänomene gebildet sind« (S. 293; vgl. III 3.). – Es liegt auf der Hand, daß diese Argumentation nur für eine Psychoanalyse gilt, die von allen ›transzendenten Setzungen‹ (Beziehungen auf das Körperliche/Biologische i. S. einer Bewußtseinstranszendenz) gereinigt und strengstens auf die Bewußtseinsimmanenz beschränkt ist.
Der wissenschaftstheoretische Status psychoanalytischer Erklärungen einzelner seelischer Phänomene – etwa des Sinns einer einzelnen Fehlleistung – ist, wie Adorno bemerkt, häufig Anlaß philosophischer Kritik gewesen. Und zwar, weil die in anderen Wissenschaften übliche Unterscheidung individualgesetzlicher und allgemeiner Erklärungen sich für den Bereich des Psychischen nicht exakt durchführen ließe. Adorno sieht hierin aber weniger ein Versäumnis der Psychoanalyse als eine Schwierigkeit des Gegenstandsbereiches und geht davon aus, daß allgemeine Gesetze über psychische Zusammenhänge immerhin möglich seien (vgl. S. 249, 255).
Als die beiden Kernstücke der psychoanalytischen Methode bezeichnet Adorno die freie Assoziation und die einfache Erinnerung. Die Methode der freien Assoziation impliziert die Idee eines durchgehenden Sinnzusammenhanges (s. o.) – in Adornos Augen eine transzendentalphilosophische Voraussetzung; ebenso die Erinnerung –, »die letzte transzendentale Tatsache, die die Erkenntnis des Unbewußten möglich macht« (S. 206).[27]
In der Traumtheorie, die Adorno in Grundzügen referiert, wird die psychoanalytische Theorie des Unbewußten mit der Trieblehre und der »dynamischen Auffassung des Bewußtseinslebens«

(S. 262) (Wiederstand und Verdrängung) in Verbindung gebracht. Adorno kritisiert, daß Freud hier den Begriff des Unbewußten in ›derzeitig unbewußt‹ und ›dauernd unbewußt‹ differenziert habe, wobei der Begriff des dauernd Unbewußten

»eine vom Bewußtseinszusammenhang unabhängige Hypothese (sei), die von der Phylogenesis des Menschen ausgeht, gewisse unbewußte Tatbestände im Bewußtseinsleben des Einzelnen zum Erbgut der Gattung macht und in einer Theorie objektiver, vom persönlichen Bewußtsein unabhängiger Traumsymbole gipfelt«. (S. 263)

Mit diesem Konzept ist nach Adorno der Rahmen eines wissenschaftlichen Begriffs des Unbewußten überschritten, da dieser nur im Bewußtsein des empirischen Ich seine Begründung findet, dem die unbewußten Tatsachen zugehören (S. 263).

In der Neurosenlehre wird der Begriff des Unbewußten zu einer Dynamik des Psychischen entfaltet, deren wesentliche Bestandteile die Wunschtheorie und der Begriff der Verdrängung seien (S. 265 f.).

Zu gedenken bleibt der Kritik, die Adorno der Psychoanalyse angedeihen läßt, und die im Ton ebenso höflich wie in der Sache moderat ist. Zunächst geht es um die Neigung der Psychoanalyse, gewisse Begriffe zu ›ontologisieren‹, allem voran den Begriff des Komplexes (Ödipuskomplex) (S. 288 f.), zumal, wenn dieser von der Ontogenesis, in deren Rahmen er empirisch noch kontrollierbar ist, auf die Phylogenesis zurückgeführt wird. – Eine weitere erkenntnistheoretisch unzulässige Ontologisierung liegt in der Lehre von den objektiven Traumsymbolen (S. 289) (s. o.) und dem dauernd Unbewußten (S. 290). Im Hinblick auf die psychoanalytische Triebtheorie, die Adorno gegen die gängigen Vorwürfe zu verteidigen sucht, besteht zumindest die Gefahr der Naturalisierung (S. 240). Einer Kritik unterzieht Adorno auch die Absicht einer ›Ökonomik des Psychischen‹:

»Wir verzichten hier darauf, die Problematik jener ökonomischen Auffassung des Seelenlebens zu verfolgen, die herrührt von der Unmöglichkeit, die Wägbarkeit und Meßbarkeit, die im Gebiet der physischen Dinge gilt, in gleicher Weise fürs phänomenale Gebiet und auch für die Seelendinge durchzuführen.« (S. 266)

Adornos Interesse an der Psychoanalyse weist aber über ihre erkenntnistheoretische Begründung hinaus. Im Hintergrund steht der Gedanke, daß die Psychoanalyse als Prototyp einer aufklärerischen Psychologie gegen die Angriffe durch die »ontologische Charakterologie und der ihr nächstverwandten Lebensmetaphysik« zu verteidigen sei. In diesen Ideologien zeigt sich nach Adornos Auffassung das Unbewußte als das verdrängte irrationale Komplementär der scheinrationalen bürgerlichen Ordnung (S. 318). Gleichzeitig lenken diese reaktionären psychologischen Richtungen von den sozialen Verhältnissen ab und verherrlichen das Vitale. – Durch die Rückbindung der Theorie des Unbewußten an die Bewußtseinsphilosophie intendierte Adorno die ›Entzauberung‹ dieser Theorie. Soweit es aber um eine Entzauberung des Unbewußten *selbst* geht, kann die Psychoanalyse als Vorbild einer emanzipatorischen Wissenschaft gelten (S. 320). Wenn selbst in der Psychoanalyse das Unbewußte in mancher Hinsicht der naturalistischen Hypostasierung verfällt, so habe das seinen Grund nicht nur und nicht in erster Linie in der Theorie, sondern in der Grenze, die die Gesellschaft der Aufklärung setzt und die überhaupt mit einer Veränderung gesellschaftlicher Verhältnisse erst überschreitbar wird.

Stellt man die Überlegungen Adornos in den Zusammenhang der Rezeptionsgeschichte, so fallen folgende Aspekte besonders auf:

1. Adorno reiht mit dem Versuch der transzendentalen Begründung die Psychoanalyse in die Tradition der ›Bewußtseinsphilosophie‹ ein und grenzt sie scharf von der ›Metaphysik‹ des Unbewußten (v. Hartmann, Schopenhauer, Nietzsche) ab: während die Psychoanalyse ihr grundsätzliches Interesse an der Bewußtmachung des Unbewußten habe und das Unbewußte nur als mittelbar Gegebenes auffasse, welches durch Bewußtsein zugänglich werde, verstünden jene metaphysischen Theorien das Unbewußte als etwas dem Bewußtsein gegenüber ontologisch Disparates, das sich dem Zugang durch das Bewußtsein prinzipiell entziehe. – Die Zuordnung der Psychoanalyse zu diesen metaphysischen Theorien des Unbewußten war nicht nur seitens der Philosophie vorgenommen worden, sondern entsprach wohl in gewissem Sinne auch einem geistesgeschichtlichen Selbstmißverständnis Freuds.

2. Mit der Rückbindung der Psychoanalyse an die Transzendentalphilosophie verfolgte Adorno das aufklärerische Interesse an einer ›Entzauberung‹ der Theorie des Unbewußten. Im Zusammenhang damit rückte die Frage nach dem ›emanzipatorischen Gehalt‹ der Psychoanalyse in den Vordergrund. Adorno sah diesen zunächst

in ihren erkenntnistheoretischen Implikationen (Rekurs auf Bewußtsein). Dieser Akzent verschob sich später entsprechend der Veränderung seiner philosophischen Grundposition.
3. Der gängige Naturalismusvorwurf stand in Adornos Psychoanalysekritik im Hintergrund: die naturalistischen Hypostasierungen bestimmen nach seiner Auffassung nicht das Wesen der Psychoanalyse. Ihr eigentümliches Charakteristikum ist vielmehr die Tatsache, daß sie mit der Transzendentalphilosophie den Ausgangspunkt von der Immanenz des Bewußtseins und die Annahme der Einheit des Bewußtseinszusammenhanges teilt.
4. Aus der transzendentalen Idee eines einheitlichen und gesetzmäßigen Zusammenhanges des Bewußtseins leitete Adorno seine Deutung des psychischen Determinismus ab: Die Gesetze des Bewußtseinszusammenhanges sind Abbreviaturen der phänomenalen Bewußtseinstatsachen, die abstraktiv gewonnen werden. Sie sind keine bewußtseinstranszendenten ›Ursachen‹.
Ob insgesamt die Überlegungen Adornos geglückt sind, steht hier nicht zur Diskussion. Seine Umdeutung des transzendentalen Subjekts scheint jedenfalls nicht unproblematisch. Auch mag bezweifelt werden, ob eine Psychoanalyse ohne ›transzendente Setzungen‹, auf die Immanenz des Bewußtseinszusammenhanges beschränkt, vorstellbar ist – wiewohl ähnliche methodische Ansätze auch später noch versucht wurden (vgl. P. Haerlin 1976). Ähnlich schwierig ist die Interpretation des Unbewußten als ›Seelending‹ mitzuvollziehen. Trotzdem ist diese frühe Arbeit Adornos eine der gründlichsten und scharfsinnigsten philosophischen Auseinandersetzungen mit der Psychoanalyse in der Zeit vor 1940.
Adornos spätere Psychoanalyserezeption ist, wie schon erwähnt, mit der Geschichte des Institutes für Sozialforschung, mit dem Adorno ab 1928 in enger Verbindung stand (vgl. Gumnior, Ringguth 1973, S. 53), und der Entwicklung der kritischen Theorie untrennbar verflochten (vgl. H. D. Brauns, in Cremerius 1981, S. 48ff.). Ich werde auf die Auseinandersetzung mit der Psychoanalyse im Rahmen des Institutes für Sozialforschung – insbesondere die Beiträge E. Fromms und die daran später sich anschließende ›Kulturismusdebatte‹ zwischen E. Fromm, H. Marcuse und Th. W. Adorno – nur insoweit eingehen, als sie speziell Adornos Psychoanalyserezeption und -kritik berührt. Die Kulturismusdebatte und ihr problemgeschichtlicher Hintergrund sind neuerdings um-

fassend dokumentiert worden (vgl. Görlich 1980). Die wichtigen Beiträge Marcuses fallen in die Zeit nach 1940.
Außer einigen sporadischen Andeutungen in der endgültigen Habilitationsschrift über Kierkegaard findet sich zum Thema Psychoanalyse in den folgenden 15 Jahren bei Adorno nur wenig.[28] Erst ein Teil der in der Mitte der vierziger Jahre (1944) aus Anlaß des 50. Geburtstages von M. Horkheimer niedergeschriebenen und später unter dem Titel »Minima Moralia« (1951b) veröffentlichten Aphorismen handelt wieder davon. Diese wenigen Aphorismen enthalten in z. T. recht scharfen Formulierungen die wesentlichen Momente der Adornoschen Psychoanalysekritik.

»Wäre etwas wie eine Psychoanalyse der heute prototypischen Kultur möglich; spottete nicht die absolute Vorherrschaft der Ökonomie jeden Versuchs, die Zustände aus dem Seelenleben ihrer Opfer zu erklären, und hätten nicht die Psychoanalytiker selber jenen Zuständen längst den Treueid geleistet – so müßte eine solche Untersuchung dartun, daß die zeitgemäße Krankheit gerade im Normalen besteht.« (Adorno 1951b, S. 68f.)

Adornos Einstellung zur Freudschen Psychoanalyse war zwar im Grunde positiv, aber, wie die zitierten Sätze zeigen, auch nicht ohne Kritik. Zunächst enthalte die Psychoanalyse nach seiner Auffassung einerseits das Rüstzeug, um mit ihrer Hilfe eine Kultur- und Gesellschaftskritik als Theorie der beschädigten Subjektivität zumindest in Ansätzen zu entfalten. Dies wäre der Versuch einer »Psychoanalyse der heute prototypischen Kultur«. Indessen scheitert dies an der sachlichen Vorherrschaft des Ökonomischen und des Gesellschaftlichen überhaupt. Aber nicht nur daran: vielmehr hat die Psychoanalyse selbst als *Theorie* und v. a. als *Therapie* schon ihren Konsens mit dem Bestehenden erklärt – als Theorie, indem Freud das revolutionäre (materialistische) Moment der Psychoanalyse preisgab: die Lust, und als Therapie, indem sie die falsche Hoffnung auf individuelles Glück suggeriert. Zudem reicht sie als Konfliktpsychologie gar nicht tief genug, um das zeitgemäße Leiden, »das gerade im Normalen besteht«, diagnostizieren zu können. – Diese Punkte der Adornoschen Psychoanalysekritik sind im folgenden zu erläutern.
Noch vor den psychischen Deformationen, die auf Triebkonflikte zurückreichen, liegt eine Beschädigung, die die psychischen Kräfte bricht, bevor es zum Konflikt erst kommt und die in einen Zustand gesellschaftlich angepaßter Konfliktlosigkeit resultiert:

»Keine Forschung reicht bis heute in die Hölle hinab, in der die Deformationen geprägt werden, die später als Fröhlichkeit, Aufgeschlossenheit, Umgänglichkeit, als gelungene Einpassung ins Unvermeidliche und als unvergrübelt praktischer Sinn zutage kommen. Es ist Grund zur Annahme, daß sie in noch frühere Phasen der Kindheitsentwicklung fallen als der Ursprung der Neurosen: sind diese Resultate eines Konflikts, in dem der Trieb geschlagen ward, so resultiert der Zustand, der so normal ist wie die beschädigte Gesellschaft, der er gleicht, aus einem gleichsam prähistorischen Eingriff, der die Kräfte schon bricht, ehe es zum Konflikt überhaupt kommt, und die spätere Konfliktlosigkeit reflektiert das Vorentschiedensein, den apriorischen Triumph der kollektiven Instanz, nicht die Heilung durchs Erkennen« (1951b, S. 69f.).

Den Gedanken einer zur totalen Perfektion gesteigerten repressiven Vergesellschaftung, den Adorno hier als ›apriorischen Triumph der kollektiven Instanz‹ bezeichnet, nahm er später wieder auf:

»Individuum und Gesellschaft werden eines, indem die Gesellschaft in die Menschen unterhalb ihrer Individuation einbricht und diese verhindert.« (1966a, GS Bd. 8, S. 90)

Die totale Vorherrschaft der Gesellschaft gegenüber dem einzelnen zeigt mit dem Ende des bürgerlich-autonomen Individuums auch das Ende der Psychologie und die Grenzen der Psychoanalyse an.
Den affirmativen Charakter der psychoanalytischen Theorie sieht Adorno u. a. darin, daß Freud zwar

»gegen die bürgerliche Ideologie, materialistisch das bewußte Handeln hinab auf seinen unbewußten Triebgrund verfolgte, zugleich aber in die bürgerliche Verachtung des Triebs einstimmte, die selber das Produkt eben jener Rationalisierungen ist, die er abbaut« (1951b, S. 71).

Daraus folge bei Freud »die Entwertung des kritischen Maßstabs für das Ziel der Analyse« (S. 72). Adorno seinerseits setzt positiv gegen Freud die Lust als den ›vernunftlosen Zweck‹, »an dem allein das Mittel der Vernunft als vernünftig sich erweisen könnte« (ebd.).
Ausgiebig polemisiert Adorno in den Aphorismen (wie auch später) gegen die Psychoanalyse als Therapie. Zwangsläufig kompromittiere sich die Psychoanalyse unter den bestehenden Verhältnissen durch die Hoffnung auf das ›kleine Glück‹, auf das sie als Therapie setze:

»Die Psychoanalyse tut sich etwas zugute darauf, den Menschen ihre Genußfähigkeit wiederzugeben, wie sie durch die neurotische Erkrankung gestört sei. Als ob nicht das bloße Wort Genußfähigkeit genügte, diese, wenn es so etwas gibt, aufs empfindlichste herabzusetzen. Als ob nicht ein Glück, das sich der Spekulation auf Glück verdankt, das Gegenteil von Glück wäre, ein weiterer Einbruch institutionell geplanter Verhaltensweisen ins immer mehr schrumpfende Bereich der Erfahrung. Welch ein Zustand muß das herrschende Bewußtsein erreicht haben, daß die dezidierte Proklamation von Verschwendungssucht und Champagnerfröhlichkeit, wie sie früher den Attachés in ungarischen Operetten vorbehalten war, mit tierischem Ernst zur Maxime richtigen Lebens erhoben wird. Das verordnete Glück sieht denn auch danach aus; um es teilen zu können, muß der beglückte Neurotiker auch noch das letzte bißchen an Vernunft preisgeben, das ihm Verdrängung und Regression übrig ließen, und dem Psychoanalytiker zuliebe an dem Schundfilm, dem teuren aber schlechten Essen im French Restaurant, dem seriösen Drink und dem als Sex dosierten Geschlecht wahllos sich begeistern.« (S. 73f.)

Nicht zuletzt aufgrund dieser ›Seichtheit‹ ihrer Therapieziele hat die Tiefenpsychologie nach Adornos Auffassung insbesondere in ihrer revidierten Form (s. u.) Anteil an der Nivellierung und Verflachung authentischer Selbsterkenntnis und Selbsterfahrung und verwandelt »die schmerzlichen Geheimnisse der individuellen Geschichte, die schon die orthodoxe Methode auf Formeln zu reduzieren geneigt ist, in geläufige Konventionen« (S. 78). Indem aber die Tiefenpsychologie eine leidvolle Selbstreflexion eher verstellt als ermöglicht, wird sie zum Mittel, »die bürgerliche Selbstentfremdung in ihrer letzten Phase zur absoluten zu machen und noch die Ahnung der uralten Wunde zu vereiteln, bei der die Hoffnung eines Besseren in der Zukunft liegt« (S. 79f.).

Mit seinem Aufsatz »Die revidierte Psychoanalyse« (GS Bd. 8, S. 20-41)[29] griff Adorno 1946 in die Kulturismusdebatte ein. Schon in den »Minima Moralia« hatte er Freud gegenüber der Neoanalyse verteidigt und deren naiv-unmittelbare Intention auf Menschlichkeit kritisiert: (»Die berufsmäßige Güte fingiert des Profits wegen Nähe und Unmittelbarkeit dort, wo keiner vom anderen weiß« (1951b, S. 71). In dem genannten Aufsatz wird die Neoanalyse am Beispiel von Karen Horney einer grundsätzlichen Kritik unterzogen, die folgende Punkte behandelt[30]:

1. Die revisionistische Kritik der psychoanalytischen Triebtheorie, speziell die Kritik des Libidobegriffs und der Sexualtheorie;

2. die revisionistische Kritik der ›Atomistik‹ und ›Mechanik‹ des Menschenbildes der Psychoanalyse;
3. die dem entgegengesetzte Betonung des Charakters und der ganzheitlichen Persönlichkeit;
4. und die dem entgegengesetzte Betonung des Zusammenhangs zwischen Individuum und Gesellschaft im Begriff des Milieus (Milieutheorie).

Das zentrale Motiv der Revisionismuskritik Adornos hebt die *historische Wahrheit* der Freudschen Theorie hervor. Diese besteht darin, daß die gesellschaftlich beschädigte Subjektivität in der Psychoanalyse gerade in dem, was ihr die Revisionisten als Verzerrung und Verkürzung vorwerfen, angemessen abgebildet sei: »...hat Freud eben durch seine psychologische Atomistik einer Realität, in der die Menschen tatsächlich atomisiert und durch eine unüberbrückbare Kluft getrennt sind, adäquat Ausdruck verliehen« (1952, GS Bd. 8, S. 35). Demgegenüber erweist sich nach Adorno die revidierte Psychoanalyse durch die voreilige Versöhnlichkeit, mit der sie etwa im Begriff des Charakters – die Möglichkeit unbeschädigten Lebens unter den bestehenden Verhältnissen schlicht behauptet, als historisch unwahr.

Mit der ›Desexualisierung‹ der psychoanalytischen Theorie geht auch die Tiefendimension verloren, in der Freud die gesellschaftliche Aneignung des Subjekts und die Mechanismen seiner Deformation untersucht hatte. Die von den Neoanalytikern anstelle der Triebdynamik eingeführte Milieutheorie beabsichtigte zwar, das Verhältnis von Individuum und Gesellschaft zu fassen, impliziere aber einen naiven Individualismus.

Die Größe Freuds sieht Adorno darin, daß er die Widersprüche dort, wo sie in der Sache, d. h. in der Gesellschaft liegen, theoretisch nicht eliminiert habe »...und es verschmäht, systematische Harmonie zu prätendieren, wo die Sache selber in sich zerrissen ist« (S. 40).

Die referierte Arbeit nimmt einen sehr bemerkenswerten Gedanken wieder auf, den Adorno bereits mit M. Horkheimer zusammen ausformuliert hatte: Die neuzeitlich-aufgeklärte Vernunft entläßt auf dem Wege der Aufklärung aus sich nicht nur menschlichen Fortschritt, sondern produziert – gleichsam hinter ihrem eigenen Rücken – die Gefahr eines gesellschaftlichen Umschlags in archaische Regression. Dies ist die Dialektik der Aufklärung, an der die Psychoanalyse selbst teilhat:

»Unbestreitbar ist der Aspekt der Dialektik des Fortschritts, daß Individuum und Gesellschaft um so mehr von totaler Regression bedroht sind, je mehr Ideen durch die Enthüllung ihres mythischen Charakters aufgelöst werden. Diese Antinomie aber, an der die Psychoanalyse als ein Stück Aufklärung teilhat, muß begriffen werden: zur Entfaltung philosophischen Denkens heute gehört vor allem die Explikation der beiden antagonistischen Momente. Intellektueller Defätismus wäre es, die Sackgasse zu lassen wie sie ist und eine Art doppelter Moral zu verkünden: auf der einen Seite psychologisch-genetische Aufklärung der moralischen Vorstellungen, durch Reduktion auf den Ursprung des Über-Ichs und der neurotischen Schuldgefühle, auf der anderen abstrakte, von psychologischen Einsichten unberührte Proklamation moralischer Werte.« (S. 30ff.)

Die Psychoanalyse steht so in dem Dilemma: entweder als radikale Über-Ich-Kritik an dem Schicksal der Dialektik der Aufklärung mitzuwirken – oder in eine Apologie des Bestehenden zu geraten, indem sie ihre Theorie und Kritik der Moral zurücknimmt, was Adorno ihr tatsächlich später zunehmend vorwarf.

Aus dem Jahre 1951 datiert ein Aufsatz, in dem Adorno auf der Grundlage von Freuds »Massenpsychologie und Ichanalyse« die Struktur faschistischer Propaganda untersucht.[31] Adorno geht davon aus, daß Freud diese Mechanismen grundsätzlich bereits zureichend beschrieben habe. Besonders hervorgehoben wird hier die Tatsache, daß die Identifikation mit dem modernen faschistischen Führer von besonderer Art ist: sie ähnelt mehr einer narzißtischen Identifikation im Sinne einer Verschmelzung als der ödipalen Identifikation mit dem Vater. Die narzißtische Identifikation mit dem Führer erfordert, daß dieser absolut narzißtisch sei. Er muß ›superman‹ und Durchschnittsmensch in einem sein – letzteres, um die Identifikation zu erleichtern, ersteres, um die Gefühle der Unterlegenheit und Insuffizienz durch die narzißtische Identifikation zu kompensieren. Der ›superman‹ aber muß fortfahren, seinen Bewunderern zu ähneln, damit diese ihr Ideal weiterhin als Teil ihrer selbst betrachten können (S. 420f.).

Der faschistische Führer kann die psychologischen Bedürfnisse seiner Zuhörer erraten, weil er ihnen ähnlich ist. Zugleich unterscheidet er sich darin, daß er ungehemmt ausdrücken kann, was in seinen Zuhörern latent ist. Seine Sprache hat quasi magischen Charakter und ist ihrer rationalen Bedeutung beraubt. Das ungehemmt assoziative Sprechen setzt einen zumindest teilweisen Verlust der Ichkontrolle voraus.

Der Kern der Freudschen Theorie – die narzißtische Identifikation der Verführten mit dem Führer – weist die Richtung der gesellschaftlichen Entwicklung: die zunehmende Abschaffung der individuellen Motivation im alten liberalistischen Sinne zugunsten einer totalisierten sozialen Kontrolle. In einer Gesellschaft, in der die Person auf ein sozial funktionierendes Atom reduziert ist, erscheinen individuelle Motivationen nicht mehr als determinierende Kräfte des sozialen Prozesses. Damit kündigt sich das Ende der Psychologie an, welche durch die vollkommene Vergesellschaftung der Subjekte überflüssig wird.

Im Rahmen einer Diskussion des Verhältnisses von Soziologie und Psychologie nahm Adorno Mitte der 50er Jahre erneut ausführlich auf die Psychoanalyse Bezug (»Zum Verhältnis von Soziologie und Psychologie«, 1955, GS Bd. 8, S. 42-85). Freuds Erfolg beruhe u. a. darauf, daß zur psychologischen Einsicht bei ihm sich ein systematischer Zug geselle, »der mit Ausschließlichkeit und Herrschaftsdrang verfilzt war« (S. 51). In der Tendenz, seine »Funde ins Totale zu übertreiben« (ebd.), liegt nach Adorno die Unwahrheit Freuds. Ihr verdanke die Psychoanalyse ihre Suggestivkraft: »Sie wird rezipiert als Zauberformel, die alles zu lösen verspricht« (ebd.). Aus den Aphorismen nahm Adorno in diesem Zusammenhang ein altes Motiv der Psychoanalysekritik wieder auf: Angesichts der Fortdauer des gesellschaftlichen Elends ist der individual-therapeutische Ansatz notwendig zum Scheitern verurteilt. Die Psychotherapie kompromittiert sich, indem sie falsche Hoffnung auf Heilung erweckt, denn:

> »Noch die gelungene Kur trägt das Stigma des Beschädigten, der vergeblichen und sich pathisch übertreibenden Anpassung... Das ist der Grund der objektiven Unwahrheit aller Psychotherapie, welche die Therapeutiker zum Schwindeln animiert. Indem der Geheilte dem irren Ganzen sich anähnelt, wird er erst recht krank, ohne daß doch der, dem die Heilung mißlingt, darum gesünder wäre.« (1955, S. 57)

Wie schon erwähnt (vgl. III, 3.) sah Adorno insbesondere in der psychoanalytischen Theorie des Überichs ihren kritischen und aufklärerischen Gehalt – um so schärfer griff er den Wandel dieser Theorie an, den er in der Psychoanalyse konstatierte und durch den nach seiner Auffassung gerade der kritische Aspekt der Psychoanalyse eliminiert wurde:

»Kaum an anderer Stelle zeigt sich die geschichtliche Veränderung der Psychoanalyse, ihr Übergang von einem radikalen Medium der Aufklärung zu einem der praktischen Anpassung an bestehende Verhältnisse, so schlagend wie hier. Einst hat man am Überich die Zwangszüge hervorgehoben und von der Analyse verlangt, daß sie es liquidiere... Davon ist in der gegenwärtigen psychoanalytischen Literatur kaum mehr etwas übrig geblieben.« (S. 64)

Adorno kritisierte insbesondere den Versuch, zwischen einem neurotischen und einem ›gesunden‹ Überich zu unterscheiden. Das Ziel einer »gut integrierten Persönlichkeit«, das sich psychoanalytisch mit der Idee des gesunden Überichs verbinde, »ist verwerflich, weil es dem Individuum jene Balance der Kräfte zumutet, die in der bestehenden Gesellschaft nicht besteht...« (1955, S. 65). Auch der nach Maßgabe der Psychoanalyse unbeschädigte Mensch kann weder ›besser‹ noch ›glücklicher‹ sein als die Gesellschaft, in der er lebt:

»Der im Sinn des Freudschen Entwurfs ›richtige‹, also von Verdrängungen unverstümmelte Mensch sähe in der bestehenden acquisitiven Gesellschaft dem Raubtier mit gesundem Appetit zum Verwechseln ähnlich...« (S. 67)

Auf die Kritik der psychoanalytischen Differenzierung zwischen gesundem und neurotischem Überich kommt Adorno in der »Negativen Dialektik« (1966b, GS, Bd. 6) erneut zu sprechen:

»Wie zwischen dem normalen und dem pathischen Überich subjektiv, nach psychologischen Kriterien zu unterscheiden sei, darüber schweigt die allzu rasch zur Vernunft gekommene Psychoanalyse ebenso sich aus, wie der Spießbürger über die Grenzen zwischen dem, was er als sein natürliches Nationalgefühl hütet, und dem Nationalismus.« (1966b, GS Bd. 6, S. 270)

Gerade an dem Punkt, an dem die Psychoanalyse als Gesellschaftskritik sich zu verstehen hätte – in der Kritik des individuellen und kollektiven Überichs (Moral), versagt sie und erweist dadurch ihren affirmativen Charakter: »Kritik des Überichs müßte Kritik der Gesellschaft werden, die es produziert; verstummt sie (die Psychoanalyse, d. V.) davor, so wird der herrschenden gesellschaftlichen Norm willfahrt« (ebd.).
Die Spuren der gesellschaftlichen Konstitution des Subjekts manifestieren sich am eindeutigsten in den Widersprüchen des Ich.[32] Dieses reicht einerseits in die Libido hinab und grenzt andererseits

an die Außenwelt, deren Ansprüche es repräsentiert. Der eklatanteste Widerspruch des Ich besteht darin, »daß das Ich zwar einschließt, was das Bewußtsein vollbringt, seinerseits aber wesentlich als unbewußt vorgestellt wird« (1955, GS Bd. 8, S. 70). Als Bewußtsein bildet das Ich einerseits den Gegensatz zum Verdrängten. Andererseits fungiert es, sofern es selbst unbewußt ist, als verdrängende Instanz. Den Ursprung dieses Widerspruchs sieht Adorno in den miteinander unvereinbaren Aufgaben, die in einer irrationalen Gesellschaft dieser psychischen Instanz zugemutet werden: Um in der Realität sich behaupten zu können, muß das Ich diese erkennen und bewußt verarbeiten. Um andererseits mit dem aufgezwungenen, unsinnigen Verzichten fertig zu werden, muß es »unbewußte Verbote aufrichten und selber weithin sich im Unbewußten halten« (S. 71). »Die Erkenntnisleistung, die vom Ich um der Selbsterhaltung willen vollzogen wird, muß das Ich um der Selbsterhaltung willen immer wieder zugleich sistieren...« (ebd.).

Abschließend sei noch eine Bemerkung zu Adornos Bestimmung des Verhältnisses von Psychologie und Soziologie – dem eigentlichen Thema des referierten Aufsatzes – nachgetragen. Adorno begreift die Dissoziation von Individuum und Gesellschaft und die ihr korrespondierende Auftrennung von Soziologie und Psychologie selbst als Ausdruck gesellschaftlicher Widersprüche: »Die Divergenz von Individuum und Gesellschaft ist wesentlich gesellschaftlichen Ursprungs, wird gesellschaftlich perpetuiert und ihre Äußerungen sind vorab gesellschaftlich zu erklären« (S. 50). – Später räumte Adorno der Soziologie gegenüber der Psychologie ein Primat ein, welches durch die gesellschaftliche Tendenz einer zunehmend perfekteren Vergesellschaftung der Individuen begründet sei. Dieser Tendenz leistet letztlich auch die Psychoanalyse Vorschub:

»Der Vorrang der Gesellschaft über die Psychologie hat wesentlich darin sich durchgesetzt, daß die gesellschaftlich eingebaute Psychoanalyse die Funktionsfähigkeit der Menschen innerhalb der funktionierenden Gesellschaft verstärkt.« (1966a, GS Bd. 8, S. 89)

Adorno kritisiert, daß Freud umgekehrt die Soziologie als angewandte Psychologie gedeutet habe: »Wer die Soziologie mit Freud als angewandte Psychologie dächte, verfiele, trotz aller aufklärerischen Intention, der Ideologie« (S. 89).

Ich kann auf eine Diskussion der skizzierten vielschichtigen und differenzierten Psychoanalyserezeption Adornos nach 1940 nicht näher eingehen. Es sei aber ein Hinweis auf eine der zentralen Voraussetzungen dieser recht scharfen Kritik zumindest angedeutet. Adorno stellt die Gesellschaft als eine negative Totalität vor und expliziert diese Idee an dem totalitären Vergesellschaftungsprozeß der in ihr lebenden Individuen. In einer Gesellschaft, die als umfassender ›Verblendungs- und Beschädigungszusammenhang‹ gedacht wird, bleibt auch für ein ›kleines Glück‹ kein Raum mehr – jeder Versuch, seine Möglichkeit theoretisch zu behaupten oder gar sie praktisch herzustellen (wie in der Therapie), führt zwangsläufig zur ideologischen Legitimation des schlechten Ganzen. Nun lebt unbestreitbar die Psychoanalyse als Therapie von der Idee, daß auch unter den gegebenen Verhältnissen in bescheidenem Umfang individuelle Lebensbefähigung möglich und jenseits der von Adorno polemisch diskreditierten Therapieziele von ›Arbeitsfähigkeit‹ und ›healthy sex life‹ sinnvoll gedacht werden könne. Sicherlich stößt die Psychoanalyse als Therapie notwendig auf ihre objektiven Grenzen – das gesellschaftlich produzierte und perpetuierte Elend, das im Rahmen individueller Behandlung nicht aufhebbar ist. Es ist aber zweierlei zu bedenken: Zum einen, ob in einer wirklich als widersprüchlich und fragmentiert gedachten Gesellschaft sich nicht auch im Positiven lebenspraktische Ansätze finden lassen müßten, die auf eine Idee geglückten Lebens verweisen. Mit anderen Worten, ob Adornos apodiktische Behauptung, »Was immer menschlich heute wahrhaft auf einen höheren Zustand vordeutet, ist nach dem Maß des Bestehenden immer zugleich auch das Beschädigte, nicht etwa das Harmonischere« (1955, GS Bd. 8, S. 67), in dieser Form stimmt. Und zum anderen, damit zusammenhängend, ist zu fragen, ob die zum Prinzip erhobene Negativität des Bestehenden und der Versuch, die Gesellschaft als ›schlechte Totalität‹ stringent auf den Begriff zu bringen, nicht jeglichen Spielraum für konkrete Utopie im Bewußtsein zerstört. Es ist die Frage, ob die Wahrheit, die in aller und letzter Konsequenz nur als Widerspruch meint sich behaupten zu können, sich nicht schon verhärtet hat und darin das Bestehende wiederholt.

8. Helmuth Plessner

(4. 9. 1892-12. 6. 1985. 1920 Habilitation in Köln, dort von 1926-1933 a. o. Prof. 1933 Emigration nach Groningen, Holland. Nach dem Kriege Lehrstuhl in Göttingen. Befaßte sich mit Fragen der philosophischen Anthropologie, Kultursoziologie und Ästhetik)

Helmuth Plessner zählt zu den Begründern der philosophischen Anthropologie. Sein Buch zu diesem Thema »Die Stufen des Organischen und der Mensch« erschien erstmals 1928 und enthielt bereits eine ausführliche Bezugnahme auf die Psychoanalyse.[33] Er behandelte dort insbesondere die Frage der Entstehung von ›Kultur‹ und ›Geist‹ und referierte in diesem Zusammenhang die spiritualistischen und die naturalistischen ›Ursprungstheorien‹. Die naturalistische Theorie setze sich das Ziel, »...die Geistigkeit als das spezifische Fundament kultureller Betätigung aus der Naturschicht menschlicher Existenz herzuleiten«. Unter diesen naturalistischen Theorien sind zwei Versionen zu unterscheiden, nämlich eine ›positive‹ Version, wonach Intelligenz und Handfertigkeit, die im Zuge der Evolution entstehen, die Grundlagen der Kultur bilden und eine ›negative‹ Version, die in der Evolution des Menschen einen ›lebensgefährlichen Prozeß‹ sieht, durch den der Mensch aus seinem natürlichen Gleichgewicht geworfen wird (1965², S. 313). Geist und Kultur stellen nach dieser Auffassung »Krücken« für die Reproduktion der Gattung dar – und sind darüber hinaus nur eine grandiose Illusion (S. 313).

Freud ist nun ein Beispiel für die psychologische Fassung dieser Version.

Seine Erklärung der höheren Kulturleistungen durch die Begriffe Verdrängung und Sublimierung reicht aber nach Plessners Auffassung nicht aus, da sie die Frage offen läßt, weshalb es zwischen der Kultur (als Sitte und Moral) und den Triebregungen mit *Notwendigkeit* zur Kollision kommt (S. 314). Der Kardinalfehler der naturalistischen Theorien besteht nach Plessner darin, daß sie den Menschen primär als Tier sehen – in der positiven Version als gesundes, in der negativen Version als krankes Tier.

»Sie versagen, weil sie entweder den überwerkzeughaften, außernützlichen Sinn kultureller Ziele, also das Eigengewicht der geistigen Sphäre, nicht begreiflich machen oder in das entgegengesetzte Extrem verfallen und das Element des Nutzens und der sachlich-objektiven Bedeutung, das in aller

Kulturbetätigung steckt, aus den Augen verlieren, sich in reinen Psychologismus verspinnen.« (S. 315)

Plessner selbst sieht den Ursprung der Kultur in der konstitutiven Gleichgewichtslosigkeit des Menschen: »Existentiell bedürftig, hälftenhaft, nackt ist dem Menschen die Künstlichkeit wesensentsprechender Ausdruck seiner Natur« (S. 316).
Der psychoanalytischen Kulturtheorie wirft Plessner einen Zirkelschluß vor: die Sublimierungen, mit deren Hilfe die Kulturleistungen erklärt werden sollen, setzen schon eine ›Zensur‹ – also Sitte und Moral voraus:

»Die ›Zensur‹ an der Grenze von Bewußtsein und Unbewußtsein hat die Sitte schon zur Voraussetzung, kann also höchstens sittenerhaltend, aber nicht sittenerzeugend wirken. (Was übrigens die besonnenen Psychoanalytiker, die sich innerhalb der Grenzen der Erfahrung halten, nicht behaupten. Wogegen die Philosophie Einspruch erheben muß, das ist lediglich der metaphysische Mißbrauch der psychoanalytischen Gedanken.)« (S. 318)

Plessner folgert daraus, daß neben der vis a tergo, den Trieben, eine vis a fronte nötig sei: »... eine Macht im Modus des Sollens erst entspricht der exzentrischen Struktur« (S. 317).
Später bespricht Plessner in seinem Buch »Lachen und Weinen« (1941) unter den Anlässen des Lachens ausführlich Freuds Vorstellungen über den Witz. Freuds Theorie halte dankenswerterweise an dem Ziel fest, »die erheiternde Wirkung aus dem Witz als einer *Einheit von Ausdrucksform und Gehalt* zu verstehen« (1941, S. 118). Insofern sie das Lachen aus dem Aufbau des Witzes verständlich mache, bedeute sie einen wesentlichen Fortschritt. Allerdings sei die von Freud zur Erklärung des Witzes angenommene Ersparung von Hemmungsaufwand nur im Hinblick auf die tendenziösen Witze plausibel. Die harmlosen erforderten eher mehr psychischen Aufwand als sie Erleichterung verschafften (S. 121 f.). In ihnen drückt sich ein Doppelspiel aus, – nämlich plötzliche Erleichterung über die Überwindung einer Schwierigkeit, die zuvor selbst geschaffen wurde: »Der Witz als solcher und seine Wirkung dürfen deshalb nicht nur aus einem unbewußten Mechanismus und nach keinem Sparsamkeitsprinzip begriffen werden« (S. 122). Die Motive von Witz und Witzigkeit habe Freud nicht erschöpfend benannt. Hier kommen vielmehr auch einfach »Freude an Beweglichkeit und Indirektheit, am Spiel von Hemmung und Lösung« in Betracht (S. 122).

Plessners Auseinandersetzung mit der Psychoanalyse war sachlich, spielte aber in seiner philosophischen Anthropologie insgesamt nur eine periphere Rolle.

9. Ernst von Aster

(18. 2. 1880-21. 10. 1948. 1905 Habilitation. Ab 1913 a. o. Prof. in München für Philosophie. 1920-1933 Prof. in Gießen. Ab 1935 in Istanbul. Positivist und Gegner der Phänomenologie)

Ernst von Aster stellt eine sonderbare Erscheinung in der Rezeptionsgeschichte dar: 1930 widmete er der Psychoanalyse ein ganzes Buch, das ihn als ausgezeichneten Kenner auswies und das zu den kenntnisreichsten und differenziertesten Darstellungen der Psychoanalyse durch einen philosophischen Autor vor 1940 gehört. Darüber hinaus aber findet sich in seinem philosophischen Werk kaum mehr ein Wort über dieses Thema! Auch entbehrt seine Darstellung der Psychoanalyse bei aller Vollständigkeit und Genauigkeit jedes inneren thematischen Bezuges zu seiner eigenen Philosophie – ganz im Gegensatz zu anderen philosophischen Autoren wie Bloch oder Adorno. Es handelt sich mit anderen Worten um eine ›abgespaltene‹ Rezeption, die wenig Ansätze einer kritischen Assimilation und philosophischen Vermittlung erkennen läßt.
Ohne Zweifel akzeptierte v. Aster die wichtigsten Grundpositionen der Psychoanalyse und hatte es sich augenscheinlich zum Ziel gesetzt, diese einer skeptischen Leserschaft näherzubringen. Wegen der besonderen Stellung dieser Arbeit in der Rezeptionsgeschichte soll sie in Grundzügen hier wiedergegeben werden.
Das Verhältnis von Psychoanalyse und moderner Psychologie sah v. Aster dergestalt, daß Freud mit der Assoziationspsychologie die gemeinsame Voraussetzung eines seelischen Determinismus teile. Aus dem psycho-physischen Parallelismus übernehme Freud das Postulat, daß das seelische Geschehen von hirnphysiologischen Bedingungen abhängig sei, bzw. von entsprechenden Vorgängen begleitet werde. Im Unterschied zu diesen Richtungen der traditionellen Psychologie gehe er aber davon aus, daß die neurotischen Symptome als Willens- oder Ausdruckshandlungen einem sinnvollen Zusammenhang im Erleben der Persönlichkeit einzuordnen seien. In dieser Hinsicht nähere sich die Psychoanalyse der Ge-

staltpsychologie (1930, S. 14), welche aber die Möglichkeit ›sinnvoller Zusammenhänge‹ (Gestalten) auf das *Bewußtsein* beschränke.

Ernst von Aster stellt Charcots Theorie der Hysterie und Breuers kathartische Methode als Vorläufer der psychoanalytischen Methode dar, deren Novum er in der Einführung der Grundregel der freien Assoziation sieht. Der psychoanalytische Begriff der Assoziation sei gegen denjenigen der Assoziationspsychologie insofern abzugrenzen, als die Psychoanalyse die Assoziation als ›Symbol‹ – d. h. als Repräsentanz unbewußter Zusammenhänge auffasse und nicht in erster Linie als Verbindung bewußter Vorstellungen.

Ausgehend von der »Psychopathologie des Alltagslebens« führt v. Aster dann Beispiele an, die Freud zur Annahme des Unbewußten veranlaßten, bleibt seinerseits allerdings bei einer etwas anekdotenhaften Beschreibung dieser Sachverhalte stehen.

Indessen finden sich interessante eigene Überlegungen v. Asters zu einer »Entwicklungspsychologie des Bewußtseins« (S. 47ff.): In der Körperwahrnehmung des Säuglings liege ›Ichseite‹ und ›Gegenstandsseite‹ des Bewußtseins in den Reizzonen der Körperoberfläche noch nahe beieinander. Mit der Entwicklung der Sinnesorgane differenziere sich Gegenstandsseite und Ichseite auseinander und es konstituiert sich eine durch das Bewußtsein vermittelte Gegenstandswelt. Die Entstehung des Unbewußten wird in diesem Modell nicht näher geklärt.

Bei der Besprechung der psychoanalytischen Traumtheorie hebt v. Aster in Übereinstimmung mit Freud die Bedeutung der Wunscherfüllung hervor. Es folgt ein Exkurs über die Entstehung der Symbole in Traum, Märchen und Mythos. Sehr positiv wird die psychoanalytische Sexualtheorie gewürdigt. Von Aster zeigt auf, wie Freud, ausgehend von der Annahme einer traumatischen Entstehung der Neurosen, zur Einsicht in die dynamische Wirksamkeit verdrängter sexueller Wünsche gelangte. Den Vorwurf des Pansexualismus weist v. Aster zurück. Der Libidobegriff wird bei der Darstellung der psychoanalytischen Sexualtheorie nur oberflächlich erwähnt, ebenso die Vorstellung der polymorph-perversen Anlage der frühkindlichen Sexualität und damit verbunden Freuds Auffassung über die Entstehung der Perversionen (S. 125). Man hat gelegentlich den Eindruck, daß v. Aster in diesen heiklen Fragen Konzessionen an das Publikum nicht scheute! Die Idee einer ›rein geistigen Liebe‹ wird indessen abgelehnt (S. 118). Dafür

behauptete v. Aster die Existenz eines ›Schaffenstriebes‹, der sich bei der Frau auf das Gebären (bzw. Geborene) richtet, und sich beim Mann ›Ersatzbefriedigung‹ im ›Werk‹ zu suchen hat (S. 144ff.).
Ausgehend vom griechischen Mythos und einem Exkurs über den antiken Schuldbegriff wird der Ödipuskomplex als Kernstück der Neurosentheorie ausführlich dargestellt.
Den an die Biologie angrenzenden Arbeiten Freuds wird ein eigenes Kapitel gewidmet, in welchem die Bedeutung des Lust-Unlustprinzips für den seelischen Apparat (S. 173ff.), sowie v. a. die letzte Fassung der Triebtheorie besprochen wird. Von Aster verweist auf den spekulativen Charakter der Todestriebhypothese. Er selbst identifiziert den Todestrieb etwas verharmlosend mit dem Homöostaseprinzip (S. 177ff.) und kann dann den Sexualtrieb als ›Differenzierung‹ des Todestriebes auffassen. Die Dualität der Triebtheorie ist damit allerdings beseitigt, sicherlich entgegen Freuds Intention.
Die Sublimierung wird unter dem Titel ›Psychoanalyse und Kulturgeschichte‹ besprochen. Der Begriff Sublimierung sei ein Wertbegriff für ein Phänomen, das psychopathologisch als Ersatzhandlung einzuordnen sei. In ihm drückt sich allein eine kulturhistorisch relative, gesellschaftliche Bewertung bestimmter Ersatzhandlungen aus (S. 197). Es ist aber bemerkenswert, daß der Sublimierungsbegriff in der Rezeptionsgeschichte kaum irgendwo so sachlich und vorurteilsfrei erörtert wird wie hier! (Vgl. III, 4.) – Recht detailliert wird der Inhalt von ›Totem und Tabu‹ referiert, woran v. Aster eigene Betrachtungen zum Problem der Triebunterdrückung in der Kulturgeschichte anschließt.
Wie verhält sich die Psychoanalyse zu Religion und Weltanschauung, deren psychodynamische Wurzeln sie zu enthüllen beansprucht? Von Aster stellt die Psychoanalyse ohne Zögern in die Tradition der Aufklärung »seit Kopernikus und Galilei«. Zwischen Wissenschaft und Weltanschauung bestehe nur vermeintlich ein Gegensatz: die Geltung einer subjektiven Weltsicht (Weltanschauung) in die die Wünsche, Hoffnungen und Befürchtungen der Menschen eingehen, verdanke sich anderen Motiven als der Überzeugungskraft wissenschaftlicher Argumente. Die Berechtigung und Geltung von Weltanschauungen wird daher durch die Wissenschaft nicht tangiert. Weltanschauungen sind gleichsam nicht zu widerlegen – sie haben ihr eigenes Recht im Rahmen prak-

tischer Lebensbefähigung. Das Rationalitätsideal der Wissenschaft umgekehrt sei selbst eine Form der Weltanschauung. – Dem Naturalismusvorwurf gegen die Psychoanalyse stimmt v. Aster mit großer Vorsicht zu (S. 222).

10. Max Scheler

(1874-1928. Studium der Philosophie, Soziologie und Medizin in München, Berlin und Jena. Schüler bei W. Dilthey und G. Simmel. 1897 Promotion und 1899 Habilitation bei R. Eucken in Jena. 1901-1906 Privatdozent für Philosophie in Jena, ab 1906 in München. Mitherausgeber des ›Jahrbuches für Philosophie und Phänomenologische Forschung‹. Während des 1. Weltkrieges enge Kontakte zur katholischen Kirche. Ab 1918 Direktor des Institutes für Sozialwissenschaften und Prof. für Philosophie und Soziologie in Köln. 1928 Berufung nach Frankfurt)

M. Scheler war wohl der Philosoph, der sich vor 1940 am intensivsten mit der Psychoanalyse auseinandersetzte. Seine Rezeption und Kritik war sachlich, sehr kenntnisreich und differenziert und enthielt Gesichtspunkte, die wichtige Fortschritte der Psychoanalyse antizipierten – so z. B. seine Überlegungen zur primären Objektbezogenheit der Libidoentwicklung, zum Begriff der Lebensgeschichte u. a. Trotz der außerordentlichen Sensibilität aber, mit der er die Bedeutung der Freudschen Entdeckungen wahrnahm, ging seine Kritik doch in mancher Hinsicht an der Sache vorbei, da Scheler Grundaxiome seiner idealistischen Philosophie von außen an die Psychoanalyse herantrug, ohne deren eigenes Erkenntnisinteresse angemessen zu berücksichtigen. So beherrschte die Frage nach dem Verhältnis von Natur und Geist – das philosophische Grundproblem Schelers – zu weiten Teilen auch sein Verständnis und seine Beurteilung der Psychoanalyse.
Die ersten Ansätze einer Auseinandersetzung mit der Psychoanalyse finden sich bereits 1911 in dem Aufsatz: »Die Idole der Selbsterkenntnis« (GW Bd. 3, S. 213-292), in dem u. a. das Problem der ›Selbsttäuschung‹ behandelt wird. Scheler unterscheidet hier hinsichtlich ihrer unterschiedlichen Zielsetzungen zwei Grundrichtungen der Psychotherapie. Zur ersten Richtung gehören alle suggestiven Methoden: »Hiernach bedeutet Psychotherapie einen irgendwie zu machenden *Eingriff* in den kausalen Ablauf der psychischen Erlebnisse des Patienten mit der Endabsicht, sie in die

Bahn einer normalen Verlaufsform zu zwingen« (S. 220). Die andere Richtung ist die Psychoanalyse. Sie zielt darauf ab, die ›Selbsttäuschungen‹ des Patienten aufzuheben, indem sie ihm zur Einsicht in den Sinnzusammenhang der Erlebnisse seiner Vergangenheit verhilft (S. 220).
Hinter dieser Auffassung steht nach Scheler die Vorstellung, daß seelisches Kranksein

»... gar nicht in den real erlebten psychischen Vorgängen des Patienten, in ihrem Inhalt und in ihrem Ablauf selbst wurzelt, sondern nur in der Art und Weise, wie sie in den Funktionen der inneren und Selbstwahrnehmung aufgefaßt, unterdrückt und gedeutet, interpretiert und beurteilt werden; wie wir Stellung zu ihnen nehmen, und in welcher Weise und in welcher Art wir sie erkennen. Es sind Funktionsstörungen des Bewußtseins ›von‹ den psychischen Erlebnissen, auf denen hiernach das seelische Kranksein beruht.« (S. 220f.)

Schon sehr früh erkannte Scheler, wie diese Ausführungen zeigen, die Bedeutung einer *dynamischen* Auffassung seelischer Prozesse, (die er hier als ›funktionstheoretische Auffassung‹ bezeichnet) für die Neurosentheorie.
Die Störung der Selbstwahrnehmung entsteht nicht zufällig, sondern läßt sich in ihrer Genese nach bestimmten *nicht mechanischen Gesetzmäßigkeiten* begreifen. Scheler sah – auch darin vielen Zeitgenossen voraus – eine eigene und besondere Form der Determination *innerhalb* des Psychischen, die nicht auf materialistische Erklärungen zu rekurrieren brauche. Der Gegensatz zwischen einer materialistischen und einer spiritualistischen Theorie der Geistes- und Gemütskrankheiten werde vielmehr durch die genannte Unterscheidung zwischen funktionstheoretischer und inhaltstheoretischer Auffassung nicht berührt – ist mit diesem Gegensatz nicht kongruent. Andererseits handelt es sich in der Psychoanalyse auch nicht um eine bloße ›Übertragung‹ des Kausalitätsprinzips von der Körperwelt auf das Seelische wie etwa Jaspers annahm.
Als die angemessene Einstellung des Psychotherapeuten der zweiten Richtung bezeichnet Scheler bemerkenswerterweise die ›Sokratische Zurückhaltung‹:

»Der Psychotherapeut im letzteren Sinne wird und kann daher nie eine *Kritik* am Gehalt des Lebens seiner Patienten üben, sei es eine moralische oder sonst irgendeine. Er wird es nicht, wie der aufdringliche kynische Seelenarzt und Prediger zu verändern suchen, oder ihm eine andere Richtung zu geben suchen, als diejenige ist, die aus seinem eigenen Borne quillt.« (S. 222)

An anderer Stelle des Aufsatzes verhandelt Scheler die Verdrängung als Quelle der Selbsttäuschung und bezieht sich dabei auf die ›Schule Sigmund Freuds‹. Für Scheler ist die Verdrängung keine ›kausale Hypothese‹, »sondern eine tatsächliche *Erscheinung*, die sich im Akte innerer Wahrnehmung häufig einstellt« (S. 281). Sie erfolgt, wenn Vorstellungen und Gefühle, sofern sie wahrgenommen würden, ein »negatives Werturteil (sei es des eigenen ›Gewissens‹, sei es eines sozialen, von uns anerkannten Kodex von Regeln) zur Folge hätten« (S. 281). Die Verdrängung erstreckt sich vor allem auf die Erinnerung früherer Erlebnisse, betrifft aber auch solche der Gegenwart. Scheler betont das ›triebartige‹, nicht-intentionale der Verdrängung, wodurch sie sich von der »bewußt willkürlichen Hemmung und Unterdrückung *voll gesehener* Erlebnisse« (S. 281) unterscheide. – Ein Erlebnis muß auch, um verdrängt werden zu können, nicht schon innerlich wahrgenommen worden sein. Vielmehr ist das ›Wertparfüm‹ einer solchen Regung schon *vor* ihrem Inhalt gegenwärtig und bedingt, daß diese in der inneren Wahrnehmung unterdrückt wird.
Wie einerseits gegen die ›sittliche Selbstbeherrschung‹ (das willkürliche Unterdrücken bewußter Regungen) ist die Verdrängung andererseits gegen das gewöhnliche Vergessen abzugrenzen. Während sich dieses nämlich regellos einstellt, hat die Verdrängung einen bestimmten Sinn. Das Verdrängte ist dynamisch wirksam, nicht »...›tot‹, sondern höchst ›lebendig‹ und wirkt fortwährend in das der inneren Wahrnehmung gegebene herein; es wird nur nicht ›erinnernd gesehen‹« (S. 282). Das Verdrängte bleibt in seiner ›Wertcharakteristik‹ (des Niedrigen, Gemeinen, Häßlichen) bewußt, nicht aber in seinem *Inhalt,* – diese beiden grundverschiedenen Dinge gingen bei Freud und seiner Schule fortwährend durcheinander (S. 282).
Offensichtlich weicht Schelers Auffassung der Verdrängung von der Psychoanalyse in einem wesentlichen Punkt ab: Wäre die Verdrängung nämlich, wie Scheler behauptete, der Introspektion zugänglich, so wäre sie bewußt oder zumindest unmittelbar bewußtseinsfähig. Dies ist bekanntlich nach den Vorstellungen der Psychoanalyse nicht der Fall. Es handelt sich dabei tatsächlich aber

insofern um eine ›kausale Hypothese‹, als die Verdrängung nur aus der dynamischen Wirksamkeit des Verdrängten erschlossen werden kann. – Dennoch ist hervorzuheben, daß Scheler hier schon sehr früh das Konzept des dynamischen Unbewußten erkannte und aufnahm.

Im Jahre 1913 erschien unter dem Titel »Zur Phänomenologie und Theorie der Sympathiegefühle und von Liebe und Haß«[34] eine Abhandlung, in der sich Scheler in einem eigenen Kapitel (»Zu Freuds Ontogenie«) mit der psychoanalytischen Triebtheorie und Entwicklungspsychologie auseinandersetzte. Die Verdienste Freuds sah Scheler hier v. a. in der Entdeckung der frühkindlichen Sexualität und der Bedeutung der Fixierung für die Genese der Neurosen. Ebenso hat Freud die Vorstellung der ›psychischen Kausalität‹ in ihrem Verständnis wesentlich gefördert. Scheler bezeichnete diese als ›Schicksal‹ und verstand darunter folgendes:

»Das ›Schicksal‹ ist die Reihe, die Schar der ›Begebenheiten‹, die wir, obgleich wir sie in keiner Weise ›gesucht‹, ›vorausgeahnt‹, ›erwartet‹ oder ›erwählt‹ haben, doch in einer ganz einzigen Weise als *›zu unserem Sosein gehörig‹* empfinden – wenn sie dagewesen sind, und die in ihrer Gesamtheit eine Einsinnigkeit des Lebensverlaufes darstellen, die als Gesamtgestaltung die Marke der Individualität dessen trägt, zu dem der Verlauf gehört.« (1913, GW Bd. 7, S. 196)

Vom Schicksal in diesem Sinne meine Freud, daß es durch die erotischen Eindrücke der ersten Kindheit in den Grundlinien präformiert werde. Alle späteren Eindrücke und Erfahrungen erhalten erst im Zusammenhang der Lebensgeschichte ihren besonderen Sinn – eine Einsicht, die der ›Empirismus‹ verfehle, indem er die Verschiedenartigkeit der Eindrücke zu verschiedenen Lebzeiten aus der *Summe* der vorfindlichen Erfahrungen anstatt aus ihrer Bedeutung im Sinnzusammenhang der Lebensgeschichte abzuleiten versuche (S. 196f.). Es gehört aber zum Wesen der ›psychischen Kausalität‹, »... daß jedes Erlebnis nur ein einziges Mal das ist und sein kann, was es ist und nur *einmal* seine ihm eigentümliche Wirkung abgibt« (S. 197). Diese bestimmt sich nach dem Stellenwert, den es »... innerhalb der *Gesamt*entwicklung des Menschen« (ebd.) hat.

Soweit die Verdienste der Psychoanalyse. Es folgt eine Kritik der Triebtheorie, in der sich Scheler gegen den Libidobegriff wendet, da er unklar und vom Geschlechtstrieb nicht ausreichend unter-

schieden sei (S. 198). Insbesondere sei Freuds Vorstellung zurückzuweisen, wonach die Libido kein ursprüngliches Verlangen sei, sondern durch die Reizung der erogenen Zonen erst entstünde und darauf abziele, die mit dieser Erfahrung verbundenen Wollustempfindungen zu wiederholen (S. 198). Das ›Streben‹ sei aber nie auf bloßes Empfinden, sondern immer auf irgendwie geartete *Inhalte* gerichtet, »...deren Realisierung dann wohl von solchen Empfindungen begleitet sein mag« (S. 198). Ebenso kritisierte Scheler die Formalisierung des Libidobegriffs bei C. G. Jung, der darunter nichts anderes mehr verstünde als das ›Streben‹ schlechthin. Dies sei charakteristisch für die Entwicklung der Freudschen Theorie – indessen sei mit einem solchen sinnentleerten Begriff nichts mehr auszurichten.
Hinsichtlich der Objektbezogenheit der frühesten Triebregungen betont Scheler, daß diese in der frühen Kindheit selbstverständlich noch nicht mit einer ›Bildvorstellung des anderen Geschlechts‹ verbunden seien.

»Insofern können diese Regungen als ›objektlos‹, resp. in späteren Phasen der Entwicklung über ihr Objekt noch in hohem Maße ›schwankend‹ angesehen werden. Aber es ist gleichwohl schon hier dieselbe qualitative Färbung, die der entwickelten Geschlechtsregung eigentümlich ist, und dieselbe Richtung auf die besonderen qualitativen Werte der Andersgeschlechtlichkeit bereits mit jenen Strebungen verknüpft.« (S. 199)

Die Entwicklung vollzieht sich nach Scheler mithin von den noch im Dunkeln tastenden, aber schon irgendwie gerichteten Triebregungen hin zur vollen Ausprägung der ›Bildvorstellung des anderen Geschlechts‹. Freud könne diesen Schritt nur durch »...eine sehr grobe Anwendung der herkömmlichen assoziationspsychologischen Strebensauffassung...« (S. 199) erklären.
Scheler bezweifelte mit anderen Worten die Theorie des primären Narzißmus sowie Freuds Vorstellung von der Differenzierung der Partialtriebe und stellte dem ein eigenes, teleologisches Modell der Triebentwicklung gegenüber, in welchem richtige und falsche Überlegungen auf interessante Weise miteinander verbunden sind.
Die von Scheler hervorgehobene Auffassung, daß die Libido *ursprünglich* objektbezogen sei, antizipierte eine Entwicklung, die in der Psychoanalyse erst etwa dreißig Jahre später in der Objektbeziehungspsychologie (vgl. etwa die Arbeiten Balints u. a.) voll zum

Tragen kam. Insofern behielt seine Kritik der psychoanalytischen Libidotheorie in einem wesentlichen Punkte recht. Andererseits versuchte er, diese Erkenntnis zu einer Begründung für ein teleologisches Modell der Triebentwicklung umzufunktionieren, demzufolge in den frühesten Triebregungen der reife, auf andersgeschlechtliche Objekte gerichtete Sexualtrieb bereits in nuce enthalten sei. Daraus folgte die Ablehnung der polymorph-perversen Anlage der kindlichen Sexualität und die Kritik der Theorie der Partialtriebe, die offensichtlich fehlging und Scheler zu einer verkürzten Auffassung der Perversionen führte (s. u.). Im Kern bestand Schelers Irrtum wohl in einer falschen Vorstellung von der Art und Weise, in der dieses primäre Objekt der Triebe (im kindlichen Erleben) beschaffen sei. Wie man heute weiß, hat es mit den ›besonderen qualitativen Werten der Andersgeschlechtlichkeit‹ zu Beginn noch wenig zu tun. Es scheint vielmehr, daß Scheler hier gewissen Präokkupationen des Zeitgeistes aufgesessen ist. Dies wird besonders an seiner Theorie der Perversionen deutlich, die – in genauer Entsprechung zu seiner Auffassung der Triebentwicklung – nicht Fixierungen auf frühen Stufen der Libidoentwicklung darstellen, sondern krankhafte Abirrungen des Triebes von seiner ursprünglichen (und d. h. auch normalen) Grundrichtung:

»Immer aber ist eine Perversion, gleichgültig auf welcher Lebensstufe sie stattfindet, eine *Abirrung* des normalen Triebes, die mehr oder weniger krankhaft ist und also in keiner Weise als etwas *generell* ›Angeborenes‹ bezeichnet werden kann.« (S. 201)

Auch die Tatsache, daß die ›normale‹ kindliche Sexualität vor dem Inzestverbot keineswegs haltmacht, möchte Scheler nicht anerkennen: Zwar mag die Liebe des Kindes zu den Eltern, des Sohnes zur Mutter, der Tochter zum Vater gelegentlich mit geschlechtlichen Triebregungen verwechselt oder vermischt werden (S. 202), grundsätzlich aber

»bestehen vielmehr von vornherein *ursprünglich verschiedene* Qualitäten der Liebe, die nicht aufeinander zurückgeführt werden können und in denen die elementarsten qualitativen Beziehungen des Menschen zu Seinesgleichen gleichsam in der Struktur der Seele selbst vorgebildet sind.« (S. 202)

Freud mache sich auch des methodischen Irrtums schuldig, den normalen Fall aus der Psychopathologie verständlich machen zu wollen »... und damit die Tatsachen auf den Kopf zu stellen« (S. 202).

Schelers Grundeinwand gegen Freud wird in der Auseinandersetzung mit der Libidotheorie besonders deutlich: Für Scheler stellt die Liebe ein eigenständiges und nicht abzuleitendes Phänomen, nicht ein ›Komplex‹ oder ›Entwicklungsprodukt‹ einfacherer geistiger Elemente dar (S. 180). Sie gründe ursprünglich in einer geistigen *überlegenen* Schicht von Akten und Werten (S. 180). Freuds Versuch, »... die verschiedenen Qualitäten der Liebe aus einer einzigen Qualität, die er ›libido‹ nennt abzuleiten«, sei »... durchaus als mißglückt zu betrachten« (S. 204 f.). »Und ebensowenig läßt sich, wie wir zeigten, Liebe überhaupt auf einen bloßen Trieb zurückführen« (S. 205). – Die Psychoanalyse bilde als ›ontogenetische Theorie der Liebesarten‹ den Schlußstein der naturalistischen Liebestheorien, die erst durch sie ihre volle einheitliche Geschlossenheit erreichen (S. 177). Mit Hilfe der beiden Begriffe ›Verdrängung‹ und ›Sublimierung‹ versuche Freud, alle verschiedenen Arten der Liebe zu erklären (S. 178). Völlig blind sei der Naturalismus gegenüber der Ursprünglichkeit der ›geistigen‹ und ›heiligen‹ Liebe ebensowohl wie der ›beseelten Individualliebe‹ (S. 180).

»Sähe die naturalistische Theorie die Phänomene der heiligen und der seelischen Liebe: sofort würde sie auch sehen, daß man sie aus keinem Tatbestand, der zur vitalen Sphäre und Liebe gehört, verständlich machen und herleiten kann.« (S. 180)

Statt dessen komme der Naturalismus »mit dem falschen Grundaxiom an alles heran, es habe das jeweilig Einfachste und Wertniedrigste (...) auch den Charakter eines *ontologischen Prius* und einer ontologischen ›Ursache‹...« (S. 181).

In diesem Zusammenhang kritisierte Scheler auch den Begriff der Sublimierung: Freud verstricke sich in einen Zirkel, wenn er einerseits erkläre, Ekel und Scham hätten die Funktion, die Libido zu unterdrücken, sie aber andererseits aus der unterdrückten Libido ableite (S. 205). Besonders wendet Scheler sich dagegen, daß den unterschiedlichen Formen geistiger und kulturschaffender Betätigung nach Freud gar keine eigenständige seelische Energie zukomme:

»Das Eigentümliche seiner Meinung besteht vielmehr darin, daß er (Freud, d. V.) voraussetzt, es kämen den mannigfaltigen geistigen Aktarten eine zu ihnen selbst gehörige ›Energie‹ ursprünglich überhaupt nicht zu, so daß alle und jede Energie, die sie erhalten sollen, überhaupt nur auf Kosten der Energie der Libido ihnen zugeführt werden kann.« (S. 206)

Scheler meinte, diese Vorstellung Freuds lege die tragische Konsequenz nahe, daß zwischen geistiger Betätigung und dem vitalen Leben ein Ausschlußverhältnis bestehe, so daß der Mensch vor die Alternative Primitivismus (Verzicht auf geistige Betätigung zugunsten des vitalen Lebens) oder Askese (Verzicht auf vitale Befriedigung zugunsten geistiger Betätigung) gestellt werde (S. 207).
Der Gedanke der Sublimierung erhält später in Schelers Anthropologie große Bedeutung – und zwar in ähnlicher Funktion, wie in Freuds Kulturtheorie auch: nämlich als ein Bindeglied, mit dessen Hilfe der Dualismus (in bezug auf Freuds Kulturtheorie: der Antagonismus) von Geist/Kultur und Natur zumindest ansatzweise überwunden werden soll.
Scheler schließt mit einer Kritik der psychoanalytischen Triebtheorie vom Standpunkt der Ethik: Es mangele an Kriterien, um die notwendige ›Beherrschung‹ der Libido von einer Verdrängung derselben zu unterscheiden (S. 208) und ebenso

»... eine bestimmt umschriebene Angabe der differentiellen *Bedingungen*, die von der verdrängten Libido einmal in die Richtung der ›Sublimierung‹, ein andermal in die Richtung der ›Erkrankung‹ führen sollen. Die Psychoanalyse laufe so Gefahr, die Ethik in die bereits erwähnte Alternative ›Primitivismus‹ oder ›Askese‹ hineinzudrängen und die Grenzen zwischen sittlich notwendiger und berechtigter Herrschaft über den Geschlechtstrieb und einer falschen, zur Krankheit führenden Verdrängung desselben zu verschleiern.« (S. 208)

Gleichfalls im Jahr 1913 entstand die Arbeit über »Scham und Schamgefühl« (GW Bd. 10, 1, S. 65-154), die erst 1933 mit dem Nachlaß veröffentlicht wurde. Darin kritisierte Scheler die psychoanalytische Theorie vom Ursprung des Schamgefühls und seiner psychischen Funktion (S. 96ff., S. 114ff.): Nach Auffassung der Psychoanalyse sei die Scham eine erst in der Pubertät entstehende »organische Einschränkung und Verdrängung der Libido« (S. 96) und zwar zum Zwecke, »... deren Energie anderen Tätigkeiten zuzuführen« (S. 97). Die Scham sei mithin eine der Hauptquellen der Verdrängung und der ›Zensur‹ zwischen ›Ober- und Unterbewußtsein‹ und werde von den Psychoanalytikern »... von Hause aus mit äußerstem Mißtrauen angesehen« (S. 97). Scheler kritisiert den ehrfurchtslosen und frechen Versuch der Psychoanalytiker (u. a.), »den tiefen Sinn des Schamgefühls durch ihre Doktrinchen und neuen Mittelchen zu ersetzen...« Dies laufe auf eine »...möglichste Unterdrückung und Ausrottung...« desselben hinaus (S. 97).

Nach Schelers Ansicht ist die Scham als ein gleichsam natürliches Vermögen schon bei der Geburt im Keime vorhanden (S. 107) und entwickelt sich parallel zur Reifung der Libido.

Etwas fundierter sind Schelers Ausführungen über die psychische Funktion der ›geschlechtlichen Scham‹: Allgemein bestünde sie darin, die Aufmerksamkeit von den Triebimpulsen abzulenken und ihren Ausdruck zu hemmen (S. 108). Insbesondere sei sie bedeutsam für die Entwicklung der Beherrschung der Ausscheidungsfunktionen. Sie leite auch die Reifung des Geschlechtstriebes ein, indem sie den kindlichen Autoerotismus hemme (S. 111).

Die besondere innerpsychische Leistung der Scham ist darin zu erkennen, daß sie sich auch auf Phantasie- und Trauminhalte bezieht. Vor allem bewirke sie, daß bestimmte sinnliche Regungen »...als gesonderte Tatsachen des Bewußtseinslebens *unter*schwellig bleiben...« (S. 113) und gar nicht erst als Gedanken bewußt werden: ›Die beste und tiefste Schamhaftigkeit‹ ist nach Scheler die, die zur »Reinheit des Phantasie- und Wunschlebens« führt (S. 113). Freud habe diesen Tatbestand die ›Zensur‹ genannt, worunter er gleichnishaft solche Kräfte der Seele zusammenfaßte, die »...all jene Ideen und Gefühle vom Eintritt ins ›Oberbewußtsein‹ abhalten, die zu einer moralischen Verwerfung und einem Gefühl moralischer Minderwertigkeit des Individuums führen würden« (S. 114). Damit gebe Freud allerdings eine völlig irrige Deutung der Tatsachen, was nur die Folge davon sei, daß er

> »...in jenen libidinösen Regungen, welche die Scham verdunkelt, eben die eigentliche Substanz und Wirklichkeit unseres Lebens sieht, und im oberbewußten Leben nur eine feinere und verwickeltere Symbolik für dieses Wirkliche, d. h. ein bloßes ›Epiphänomen‹.« (S. 114)

Für Scheler steht die Sache genau umgekehrt: »...unser ›überbewußtes‹ geistiges Selbst, das wir in der inneren Wahrnehmung stets wahrzunehmen intendieren« (S. 114), wird durch das »unterbewußte Triebleben« verdeckt, so daß die Scham, indem sie dieses unterdrückt, jenes Geistige zum Vorschein bringt (S. 114f.). Die Scham ist also nicht *Ursache* der Selbsttäuschung, sondern die

Kraft ihrer *Aufhebung:* »Sie ist die Wegbahnerin zu ›uns selbst‹ « (S. 115).

Scheler unterscheidet im Hinblick auf Freud, der doch »...faktische Tatsachen und Erscheinungen vor Augen hatte, die ihm zu jener irrigen Deutung Anlaß gaben« auf dem ›Lebensweg‹ der libidinösen Regungen drei Etappen, auf die sich die Scham jeweils beziehen kann: und zwar kann sie 1. die Bildung einer dem Triebimpuls entsprechenden Vorstellung unterdrücken; sie kann 2. auf eine bereits entstandene Vorstellung reagieren und kann 3. erst im Hinblick auf das soziale Urteil einsetzen. Im ersten Falle nun ist die Scham »durchaus keine Macht der Verdrängung, als die sie Freud überhaupt ganz irrig auffaßt!« (S. 115) Indem sie die Wunschbildung vielmehr im Keime erstickt, ›erspart‹ sie Verdrängung. Was aber in den beiden übrigen Fällen, die Freud allein kenne (S. 116), zur Verdrängung führt, ist nicht die *echte* Scham, »sondern nur eine Furcht und Angst vor den möglichen sozialen Folgen, und sei es auch nur dem möglichen Tadel des Gewissens...« (S. 114).

1927 erschien in dem Jahrbuch ›Der Leuchter‹ ein Aufsatz mit dem Titel ›Die Stellung des Menschen im Kosmos‹, den Scheler im April gleichen Jahres in Darmstadt anläßlich einer Tagung der ›Schule der Weisheit‹ (vgl. Keyserling) als Vortrag gehalten hatte. Wie A. Gehlen in seinem »Rückblick auf die Anthropologie Schelers« (1975) zutreffend bemerkte, ist Freud darin der meistzitierte Autor. Insbesondere erhält Freuds Konzept der Sublimierung in dieser Anthropologie große Bedeutung.

Die Sonderstellung des Menschen im Kosmos ist nach Scheler durch seinen ›Geist‹ begründet. Der Mensch ist zwar Teil der biopsychischen Welt, darüber hinaus ist aber in ihm ein geistiges Prinzip wirksam, welches aus dem Biopsychischen nicht abgeleitet werden kann.

Die biopsychische Welt setzt sich aus den vier Stufen Drang, Instinkt, assoziatives Gedächtnis und praktische Intelligenz zusammen. Die unterste Stufe, der »bewußtlose, empfindungs- und vorstellungslose Gefühlsdrang« ist

»der Dampf, der bis in die lichtesten Höhen geistiger Tätigkeit alles treibt, auch noch den reinsten Denkakten und zartesten Akten lichter Güte die Tätigkeitsenergie liefert...« (S. 13)

Als bewegendes Prinzip hat der Drang in der biopsychischen

Sphäre im Vergleich zu den anderen Stufen eine gewisse Priorität.

Dem entgegen steht der Geist, in seiner ›reinen‹ Form ursprünglich ohne alle »Macht«, »Kraft« und »Tätigkeit« (S. 52). Er verdankt sich dem Vermögen des Menschen, den Wirklichkeitscharakter der ihn umgebenden Dinge aufzuheben und zu überschreiten. Die Wirklichkeit aber konstituiert sich durch den *Drang*, d. h. Wirklichkeit *ist* das Erlebnis des *Widerstandes*, auf den der Drang in seiner Umwelt stößt. Scheler identifiziert Drang und Trieb und faßt die Hemmung des Dranges als Sublimierung im Sinne Freuds auf. Der grundlegende Unterschied besteht aber darin, daß der Geist nach Schelers Auffassung durch die Sublimierung des Dranges nur seine Energie erhält, d. h. durch Sublimierung nicht in seinem *Sein* bedingt ist, sondern nur in seiner Wirksamkeit. Seinem Wesen, seinen Prinzipien und seinen Gesetzen nach aber ist der Geist ursprünglich autonom (S. 45).

Im Hinblick auf die unterschiedliche Bestimmung des Verhältnisses von Geist und Trieb lassen sich nach Scheler geistesgeschichtlich zwei grundlegend verschiedene Theorien vom Menschen unterscheiden: die ›klassische‹ und die ›negative‹ Theorie. Zur letzteren zählt er die Psychoanalyse. Während die klassische Theorie die Selbstmacht des Geistes behaupte, versuche die negative Theorie, »alle kulturerzeugenden Tätigkeiten des Menschen, alle logischen, moralischen, ästhetisch-schauenden und künstlerisch-bildenden Akte« aus der Triebhemmung zu erklären (S. 46). Freud habe den Gedanken der Triebverdrängung großartig für die Entstehung der Neurosen ausgebaut (S. 47) und führe darauf auch die »Fähigkeit zu jeder Art höherer Kulturgestaltung«, ja sogar »die Spezifität der menschlichen Konstitution selbst« zurück. Freuds Lehre habe, insbesondere »seit Aufstellung seiner dualistischen Lehre von den zwei Grundtrieben Libido und Todestrieb« einen seltsamen Zusammenhang mit Buddhas Lehre gewonnen. Danach seien »im Grunde alle Formen des Daseins (...) gleichsam Gruppen eines erstarrten Festzuges in die stille Nichtsheit, in den ewigen Tod« (S. 48). Scheler weist alle negativen Theorien des Menschen zurück, da sie nicht erklären könnten, wodurch Triebhemmung und Triebverdrängung in Gang gesetzt würden.

Übersieht man Schelers Psychoanalyserezeption in ihrer Entwicklung, so ist festzustellen, daß seine Apologetik des Geistes und der höheren Kulturwerte gegenüber den ›niedrigen‹ Trieben, sowie die

Auffassung der Psychoanalyse als einer naturalistischen Anthropologie v. a. in der Frühphilosophie an die idealistische Psychoanalysekritik der zeitgenössischen Schulphilosophen anschloß. Hierher gehörte etwa auch die Unterstellung, die Psychoanalyse sähe in der Triebnatur nicht nur das faktische Fundament menschlichen Lebens, sondern auch dessen höchstes Entwicklungsziel. Demgegenüber vollzog sich in der Spätlehre eine erstaunliche Wende. Mit der fast tragischen Einsicht in die Ohnmacht des Geistes näherte sich Scheler in seiner Anthropologie und Kulturtheorie an Freud an, indem er die Sublimierung als ›geisttragendes Prinzip‹ in den Mittelpunkt stellte. Schelers Kritik und Würdigung der Psychoanalyse stieß dort selbst auf lebhaftes Echo: Das Sympathiebuch wurde in der »Internationalen Zeitschrift für Psychoanalyse« immerhin zweimal besprochen (Hitschmann, 1914, und Reik, 1915). Ein ausführlicher und sehr differenzierter Aufsatz über Schelers Auseinandersetzung mit Freuds Libidolehre von A. Kolnai erschien in der »Imago« 1925, ebenfalls in der »Imago« eine Rezension des Buches »Die Wissensformen und die Gesellschaft« (1928, S. 14). Innerhalb der Philosophie wurden einige Dissertationen (vgl. E. W. Meyer 1925, und F. Scheer 1933) und andere Arbeiten (vgl. H. G. Stoker 1925) von Schelers Stellungnahmen stark beeinflußt.

11. Dissertationen

Blanche Hoffet
(Der Begriff der Zensur bei Freud, Heidelberg 1920)

Die Arbeit von B. Hoffet wurde 1918 als Dissertation der philosophischen Fakultät Bern vorgelegt und entstand auf Anregung von P. Häberlin. Die Autorin untersucht den Begriff der Zensur im Hinblick auf die Frage, inwieweit dieses Konzept mit dem methodologischen Selbstverständnis der Psychoanalyse als einer ›Erfahrungswissenschaft‹ übereinstimme (1920, S. 7f.). Freud habe zwar die Tatsache ›zielgerichteter Tendenzen‹, bzw. eines ›Wahlvermögens‹ im Seelenleben gesehen, aber die theoretische Erklärung dieses Sachverhaltes durch den Begriff der Zensur sei nicht gelungen (S. 57ff.). Er faßte nämlich die Zensur letztlich als Derivat der Triebentwicklung auf und erklärte die ›Wahlfunktion‹, indem er teleologische Gesichtspunkte (s. u.) in die triebgenetische Betrachtungsweise einführte (S. 57). Indessen zwingt nach Auffassung von Hoffet die Tatsache der ›Wahlfunktion‹ zur Annahme einer autonomen, d. h. nicht auf Triebe reduzierbaren psychischen Kraft, die sie als ›Formtendenz‹ oder ›Normtendenz‹ bezeichnet (S. 58). Hoffet kommt zu folgenden Feststellungen:

1. Der Begriff der Zensur stamme zunächst aus der Psychopathologie und fand über die Traumtheorie Eingang in die allgemeine psychologische Theorie der Psychoanalyse.

2. Freud hielt nach Hoffet die Zensur für »ein normales psychisches Phänomen« (S. 17), das pathologische Wirkungen nur dann zeitigte, wenn es zu schwach oder übertrieben stark ausgeprägt wäre. Das ›Betätigungsfeld‹ der Zensur sei die Sexualverdrängung. Zugleich ist sie die

»Wächterin der psychischen Gesundheit, denn sie zwingt das Individuum sich der Realität anzupassen, indem sie diejenigen unbewußten Triebkomponenten verdrängt, die einer normalen Entwicklung zuwiderlaufen.« (S. 20)

3. Freud habe Moral und Kultur nicht ausschließlich kritisiert, sondern hatte seinerseits das Ideal einer wahren Kultur vor Augen, die er in der größtmöglichen Sublimation und Spiritualisation der sexuellen Konstitution erblickte (S. 23).

4. Die Zensur könne nach Freud auf einen egoistischen und einen sozialen Instinkt zurückgeführt werden. Ein Widerspruch ergibt sich für Hoffet daraus, daß die Bildung des Überichs einerseits aus der Libido gespeist werden soll, dieses aber andererseits die Funktion habe, die Äußerungen des Sexualtriebes zu hemmen. Ähnlich unklar sei der Begriff des ›Egoismus‹, der als ›schädliche Tendenz‹ und zugleich als ›Quelle des Fortschritts‹ aufgefaßt werde (S. 30).

5. Das Konzept des Realitätsprinzips, das Freud einführe, um die Wahlfunktion zu erklären, hält Hoffet für ›reine Philosophie‹ – ein nicht zu begründender teleologischer Gesichtspunkt (S. 43). Hier greift nach Ansicht der Autorin statt dessen die Annahme der ›Formtendenz‹, die den Trieben als ihrem ›Material‹ eine Form, d. h. ein Ziel gibt, welches bewußt oder unbewußt als *normal* und als sachlich berechtigt erlebt wird (S. 43).

6. Die Formtendenz gehorche nicht dem Lust-Unlustprinzip. Ihr verdanke der Mensch die Ahnung höherer Zwecke (S. 47). Sie sei zugleich Ursprung der Idealbildung. Die Zensur sei eine Funktion

des Formprinzips. Die Sublimation gehe, als Funktion der Zensur, mittelbar auf das Formprinzip zurück. Auch Schuldgefühle und Religion seien Manifestationen des Formprinzips.
7. Obwohl Freud die Tatsache der ›Wahlfunktion‹ sah, fand er aufgrund seiner eudämonistischen Weltanschauung keine angemessene theoretische Erklärung (S. 58f.). Hinsichtlich des Zensurbegriffs werde sich die Psychoanalyse deshalb in ihrem methodologischen Selbstverständnis als Erfahrungswissenschaft untreu.
Hoffet bemühte sich um eine sachliche Darstellung und Diskussion der psychoanalytischen Konzepte. Allerdings weist ihre Auffassung z. T. erhebliche Mißverständnisse und Lücken auf. Zu berücksichtigen ist aber, daß das Konzept der Zensur erst mit der Einführung der Strukturtheorie 1923 vollkommen überschaubar wurde.
Hoffet versuchte interessanterweise, die ›Pathogenität‹ der Zensur zum Ausnahmefall zu deklarieren, um so die normale von einer pathogenen Zensur zu unterscheiden. Hierin ist unschwer eine Parallele zu der Forderung zu sehen, die Psychoanalyse solle gesundes und pathogenes Überich differenzieren, die sinngemäß auch von Scheler erhoben wurde.
Vielen Zeitgenossen voraus ist die Erkenntnis Hoffets, daß die Freudsche Kulturtheorie durchaus *auch* einen utopischen Aspekt hat, wenngleich dieser sicherlich *nicht* in Freuds Hoffnung auf eine ›größtmögliche Spiritualisation der sexuellen Konstitution‹ bestand.
Das recht unvermittelt bleibende Postulat einer eigenständigen, nicht ableitbaren ›Formtendenz‹ im Seelischen kopiert die Psychoanalysekritik von P. Häberlin (s. dort). – Der eingangs angekündigte methodologische Gesichtspunkt der Untersuchung bleibt vollkommen peripher – die Kritik des Zensurbegriffs bildete offensichtlich für eine methodologische Kritik ja auch keine ausreichende Grundlage.
Der Vorwurf, die Theorie der Zensur enthalte einen logischen Zirkel (s. o.), wurde in sehr ähnlicher Weise auch von Scheler vorgebracht.

Willi Schohaus
(Die theoretischen Grundlagen und die wissenschaftstheoretische Stellung der Psychoanalyse, Bern 1923)

Die Arbeit von W. Schohaus wurde 1923 der philosophischen Fakultät Bern als Dissertation vorgelegt. – Der Autor würdigt darin die Psychoanalyse als eine neue »tiefeindringende Art des psychologischen Schauens« (S. 5) und sieht ihren Hauptverdienst im Bereich der *Therapie* (S. 6). Der Schwerpunkt seiner Untersuchung und Kritik gilt den wissenschaftstheoretischen Implikationen der Psychoanalyse als einer Forschungsmethode (S. 6f.), wobei als Maßstab die von Häberlin entwickelten Kriterien eines Idealtyps empirischer Wissenschaft zugrunde gelegt werden (S. 7). Neben Freud werden als Vertreter der Psychoanalyse auch Adler, Jung und Stekel verhandelt. – Grundsätzlich vermißt Schohaus bei Freud wie bei den anderen Psychoanalytikern die wissenschaftstheoretische und methodologische Reflexion. Im einzelnen kam er zu folgenden Feststellungen:

1. Hinsichtlich der Bestimmung des Sinnes von Erkenntnis überhaupt neige Freud einerseits zum Relativismus, insofern er die Objektivität von Werturteilen und die Geltung objektiver Wertnormen in Frage stelle (S. 12f.). Andererseits tendiere er dem Pragmatismus zu, insofern er die wissenschaftliche Forschung dem therapeutischen Interesse unterordne (S. 15f.).

2. Freud identifiziere empirische Wissenschaft mit Wissenschaft überhaupt und schließe damit die Philosophie, die in den Augen des Autors ›Wertwissenschaft‹ ist, aus dem Bereich des Wissenschaftsfähigen aus (S. 22). Dennoch enthielten seine Werke selbst eine Reihe von Werturteilen (S. 23).

3. Freuds Forschungsmethode sei zu Recht als empirisch zu bezeichnen. Er bemühe sich um die Bildung allgemeiner Theorien und gehe implizit von der Voraussetzung aus, daß die Inhalte aller richtigen Urteile einen universalen Zusammenhang bildeten. Stellenweise halte er aber diese allgemeine *Voraussetzung* jeder empirischen Wissenschaft für ein *Ergebnis* seiner Forschung und leite daraus etwa das Prinzip des psychischen Determinismus ab (S. 25).

4. Freud betrachte das Psychische und das Physische als zwei unterschiedliche Erfahrungstatsachen. Das Verhältnis zwischen diesen beiden werde bei ihm wechselnd auf dreierlei Weise gedacht:

– im Sinne einer Ergänzungsreihe;
– als einseitige Kausalität des Physischen auf das Psychische (psychophysischer Materialismus) (S. 35);
– die Trennung, aufgehoben durch vermittelnde Grenzbegriffe (z. B. im Triebbegriff, S. 36), die aber in Wahrheit keine echten Grenzbegriffe seien, sondern in zwei Teile zerfielen (S. 37).

5. Freud komme aufgrund seines psychophysischen Materialismus nur zu einer unzureichenden Bestimmung des ›Materials‹ der Psychologie (S. 40). Seine Psychologie sei vorrangig Trieblehre. Er negiere

»die Existenz einer *Geistigkeit* im Seelenleben, d. h. eines Interesses, das, unabhängig ja möglicherweise im Gegensatz zur Lustgewinnung, an Forderungen orientiert ist, die im subjektiven Erleben grundsätzlich mit objektivem Anspruch auftreten.« (S. 41)

Zu den ›Voreingenommenheiten‹ der Psychoanalyse rechnet Schohaus v. a. die psychoanalytische Religionstheorie sowie den Begriff der Sublimierung. Er wirft Freud vor, dieser bekenne sich »im Sinne der materialistischen Philosophie« zu einer »eudämonistischen Weltanschauung« (S. 43).

6. Der Gegenstand der Psychologie konstituiere sich für Freud durch die in der Metapsychologie genannten Gesichtspunkte, den topischen, den dynamischen und den strukturellen (S. 45 f.), woraus eine mechanistische Seelenauffassung resultiere (S. 46 u. 79).

7. Schohaus weist den Anspruch auf eine Sonderstellung der Psychoanalyse als eines eigenen Wissenschaftszweiges der Psychologie zurück. Die Forschungsmethode der Psychoanalyse sei nicht mehr als »eine der möglichen Methoden der Psychologie« (S. 62).

8. Als solche mache die Psychoanalyse aber neues Erfahrungsmaterial zugänglich (S. 70). Zur Erforschung des Unbewußten sei sie besonders geeignet.

9. Schohaus faßt die psychoanalytische Methode als experimentelle Methode auf, insofern sie »die Beobachtung von Erscheinungen ermöglicht, deren Zustandekommen der Beobachter willkürlich herbeiführt« (S. 70f.).

10. Schohaus akzeptiert die dynamische Auffassung des Unbewußten. Die Psychoanalyse sei aber nicht die *einzige* psychologische Methode, die zur Erforschung des Unbewußten geeignet sei.

Insgesamt ist Schohaus' Darstellung der wissenschaftstheoretischen Implikation der Psychoanalyse sachlich und differenziert und zeigt umfassende und gründliche Lektüre der Werke Freuds. Inwieweit die Beurteilung der psychoanalytischen Theorie unter Ausblendung der Praxis der Psychoanalyse nach Maßgabe der *formalen* Kriterien einer idealtypischen Wissenschaft sinnvoll ist, ist allerdings offen. – Die Arbeit von Schohaus wurde 1924 in der ›Internationalen Zeitschrift für Psychoanalyse‹ von E. Bircher (10, 1924, S. 322-323) rezensiert.

Karl Siebert
(Freuds Theorien in ihrer Entwicklung, München 1928)

Sieberts Arbeit wurde 1928 als Dissertation der philosophischen Fakultät München vorgelegt. – Der Autor stellt die Entwicklung der psychoanalytischen Theorie zusammenfassend dar und widmet dabei seine Aufmerksamkeit v. a. der »Psychopathologie des Alltagslebens«, der »Traumdeutung«, den »Drei Abhandlungen zur Sexualtheorie« sowie den Schriften zur Metapsychologie. Seine Darstellung der Psychoanalyse ist sachlich und differenziert, offenbart genaue und umfangreiche Textkenntnisse und berührt fast alle wichtigen Themen der psychoanalytischen Theorie. Siebert versagt es sich weitgehend, das bloße Referat zu verlassen und sich mit der Psychoanalyse kritisch auseinanderzusetzen. Die wenigen Schlußsätze, in denen er hierzu Anlauf nahm, decken Mißverständnisse auf: die Psychoanalyse (resp. die psychoanalytische Situation) sei als ›psychologisches Experiment‹ anzusehen. Indessen entspreche die psychoanalytische Methode nicht den Anforderungen des psychologischen Experimentes, da keine Kontrollversuche angestellt würden (S. 72). Im übrigen sei anzuzweifeln, daß beim wirklich freien Assoziieren immer ein Sinn gefunden werden könne. Vielmehr sei dieser in der Psychoanalyse teilweise »auf die Einwirkung vorgefaßter Meinungen beim Assoziieren und auf nachträgliche deutende Sinngebung zurückzuführen...« (S. 73). Diese kurze und recht oberflächliche Kritik steht unvermittelt neben der sonst gründlichen und guten Darstellung der Psychoanalyse.

Friedrich Scheer
(Die Grenzen des psychoanalytischen Geltungsbereiches unter besonderer Berücksichtigung der Freudschen Lehre, Regensburg 1933)

Scheers Arbeit wurde 1933 als Dissertation der philosophischen Fakultät Regensburg vorgelegt. In Anlehnung an die frühe Philosophie M. Schelers (zur Zeit des ›Formalismus‹) diskutiert der Autor die Psychoanalyse im Rahmen einer dualistischen Auffassung von Natur und Geist. Die Psychoanalyse wird wechselnd als materialistische, empiristische, rationalistische oder mechanistisch-naturwissenschaftliche Theorie aufgefaßt. Sie hat nach Scheers Auffassung als Triebpsychologie ihre Berechtigung (S. 24). Indem sie aber – insbesondere als Kulturtheorie – sich anheischig mache, auch alle höheren geistigen Funktionen durch Rückführung auf die Triebnatur des Menschen zu erklären, überschreite sie die Grenzen ihres Geltungsbereiches. Den Philosophen Scheer interessiert an dieser Grenzüberschreitung v. a. das erkenntnistheoretische Problem: als mechanistisch-naturwissenschaftliche Psychologie könne die Psychoanalyse dem Bereich des Geistigen aus methodischen Gründen prinzipiell nicht gerecht werden.
Die Darstellung der Psychoanalyse (vgl. 1. Kap.) ist trotz umfassender Textkenntnisse formal wie inhaltlich unzulänglich: Neben z. T. unzusammenhängend aneinandergereihten Originalzitaten (vgl. S. 10f.) kommen v. a. Kritiker wie Bumke, Kronfeld, Mittenzwey usw. zu Wort. – Im einzelnen behandelt Scheer die Theorie des psychophysischen Apparates, die Libidolehre sowie die Theorie des Unbewußten. Der Libidobegriff habe bei Freud keine präzise Definition erfahren (S. 8 f.), ebenso der Begriff des Unbewußten (S. 13). Im Hinblick auf seine These (s. o.) sieht Scheer die Psychoanalyse insgesamt durch die folgenden Merkmale gekennzeichnet:
1. Ihren Anspruch, das Wesen des Menschen durch Rekurs auf die Triebpsychologie zu erklären (S. 3);
2. ihren methodischen Monismus als mechanistisch-naturwissenschaftliche Theorie;
3. die ›Entwertung‹ des Bewußtseins zu einem ›Reflex‹ des Unbewußten und damit im Zusammenhang eine deterministische Auffassung des Menschen.
Dem ›System des Unbewußten‹ stellte Scheer seinerseits das ›Sy-

stem des geistigen Subjekts‹ gegenüber, das sich jedem mechanistisch-naturwissenschaftlichen Zugriff entzieht (2. Kap.). Dieses stellt vielmehr eine Art »erschaubarer kategorialer Lebenseinheit« dar (S. 19). Das Verhältnis von Bewußtsein und Unbewußtem wird so vorgestellt, daß das Bewußtsein als aktive und spontane Funktion dem passiven, mechanischen System des Unbewußten übergeordnet ist (S. 23). Freud habe dieses Verhältnis verwirrt, indem er das Bewußtsein als zufällige Qualität des Psychischen auffaßte (S. 24). Im Gegensatz zur *Seele*, die der Naturgesetzlichkeit unterworfen – und daher legitimer Gegenstand der naturwissenschaftlichen Psychologie – sei, ist das geistige Subjekt *frei*, d. h. vom Naturgesetz unabhängig (S. 36). Trotzdem gehört es – bemerkenswerterweise – unter die Bedingungen von Raum und Zeit (S. 47) und ist dadurch auch vom erkenntnistheoretischen Subjekt – etwa im Sinne der Transzendentalphilosophie – unterschieden. Die Aktvollzüge, in denen es sich konstituiert, umfassen Wahrnehmen, Denken, Fühlen und Werten (S. 49). Der Zusammenhang zwischen dem ›geistigen Subjekt‹ und seinem triebmechanischen Unterbau bleibt allerdings unklar.
In einem zweiten Anlauf wird Freuds Bewußtseinsauffassung – diesmal im Rahmen der Strukturtheorie – kritisiert: Freud identifiziere einerseits Bewußtsein mit dem ›Ich‹, behaupte aber andererseits, daß auch Teile des Ichs unbewußt sein könnten (S. 51). Weiterhin habe er unter dem Begriff des Unbewußten auch das Unbemerkte gefaßt, wie etwa latente, der Aufmerksamkeit nicht deutliche Denkvorgänge – und habe das wirklich Unbewußte mit dem nur scheinbar Unbewußten verwechselt (S. 52).[35] Dadurch seien höhere psychische Funktionen – Aktvollzüge des geistigen Subjekts – in den ›Mechanismus des Unbewußten‹ hineingezogen worden (S. 53).
Das 3. Kapitel ist einer Kritik des ›psychoanalytischen Reduktionismus‹ gewidmet. Im Lichte dieses Vorwurfs wird der Sublimierungsbegriff sowie die psychoanalytische Symboltheorie behandelt:

»Ebenso kennen wir das Motiv sämtlicher psychischer und geistiger Vorgänge: es ist immer ein sexuelles, das ist selbstverständlich, insofern doch die ›höheren psychischen Tätigkeiten‹ prinzipiell und lediglich aus dem sexuellen Unbewußten ableitbar sind.« (S. 65)

Kernpunkt der Symbollehre Freuds sei demzufolge, daß »alles was

Menschen denken, sagen, schreiben und tun in Wirklichkeit Symbol für etwas ganz anderes ist« (S. 66)! Dennoch wird das Verdienst Freuds gewürdigt, die Bedeutung der Sexualität im menschlichen Seelenleben entdeckt zu haben. Worin gründet aber letzten Endes die Unwissenschaftlichkeit Freuds? (S. 75) Freud vermochte sein ›Milieu‹ nicht zu durchbrechen. Geleitet von Vorurteilen und Erwartungsvorstellungen erblickte er überall nur das Sexuelle (S. 76). Gleich einem echten Sohn der Aufklärung war Freud »auf dem Umwege der Psychologie in echt demokratische Gedankengänge hineingeraten« (S. 90) (sic!). »...die Gefühlswerte, wie Religion, Kunst, Ethik usw. scheiden aus dem Kulturprogamm Freuds aus« (S. 91).
Scheers Arbeit wurde 1937 von Bergmann in der »Imago« 23 (S. 125 f.) rezensiert.

Alexander Szalai
(Philosophische Grundprobleme der psychoanalytischen Psychologie, Budapest 1935)

A. Szalai beabsichtigte in seiner Arbeit, die 1935 als Dissertation der philosophischen Fakultät Zürich vorgelegt wurde, die psychoanalytischen Grundkategorien in ihrer logischen Bedeutung und in ihren ›dialektischen Beziehungen‹ darzulegen. Er kam zu folgenden Ergebnissen[36]:
1. Die Psychoanalyse trage pragmatische Züge, insofern ihr die Gesundheit als letzter Wert gilt und das Leben die absolute Realität ist, an der die Existenz des Menschen gemessen wird (S. 8).
2. In der Überzeugung Freuds, daß Aggression und Lebenserhaltung identisch seien, komme ein tiefer Kulturpessimismus zum Ausdruck. Die Psychoanalyse entlehne ihren Begriff des Lebens der frühbürgerlichen Philosophie entsprechend dem ›bellum omnium contra omnes‹ des Hobbes (S. 8).
3. In Freuds Rationalismus, der sich in seinem naturwissenschaftlichen Selbstverständnis dokumentiere, seien auch optimistische Momente der Kulturauffassung enthalten (S. 9).
4. Freud versuche nicht, etwa im Gegensatz zu C. G. Jung, Weltanschauung wissenschaftlich zu begründen. Den ›Reduktionismusvorwurf‹ (die Psychoanalyse reduziere das Geistige auf die Triebe) weist Szalai zurück.

5. Die Psychoanalyse sei eine Methode zur Aufdeckung besonderer psychischer Vorgänge, die weder der Selbst- noch der Fremdbeobachtung zugänglich sind. Zielpunkt ist dabei immer der Mensch, der sich in seinem Ausdruck objektiviert (S. 24). Soweit es sich um die Interpretation künstlerischen Ausdrucks handelt, ginge es der Psychoanalyse nicht so sehr um das Kunstwerk selbst, sondern um das Kunstwerk, insofern es Äußerung des schaffenden Künstlers sei. Auf einem Mißverständnis dieser Tatsache beruhte die häufige Kritik des psychoanalytischen Beitrages zur Theorie der Kunst (bzw. des künstlerischen Schaffens) (S. 25).
6. Bei der ausführlichen Darstellung der psychoanalytischen Theorie des Unbewußten akzeptiert Szalai die ›Energetik‹ als heuristisch fruchtbares Konzept. Das Bewußtsein sei für Freud »eine Randerscheinung an der Subjekt-Objektgrenze und in der Existenz exzentrisch gelagert« (S. 30). Das Unbewußte sei eine wissenschaftlich notwendige Annahme, selbst aber nicht unmittelbar, sondern nur über das Bewußtsein (bzw. die Bewußtseinsvorgänge) vermittelt zu erschließen (S. 32). Zu unterscheiden seien Bewußtsein, Vorbewußtsein und Unterbewußtsein im Sinne psychischer Qualitäten, von den gleichbenannten psychischen *Systemen*, die nur in formeller Hinsicht einheitlich seien, insofern sie nämlich verschiedene Inhalte nach ihren Qualitäten geordnet repräsentierten (S. 33).
7. Das Symbol stellt die Synthese zwischen Bewußtsein und Unterbewußtsein dar (S. 41); die symbolische Relation ist der allgemeine Ausdruck des Verhältnisses von Bewußtsein und Unterbewußtsein (S. 41). Das Unbewußte existiert im Bewußtsein nur in seiner symbolischen Vertretung.
8. Auch in der psychoanalytischen Trieblehre sieht der Autor ›dialektische Beziehungen‹ am Werk: alle Triebregungen seien doppelsinnig und ihnen wohne gleichzeitig eine Tendenz zur Bejahung und Verneinung inne (S. 43). Die Triebe repräsentierten die Seite der Phylogenie in der ›psychologischen Person‹, die mit dem Ich als dem Ergebnis der Ontogenie in natürlichem Kampf liegen. Aus diesem Kampf entstehe die psychische Organisation (S. 44). – Szalai schlägt vor, den Wiederholungszwang als Grundprinzip der normalen Arbeitsweise des psychischen Apparates zu verstehen und das Lustprinzip, das ebenfalls Wiederholungsstruktur besäße, als Modifikation des Wiederholungszwanges aufzufassen (ebd.).

9. Szalai akzeptiert die Forderung der Eigenanalyse als Voraussetzung nicht nur der psychoanalytischen Therapie, sondern auch kompetenter psychoanalytischer Forschung:

»Solange man die Grenzen der Wissenschaft dort ansetzt, wo die Grenzen der Meßbarkeit und des unpersönlichen Beweises liegen, genügt die Voraussetzung recht allgemeiner existentieller Daten. Sobald man aber mit der Forschung dort einsetzen will, wo die konkrete gegenwärtige Existenz des Menschen gegeben ist, wird es zur Unmöglichkeit, sich hinter allgemeinen Interessenangaben zu verschanzen – die Fassung der einmaligen existentiellen Bestimmungen des Forschers fällt mit der Umgrenzung des Gegenstandes der Forschung zusammen.« (S. 59)

Insgesamt ist Szalais Arbeit eine sachliche und differenzierte Darstellung und Diskussion psychoanalytischer Grundbegriffe auf hohem Abstraktionsniveau. Die Kenntnis und Verarbeitung psychoanalytischer Theorien sind umfassend und gründlich. Die beabsichtigte ›dialektische Entfaltung psychoanalytischer Kategorien‹, deren Einzelheiten ich hier übergangen habe, sowie überhaupt der Gedanke, die Psychoanalyse sei als in sich abgeschlossenes Kategoriensystem zu behandeln, gaben der Untersuchung ein philosophisches Gepräge – vernachlässigten allerdings den erfahrungswissenschaftlichen Charakter und die ›Vorläufigkeit‹ der psychoanalytischen Theoriebildung.

V SCHLUSS

1. Zum Streit um die Rezeptionsgeschichte

Auch mehr als 4 Jahrzehnte nach dem Tode Freuds ist die Geschichte der frühen Rezeption seiner Theorien immer noch Gegenstand einer lebhaften Auseinandersetzung. Während Freuds eigene Auffassung, die in dieser Sache bekanntlich recht pessimistisch war, zumindest innerhalb der Psychoanalyse lange Zeit die Sichtweise bestimmte, wurde dem in neuerer Zeit vor allem von amerikanischen Autoren mehrfach widersprochen. F. J. Sulloway (1979) etwa bezeichnet in seinem umfangreichen Buch über Freud dessen Selbstdarstellung in diesem Punkt als Teil eines planvoll inaugurierten, von Schülern und Biographen später ausgeschmückten Heldenmythos: weder Freuds Ansicht, daß seine Theorien in einer unvorbereiteten Welt eine feindliche Aufnahme gefunden hätten, noch die Behauptung, er sei während der entscheidenden Jahre der Entdeckung der Psychoanalyse intellektuell isoliert gewesen, entsprächen der historischen Wahrheit. – Ähnlich äußert sich H. F. Ellenberger, auf den sich F. Sulloway unter anderem beruft:

»Ein rascher Blick auf die Freudlegende läßt zwei Hauptzüge deutlich werden. Der erste ist das Thema vom einsamen Helden, der gegen ein Heer von Feinden kämpft, wobei er den Schlingen und Pfeilen des schmählichen Geschicks ausgesetzt ist, am Ende aber triumphiert. Die Legende übertreibt das Ausmaß und die Rolle des Antisemitismus, der Feindseligkeit der akademischen Welt und der angeblichen viktorianischen Vorurteile erheblich. Der zweite Zug der Freudlegende besteht darin, daß sie den größten Teil der wissenschaftlichen und kulturellen Umwelt unter den Tisch fallen läßt, in der sich die Psychoanalyse entwickelt hat, daher stammt das Thema von der absoluten Originalität der Leistungen, wobei dem Helden das Verdienst für die Leistungen seiner Vorgänger, Mitarbeiter, Schüler, Rivalen und Zeitgenossen zugeschrieben wird.« (1973, S. 762)

In Übereinstimmung mit H. F. Ellenberger vertritt Sulloway die Ansicht, daß weder sexuelle Tabus noch Antisemitismus für die Rezeption der Psychoanalyse ein Hindernis dargestellt hätten:

»...noch beruhte irgendeine Position auf dem angeblichen Triumvirat von sexueller Prüderie, Feindlichkeit gegenüber dem Neuen und Antisemitismus, die die traditionelle historische Darstellung dieses Themas beherrschen.« (1979, S. 453, Übers. d. V.)

Sowohl die »Traumdeutung« wie die »Drei Abhandlungen zur Sexualtheorie« seien überwiegend positiv aufgenommen worden und erst die Neurosenlehre habe auf Grund ihrer monokausalen sexuellen Erklärungen zunehmende Kritik provoziert (ebd.).
Gerade angesichts der weitreichenden Übereinstimmungen zwischen der Auffassung von Ellenberger und Sulloway fallen verschiedene Widersprüche auf: So schreibt Sulloway, die Tatsache, daß E. Jones die Rezeption der Psychoanalyse so extrem negativ dargestellt habe, sei auf seine eigenen Erfahrungen im besonders prüden England zurückzuführen (S. 465). Hierzu behauptet Ellenberger: »Die Psychoanalyse wurde in England ungeheuer populär...« (S. 426). Umgekehrt meint Ellenberger, in Wien sei die Öffentlichkeit auf die Rezeption der »Drei Abhandlungen zur Sexualtheorie« durch Männer wie Krafft-Ebbing, Weininger und Schnitzler besonders vorbereitet gewesen (S. 1093), während Sulloway erklärt, die negative Aufnahme, die Freud in Wien gefunden habe, sei ein Schicksal gewesen, das auch viele andere Intellektuelle in der reaktionär erstarrten Welt der Habsburger Monarchie erlitten hätten (S. 460). Solche Beispiele zeigen, wie groß die Unsicherheit bei der retrospektiven Beurteilung dieser historischen Sachverhalte ist.
Untersuchungen des Quellenmaterials zur Rezeptionsgeschichte der Psychoanalyse sind immer noch vergleichsweise rar. So stützen Ellenberger und Sulloway ihre weitreichenden Rückschlüsse auf eine Untersuchung von I. Bry und A. Rifkin (1962), die sich mit der Psychoanalyserezeption zwischen 1886 und 1910 beschäftigten. Diese Autoren kommen zu dem Schluß, daß insbesondere die »Traumdeutung« erheblich positiver aufgenommen worden sei, als Freud selbst meinte. Sie bleiben jedoch in ihren verallgemeinernden Folgerungen vorsichtiger als Ellenberger und Sulloway. Bry und Rifkin konstatieren vor allem einen Unterschied zwischen der frühen und der späteren Rezeption mit einer Tendenz zu zunehmend härterer Kritik. – H. S. Decker (1971, 1975), die die Psychoanalyserezeption in der deutschen Medizin vor 1908 sowie die Rezeption der »Traumdeutung« untersucht, teilt grundsätzlich die Einschätzung von Bry und Rifkin: die frühe Psychoanalyserezep-

tion sei positiver verlaufen als bisher angenommen; Decker konzediert, daß es auch Polemik gegeben hat, sieht dies jedoch als Nebenaspekt.
In deutlichem Gegensatz zu den Ergebnissen der erwähnten amerikanischen Arbeiten steht die bislang einzige umfangreichere deutschsprachige Untersuchung dieses Themas (J. Cremerius 1981), in der die Rezeption der Psychoanalyse in der Psychologie, Soziologie und Theologie vor 1940 untersucht und mit umfangreichem Quellenmaterial dokumentiert wird. Der Charakter der frühen Psychoanalyserezeption wird hier überwiegend negativ beurteilt. Zur Psychologie etwa schreiben Hoffmann und Brodthage zusammenfassend:

»Die positive Rezeption der Psychoanalyse in der deutschen Psychologie verdient das Gesamtprädikat ›ausgesprochen dürftig‹« (S. 188),

und zum Schwerpunkt der Kritik:

»Das Zentrum der inhaltlichen Kritik an der Psychoanalyse war der Punkt der Sexualität.« (S. 187)

Zu der Einschätzung von Bry und Rifkin (1962), an der sich wie erwähnt Ellenberger und Sulloway maßgeblich orientierten, schreiben Hoffmann und Brodthage:

»Die Auffassung von Bry und Rifkin (1962), daß die zeitgenössische Rezeption der Psychoanalyse am Beispiel der ›Traumdeutung‹ eher intensiv war, erscheint uns für den Bereich der Psychologie eine Fehleinschätzung. So ist z. B. deren Beurteilung der Sternschen Rezension der ›Traumdeutung‹ als wohlwollend kaum nachvollziehbar.« (S. 188)

Hier zeigen sich selbst bei der Beurteilung identischer Quellentexte starke Differenzen, die mit unterschiedlichen persönlichen Einstellungen und Bewertungsmaßstäben kaum befriedigend erklärt werden können. Die Gründe dafür sind nicht klar. Natürlich ist die Darstellung der Rezeptionsgeschichte der Psychoanalyse seit eh und je auch abhängig gewesen von der Position des jeweiligen Autors zur Psychoanalyse selbst – dieser Zusammenhang läßt sich historisch nachweisen. Indessen stehen die Verfasser der zitierten amerikanischen Arbeiten – überwiegend Psychiater – der Psychoanalyse keineswegs feindlich gegenüber, eher im Gegenteil. Man könnte nun aber umgekehrt vermuten, daß die weitgehende Assimilation der Psychoanalyse durch die amerikanische Psychiatrie mit dazu beigetragen hat, daß die ehemaligen Gegensätze zwischen den beiden Fächern im Rückblick mit größerer Versöhnlichkeit gesehen werden als zumindest aus unserer Perspektive dem historischen Sachverhalt angemessen erscheint. Dazu folgendes Beispiel: Ellenberger (1973, S. 1091) führt die Ablehnung der Psychoanalyse durch zeitgenössische Psychiater u. a. darauf zurück, daß sich die Psychiatrie z. Zt. Freuds gerade um den Preis einer einseitigen naturwissenschaftlichen Orientierung die Anerkennung der somatischen Medizin erkauft hatte und in der Psychoanalyse einen Rückfall in ihre vorwissenschaftliche Ära sah – eine Tendenz, die die Psychiatrie in den Augen der übrigen Medizin angeblich um ihre neuerworbene wissenschaftliche Glaubwürdigkeit hätte bringen können. Das klingt zunächst plausibel. Tatsächlich aber entbehrte diese Befürchtung der zeitgenössischen Psychiater, wie J. Cremerius (1981, S. 19) gezeigt hat, weitgehend einer faktischen Grundlage, da die Psychoanalyse beispielsweise von vielen Internisten recht positiv beurteilt wurde. Darüber hinaus wäre auch zu fragen: Warum stellte gerade die Psychoanalyse das Ansehen der Psychiatrie so in Frage? Gab es nicht genug andere »unwissenschaftliche« Theorien und Praktiken in der Psychiatrie der Jahrhundertwende, die viel weniger angegriffen wurden, obwohl sie das Fach ebenso als unwissenschaftlich kompromittieren konnten?

Ähnlich problematisch erscheinen die Erklärungen einer gescheiterten Rezeption im Hinblick auf die Philosophie: Hier geriet Ellenberger zufolge (1973, S. 1093) die Psychoanalyse in den Kampf zwischen den verschiedenen Versionen des Neoidealismus mit der naturalistischen Philosophie, wobei sie häufig mit dem Monismus Häckels in Zusammenhang gebracht wurde und so – gleichgültig, ob diese Zuordnung ihrem Selbstverständnis entsprach oder nicht – einen Teil der Gegnerschaft erntete, die sich ursprünglich gegen Häckel und den Monistenbund richtete (vgl. Ellenberger 1973, S. 1093).

Ohne Zweifel hat Ellenberger mit der Tatsache recht, daß die Psychoanalyse in der zeitgenössischen Philosophie unter den Naturalismus subsumiert wurde und daß sich vor allem gegen die vermeintlichen naturalistischen Elemente der Freudschen Theorie die Kritik richtete. Es ist aber nicht klar, ob diese Zuordnung Ursache oder bereits Folge anders motivierter Vorbehalte war. Andererseits scheint es verständlich, daß die Subsumtion der Psychoana-

lyse unter eine Weltanschauung in den Augen Freuds und anderer Psychoanalytiker keine ausreichende Würdigung ihrer Theorie darstellte, zumal wenn dieser Zuordnung wie häufig eine einseitige und schlecht informierte Rezeption zugrunde lag.
Die Psychoanalyse ist natürlich nicht der einzige Fall in der Wissenschaftsgeschichte, in dem eine bahnbrechende Leistung nur zögernd und wenig freundlich aufgenommen wurde. G. Frege beispielsweise, ein Zeitgenosse Freuds und Begründer der mathematischen Logik, auf dessen Überlegungen später Russell und Whitehead ihre »Principia Mathematica« aufbauten, machte auf seinem ganz anderen, gegen viktorianische Moralvorstellungen sicherlich weitgehend immunen Wissensgebiet ähnliche Erfahrungen:

»Hiermit komme ich auf den zweiten Grund der Verspätung: die Muthlosigkeit, die mich zeitweilig überkam angesichts der kühlen Aufnahme, oder besser gesagt, des Mangels an Aufnahme meiner oben genannten Schriften...« (G. Frege 1893, zit. nach Patzig, G. (Hg.) 1969, S. 6).

Man sollte daher die Rezeptionsgeschichte der Psychoanalyse nicht nur unter soziologischen und ideologiegeschichtlichen Aspekten, sondern auch unter dem Gesichtswinkel allgemeiner Charakteristika wissenschaftlichen Theoriewandels sehen. Wie eingangs erwähnt, hat Th. S. Kuhn (1976) gezeigt, daß sich grundlegender wissenschaftlicher Fortschritt als Revolutionierung tradierter Paradigmen vollzieht – ein Prozeß, dem sich, wie die Wissenschaftsgeschichte lehrt, häufig erhebliche Widerstände entgegenstellen. Die Psychoanalyse teilt also in dieser Hinsicht nur ein Schicksal, das anderen bahnbrechenden Entdeckungen in ähnlicher Weise zuteil geworden ist. Vielleicht kann man ausgehend von Kuhns Überlegung im Hinblick auf die Psychoanalyse sogar sagen, daß die Schwierigkeiten bei der Rezeption sich geradezu als Indikator für einen Paradigmawechsel auffassen lassen. In einem bestimmten Sinne haben Autoren wie Ellenberger deswegen recht, wenn sie die sachlichen Schwierigkeiten der Rezeption so betonen: Tatsächlich bedeutete die Entdeckung der Psychologie des Unbewußten die Revolutionierung des gesamten theoretischen Bezugsrahmens der Psychiatrie und darüber hinaus anderer Humanwissenschaften – einen Paradigmawechsel also, der zwangsläufig mit Widerständen und Auseinandersetzungen einherging –, gerade *weil* die neue Theorie wissenschaftlich fruchtbar war und ein System tradierter Denkgewohnheiten in Frage stellte.

2. Ergebnisse und Hypothesen

Die wichtigsten Ergebnisse dieser Untersuchung lassen sich in folgenden Thesen zusammenfassen:

a) Die Rezeption der Psychoanalyse in der Philosophie vor 1940 war insgesamt erheblich weniger umfangreich als in den anderen angrenzenden Einzelwissenschaften, vor allem in der Psychologie und der Psychiatrie.

b) Sie begann in nennenswertem Umfang erst nach 1913 – Schelers Auseinandersetzung mit der Psychoanalyse in »Wesen und Formen der Sympathie« (1913a) war bahnbrechend.

c) Die Intensität der Psychoanalyserezeption erreichte in der Philosophie ihren Höhepunkt gegen Ende der zwanziger Jahre und brach nach 1933 abrupt ab.

d) Dieser spezifische Rezeptionsverlauf legt die Vermutung nahe, daß die Psychoanalyse in den Augen der zeitgenössischen Philosophie lange Zeit ein *Randphänomen* darstellte. Ob diese Tatsache wirklich eine Bewertung implizierte (im Sinne einer Rezeptionsverweigerung) oder auf die größere Distanz zwischen Philosophie und Einzelwissenschaften zurückzuführen ist, läßt sich schwer allgemein beurteilen.

e) Im Vergleich der Psychoanalyserezeption in der Philosophie der verschiedenen Länder innerhalb des deutschsprachigen Bereiches ergibt sich der Eindruck, daß die Psychoanalyse in der Schweiz in größerem Umfange und überwiegend auch positiver rezipiert wurde als in Deutschland. Dies wäre noch genauer zu prüfen. Einen Hinweis gibt aber die Tatsache, daß von den fünf untersuchten philosophischen Dissertationen allein drei aus der Schweiz kommen (bei einer insgesamt kleineren Zahl philosophischer Fakultäten).

f) Ich hatte eingangs darauf hingewiesen, daß sich zwischen der Art und Weise der Psychoanalyserezeption und der ideologischen Position der Rezipienten nur schwer Korrelationen herstellen lassen. Dies ist nun zu modifizieren. Tatsächlich sind solche Korrelationen in gewissem Maße möglich – sie scheinen jedoch in bezug auf die Rezeption C. G. Jungs viel aussagekräftiger als in bezug auf die Freud-Rezeption. Da sich diese Arbeit auf die Freud-Rezeption beschränkt, kann das folgende nur als Vermutung geäußert werden: Man hielt die Theorie Jungs häufig für die Version der Psychoanalyse, die ihre ›Kinderkrankheiten‹ überwunden hätte –

allem voran die Übertreibung und Überschätzung der Sexualität. Jungs ›Desexualisierung der psychoanalytischen Theorie‹ wurde im allgemeinen vorgezogen. Für eine ideologisch motivierte Präferenz der Jungschen Lehre spricht als eindrucksvolles Beispiel etwa die völkische Philosophiegeschichte von G. Lehmann (1943), der, nachdem er Freud mit wenigen Sätzen abgetan hat (eine Seelenheilkunde, »die bald zur Mode geworden und einer überreizten, mit Nahrungssorgen nicht beschwerten Gesellschaftsschicht zum Bedürfnis wurde« [S. 457]), zu einer ausführlichen und lobenden Abhandlung Jungs übergeht. – Umgekehrt wurde Jungs Archetypenlehre in der linken Philosophie schärfstens kritisiert (am ausführlichsten durch E. Bloch).

g) *Inhaltlich* stand die Auseinandersetzung mit der Psychoanalyse in der zeitgenössischen Philosophie im Zeichen des weltanschaulichen Kampfes gegen den Naturalismus. Man kann vielleicht sagen, daß die Subsumtion der Psychoanalyse unter den Naturalismus das wichtigste Hindernis einer unvoreingenommenen Rezeption darstellte.

h) Die philosophische Psychoanalysekritik seitens der idealistischen Schulphilosophie läßt sich im Kern auf den Vorwurf reduzieren, die Psychoanalyse leugne die Eigenwesentlichkeit von Geist und Kultur und führe diese monistisch auf Triebvorgänge zurück.

i) Diese Kritik wurde insbesondere im Hinblick auf die psychoanalytische Triebtheorie sowie die Theorie der Kultur geäußert. Gleichsam als Markenzeichen der psychoanalytischen Kulturtheorie und ihres naturalistisch-reduktionistischen Ansatzes wurde das Konzept der Sublimierung angesehen, welches deswegen heftig angegriffen wurde.

k) Insgesamt fruchtbarer war die philosophische Psychoanalysekritik unter erkenntnistheoretischen und methodologischen Gesichtspunkten, die sich v. a. dem Begriff des Unbewußten zuwandte. Ihr Hauptverdienst bestand darin, vor einer falschen ›Verdinglichung‹ und ›Substantialisierung‹ psychoanalytischer Begriffe zu warnen und zu einer Klärung methodologischer Fragen beizutragen.

l) Der grundsätzliche und charakteristische Mangel der frühen Psychoanalyserezeption in der Philosophie ist gar nicht einmal in einer Auslassung oder unzulänglichen Auffassung einzelner psychoanalytischer Konzepte zu sehen, als vielmehr darin, daß man das spezifische Neue der *psychoanalytischen Erfahrung* nicht wahrzunehmen vermochte. Man verlor den empirischen Bezugspunkt der Psychoanalyse immer wieder aus den Augen. Abgelöst von den Besonderheiten der psychoanalytischen Erfahrung aber wurden die theoretischen Reflexionen Freuds in der Metapsychologie ihres neuen und spezifischen Sinnes beraubt und mußten als tote Begriffsapparatur erscheinen. Die Psychoanalyse unterschied sich – abgeschnitten von der lebendigen Praxis ihres klinischen Feldes – von anderen x-beliebigen psychologischen Theorien tatsächlich nur noch durch eine auffällig unzulängliche und inkonsistente Theoriebildung. Aus dem fatalen Mangel eines angemessenen Verständnisses der psychoanalytischen Praxis resultierten die meisten Mißverständnisse: Man entdeckte z. B. immer wieder philosophische Vorläufer gewisser psychoanalytischer Konzepte und Theoreme (z. B. des Unbewußten) und ging oberflächlich und vordergründig über deren neue Bedeutung in der Psychoanalyse hinweg, da man den spezifischen klinischen Bezugsrahmen der psychoanalytischen Theoriebildung übersah. Die Vernachlässigung des dynamischen Aspektes in der psychoanalytischen Theorie des Unbewußten – eine der wichtigsten Entdeckungen Freuds – ist ein Beispiel dafür. – Zugleich schätzte man den Charakter der psychoanalytischen Theorie vor diesem Hintergrund falsch ein: man sah darin nicht in erster Linie die Konzeptualisierung und Systematisierung neuer klinischer Erfahrungen, sondern beurteilte sie eher als ›philosophischen Entwurf‹ etwa im Sinne einer Anthropologie. Dies wurde an der Auffassung der psychoanalytischen Triebtheorie besonders deutlich.

3. Das Problem der Rezeptionsverweigerung

Man kann sich angesichts des relativ geringen Umfangs der Psychoanalyserezeption vor 1940 die Frage stellen, ob es in der Philosophie eine ›Verweigerung‹ der Rezeption (vgl. J. Cremerius 1981, S. 9) gegeben habe, d. h. eine gezielte Auslassung der Psychoanalyse, mit dem Zweck, sie totzuschweigen oder sie durch Stillschweigen für nicht diskussionsfähig zu deklarieren. Diese wichtige Frage ist allerdings gerade im Hinblick auf die Philosophie sehr schwer zu beantworten, da kaum eindeutig zu beurteilen ist, ob eine Rezeption der Psychoanalyse im jeweiligen philosophischen Kontext zwingend gewesen wäre. Wenn Freud beispielsweise in *psychologischen* Abhandlungen über Traumtheorien oder die kindliche Entwicklungspsychologie auch in den 20er Jahren noch übergangen wurde, obwohl die Psychoanalyse diesen Autoren nachdrücklich bekannt war, scheint eindeutig der Fall einer Rezeptionsverweigerung vorzuliegen. Aber wie ist die Tatsache zu bewerten, daß etwa E. Cassirer in seiner »Philosophie der symbolischen Formen« (1954²) [37] die Psychoanalyse mit kaum einem Wort erwähnte? Oder ebenso B. Groethuysen in seiner »Philosophischen Anthropologie« (1931)? – Die Liste dieser Titel ließe sich beliebig verlängern.

Der Abstand zwischen Philosophie und Psychoanalyse ist – und *war* vor allem vor 1940 – größer als zwischen Psychoanalyse und den anderen Einzelwissenschaften. Es gab in den Augen der zeitgenössischen Philosophie kaum genuine Überschneidungen der Gegenstands- und Problembereiche. Diese inzwischen in beträchtlichem Umfang hergestellt zu haben, ist ein Verdienst sowohl der fortschreitenden philosophischen Reflexion wie auch der entsprechenden Bemühungen auf seiten der Psychoanalyse (z. B. um weitere Klärung ihrer erkenntnistheoretischen Probleme).

Dennoch wirft ohne Zweifel die Unterlassung der Psychoanalyserezeption in bestimmten Fällen Licht auf die Voraussetzungen und Grundmotive des jeweiligen philosophischen Ansatzes. Die Tatsache etwa, daß M. Heidegger noch in den späten 60er Jahren (nachdem seine eigene Philosophie in der existenzphilosophisch und phänomenologisch orientierten Psychotherapie bereits eine breite Wirkung entfaltet hatte) eine Beschäftigung mit der Freudschen Psychoanalyse von sich wies, kann nicht ganz zufällig sein. Dies um so mehr, als eine Auseinandersetzung, etwa im Rahmen der Thematik von »Sein und Zeit« (im Kontext der Gewissenstheorien oder der Theorie des ›Mitseins‹) durchaus nahegelegen hätte. – Auch diese Vermutung wäre allerdings durch Einzeluntersuchungen, die sich weitergehend auf die philosophischen Voraussetzungen der Rezipienten einließen, als es in dieser Übersicht geschehen konnte, zu prüfen.

4. Anmerkungen zur Entwicklung der Psychoanalyserezeption in der Philosophie nach 1940

Die Psychoanalyse wurde nach dem 2. Weltkrieg in den westlichen Ländern durch die verschiedensten philosophischen Richtungen in einem inzwischen kaum noch überschaubaren Umfang rezipiert. A. Schöpf (1982) gibt einen Überblick über diese Entwicklung (ebenso E. Wiesenhütter 1979), an dem v. a. die interessante Tatsache auffällt, daß die philosophischen Richtungen und ihre Auseinandersetzung mit der Psychoanalyse eine bemerkenswerte geographische, nationale und historische Stabilität aufweisen: So war beispielsweise die Psychoanalyserezeption in der ›Kritischen Theorie‹ und im Neomarxismus eine deutsche ›Spezialität‹, die trotz der langen Emigration verschiedener Autoren dieser Richtung in die USA im angelsächsischen Bereich kaum größere Bedeutung erlangte. In Deutschland, so scheint es, wurde dafür die wissenschaftstheoretische und sprachanalytische Psychoanalysekritik, die bereits in den 40er Jahren in den angelsächsischen Ländern begann, erst spät und nicht sehr ausführlich berücksichtigt.

Ich möchte mich im folgenden auf die Frage beschränken, ob es zwischen der Psychoanalyserezeption im deutschsprachigen Bereich vor 1940 und der späteren Entwicklung inhaltliche, problemgeschichtliche Kontinuitäten gibt, und wenn ja, welcher Art sie sind.

Zunächst ist aber auf eine wichtige Diskontinuität hinzuweisen: der weltanschauliche Naturalismusvorwurf verlor nach 1940 zunehmend an Bedeutung. (Er tauchte nur gelegentlich in der phänomenologischen und existenzphilosophisch orientierten Psychotherapie als Kritik an der ›Triebpsychologie‹ oder dem ›mechanistischen Menschenbild der Psychoanalyse‹ noch einmal auf.) Nicht zuletzt die Entwicklung in der Psychoanalyse selbst, von der Trieb- zur Ichpsychologie, hatte dieser Kritik zunehmend die Basis entzogen.

Sofern der Naturalismusvorwurf allerdings auch methodologische Aspekte einschloß – den Vorwurf etwa, Freud verwende physikalische Metaphern in der Metapsychologie, substantialisiere in unzulässiger Weise psychologische Begriffe und mißverstehe die Psychoanalyse als Naturwissenschaft, wurde er in der philosophischen Diskussion wieder aufgenommen (s. u.).

In der Übersicht scheint es nun, als seien drei Themenbereiche in

der philosophischen Psychoanalyserezeption nach 1940 von besonderer Bedeutung gewesen, nämlich erstens die Auseinandersetzung mit der Psychoanalyse unter wissenschafts- und erkenntnistheoretischen Aspekten, zweitens die Rezeption der Psychoanalyse im Rahmen der Sozialphilosophie und drittens die Rezeption der Psychoanalyse im Kontext philosophischer Überlegungen zum Problem der ›Intersubjektivität‹.
Die wissenschaftstheoretische Auseinandersetzung mit der Psychoanalyse in der Philosophie begann in den 40er Jahren v. a. in den angelsächsischen Ländern.[38] Eines der Themen, mit dem man sich in diesem Zusammenhang beschäftigte, war die Frage, ob die Psychoanalyse den strengen Kriterien einer ›Beobachtungswissenschaft‹ genügen könne. Unter diesem Aspekt wurde sie von Vertretern des Logischen Positivismus scharf kritisiert: die allgemeinen Theorien der Psychoanalyse seien nicht validierbar, ihre theoretischen Konzepte könnten mit den beobachtbaren Daten nicht ausreichend operational verknüpft werden und Beobachtungssprache und Theoriesprache seien in der Psychoanalyse nicht unterscheidbar. Auch gebe es keine eindeutigen Kriterien für die Vollständigkeit und Richtigkeit psychoanalytischer Interpretationen. K. Popper, dessen Psychoanalysekritik in den angelsächsischen Ländern außerordentlich einflußreich war, kritisierte, daß die psychoanalytische Theorie nicht mit Tatsachen zu konfrontieren und in diesem Sinne zu falsifizieren sei.
Ähnliche methodologische und wissenschaftstheoretische Argumente waren schon früh gegen die Psychoanalyse ins Feld geführt worden – und zwar vor 1940 von Jaspers. Jaspers hatte der Psychoanalyse vorgeworfen, sie verwechsle Sinnzusammenhänge (Verstehen) und kausale Zusammenhänge (Erklären) und sie sei aufgrund dieses methodologischen Selbstmißverständnisses (als Naturwissenschaft) nicht in der Lage, den Charakter ihrer allgemeinen Theorien (die die Psychoanalyse fälschlich im Sinne naturwissenschaftlicher Gesetzesaussagen verstehe) angemessen zu deuten. Diese ›allgemeinen Theorien‹ seien aber inkonsistent und empirisch nicht überprüfbar, ja nicht einmal ausreichend durch Kasuistiken belegt. Allerdings hatte Jaspers dem Logischen Positivismus gegenüber die Einsicht voraus, daß Wissenschaft und Beobachtungswissenschaft nicht zwangsläufig zu identifizieren seien, und konnte der Psychoanalyse daher bei aller Kritik ein sinnvolles wissenschaftliches Selbstverständnis jenseits der Beob-

achtungswissenschaften – nämlich als verstehende Psychologie – offenhalten.
Freuds Neigung, in der Metapsychologie physikalistische Metaphern zu verwenden (die ›Energetik‹) sowie die Tatsache, daß er psychische Funktionen in zum Teil substantialisierenden und verdinglichenden Analogien beschrieb (Instanzenlehre, psychischer Apparat usw.) stieß in der zeitgenössischen Philosophie auf erhebliche Kritik. Ich habe dies am Beispiel der Rezeption der Theorie des Unbewußten darzustellen versucht. Diese Kritik war anfangs noch sehr vage; sie wurde aber später im Rahmen der sprachanalytischen Psychoanalysekritik wiederaufgenommen und präzisiert. Ausgehend von L. Wittgensteins Unterscheidung von Ursachen und Gründen entdeckte man in der Psychoanalyse eine Verwirrung einer ›kausalen Sprache‹ mit einer ›Motivationssprache‹ und versuchte, den Charakter von psychoanalytischen Aussagen mit Hilfe dieser Unterscheidung zu klären. Man meinte, daß sich viele der reifizierenden und metaphorischen Begriffsbildungen der ›kausalen Sprache‹ in der Psychoanalyse sinnvoll in eine Motivationssprache übersetzen ließen. Diese Ziele verfolgen auch neueste Ansätze *innerhalb* der Psychoanalyse, die auf eine weitgehende Reformulierung der Freudschen Metapsychologie hinauslaufen (vgl. R. Schafer 1976). Auch die aktuelle Diskussion um die Bedeutung von Metaphern für die psychoanalytische Theoriebildung (vgl. L. Wurmser 1983) hat rudimentäre Vorläufer in der frühen philosophischen Rezeption, wenn man an die Beiträge von Autoren denkt, die dem Fiktionalismus nahestanden (J. Schultz 1924, Knopf 1923).
Eine Rezeption der Psychoanalyse durch die Sozialphilosophie fand nach dem Kriege im Umkreis der Frankfurter Schule und den sich daran anschließenden Arbeiten von J. Habermas und A. Lorenzer statt. Die Kontinuität zur Psychoanalyserezeption vor 1940 war in dieser Traditionslinie v. a. Th. W. Adorno zu verdanken. Im Mittelpunkt der sozialphilosophischen Freudinterpretationen der 50er Jahre stand die Kulturismusdebatte zwischen H. Marcuse, Th. W. Adorno und E. Fromm (vgl. B. Görlich 1980). – J. Habermas und A. Lorenzer trugen wichtige Überlegungen zur genaueren theoretischen Bestimmung des psychoanalytischen Verfahrens und zur Methodologie der Psychoanalyse bei. Diese Ansätze waren gegenüber der philosophischen Psychoanalyserezeption vor 1940 vollkommen neu.

Der letzte große Themenbereich, der hier genannt werden soll, ist die Rezeption der Psychoanalyse im Rahmen philosophischer Überlegungen zum Problem von ›Intersubjektivität‹ (das folgende bezieht sich etwa auf Arbeiten von R. Marten [1978, 1983], wird aber auch durch die genannten Ansätze von Habermas und Lorenzer berührt).

Es ist aus heutiger Sicht auffällig, daß sich das philosophische Interesse an der Psychoanalyse zu Beginn sehr einseitig auf Freuds Metapsychologie konzentrierte. Man sah darin den ›Kern‹ der Psychoanalyse – ein System von allgemeinen Aussagen über seelische Abläufe. Die Theorie der Technik hingegen, die zu Freuds Zeiten tatsächlich ja fragmentarisch war und es noch lange blieb, wurde relativ wenig beachtet. Man rezipierte damit den Teil der Psychoanalyse, der, wie es M. Balint (1951) ausdrückte, in der Sprache der ›Ein-Personenpsychologie‹ verfaßt und darin – bei aller inhaltlichen Unterschiedlichkeit – den traditionellen psychologischen Theorien ähnlich war. Die Bedeutung der Theorie der *klinischen Praxis* der Psychoanalyse, die den psychoanalytischen Prozeß in den Begriffen einer ›Zwei-Personen-Psychologie‹ beschreibt und das Beziehungsgeschehen abzubilden versucht, wurde dagegen lange Zeit übersehen. Vielleicht bestand der wichtigste Fortschritt der philosophischen Psychoanalyserezeption nach 1940 darin, diesen Aspekt zunehmend stärker wahrzunehmen, was ohne Zweifel auch mit der internen Entwicklung der psychoanalytischen Theorie, etwa den Entdeckungen der Objektbeziehungspsychologie, korrespondierte. Man entdeckte mit anderen Worten die Psychoanalyse als eine Theorie der Interaktion, d. h. als eine Theorie menschlicher Beziehungen und ihrer Pathologie, die an eine ganz spezifische Form klinischer Erfahrung, nämlich den psychoanalytischen Dialog, gebunden ist. Dies ist der größte Gegensatz zur Auffassung der Psychoanalyse als einer naturalistischen Anthropologie, wie sie in der Philosophie vor 1940 geläufig war.

Immer wieder hat die Philosophie in der Neuzeit ihre Fragestellungen in der Auseinandersetzung mit jeweils bevorzugten Einzelwissenschaften vorangetrieben und geschärft. So etwa exponierte Kant das Problem der Bedingung der Möglichkeit synthetischer Erkenntnis a priori, das Thema der »Kritik der reinen Vernunft«, im Hinblick auf die Mathematik. – Sofern es heute in der Philosophie darum geht, Strukturmomente des ›Mitseins‹ zu erhellen, ist es unverzichtbar geworden, auf eine Wissenschaft zu reflektieren, die die Fülle zwischenmenschlicher Verhältnisse und Beziehungen auch und gerade in ihrer Entstellung und Deformierung auf einzigartige Weise methodisch zugänglich macht.

VI DOKUMENTE

DOKUMENT NR. 1
Paul Häberlin (1913)

(Über die Tragweite Psychologischer Erkenntnisse und Theorien. Mit besonderer Anwendung auf die Psychoanalytische Kulturtheorie, in: Schweizerische Zeitschrift f. Gemeinnützigkeit, 1913, H. 4, S. 97-118)

Es gab Zeiten, da drohte die Naturwissenschaft mit neuen Entdeckungen oder Theorien die Kultur aus dem Grunde zu erschüttern, die Religion zu gefährden, die Moral zu zerstören. Das war so zur Zeit des Kopernikus und Galilei, das war wieder so zur Zeit Darwins und seiner Propheten. Die Zeiten sind vorübergegangen oder sind am Vorübergehen; die Erkenntnisse haben sich bewahrheitet oder sind modifiziert worden; die Kultur hat mit ihnen rechnen gelernt oder ist doch dabei, es zu lernen, – aber was groß und heilig war, ist groß und heilig geblieben. Und wenn nach dem letzten Vorstoß der Naturwissenschaft Angst und Entsetzen auf der einen Seite, Übereifer und unmögliche Ansprüche auf der andern Seite noch eine Zeit lang andauern mögen, so wird man doch eines Tages über diesen Sturm allgemein den Kopf schütteln, wie wir es heute in Anbetracht der Galileischen Epoche tun. Wie war es möglich, wird man dann sagen, im Ernst eine Gefährdung der religiösen oder sittlichen Kultur von der Naturwissenschaft aus zu befürchten, – wie konnten anderseits Vertreter der Naturwissenschaft glauben, ihre Erkenntnisse reichten irgendwie an die Zentren der Weltanschauung, an religiöse und ethische Grundtatsachen und Normen hinan?

Es ist wahr, wir sind heute noch nicht allgemein so weit, noch herrscht viel Blindheit auf beiden Seiten. Aber die Zahl der Einsichtigen wächst doch sozusagen mit jedem Tage. Man anerkennt die Bedeutung der Naturwissenschaft, aber man erkennt doch auch ihr Gebiet und ihre Grenzen. Man sieht ein, daß Gott nicht entthront ist, wenn man weiß, daß er die Welt nicht in sechs Tagen fertig erschaffen hat oder daß gesetzmäßig waltende Kräfte überall am Werke sind. Man sieht ein, daß die Würde des Menschen und seine ethische Berufung nicht angetastet werden durch seine »niedere« Vergangenheit. Ja, man beginnt gerade, gewisse erst für »gefährlich« gehaltene Einsichten religiös zu deuten und moralisch zu werten; sie werden – weit entfernt, Weltanschauungskerne zu zerstören – ihrerseits an diese Kerne assimiliert, und müssen assimiliert werden. Denn der Religiöse sieht jede Wahrheit – sofern sie sich als solche erwiesen hat – religiös, und dem ethischen Charakter werden alle Tatsachen Material für die Durchsetzung seiner Normen. Wer aber der Philosophie nahesteht, der weiß, daß wissenschaftliche Tatsachen als solche für die Weltanschauung noch nichts bedeuten, sondern daß sie ihre Weltanschauungsbedeutung erst noch erhalten müssen – eben von den religiösen und ethischen Zentren aus, die immer das innere Wesen einer Weltanschauung ausmachen.

Also wir sind daran, über diese eine Beunruhigung hinauszukommen. Aber schon zeigt sich eine neue an. Sie kommt diesmal nicht von der Naturwissenschaft, sondern von der *Psychologie,* – wie denn überhaupt diese junge Wissenschaft berufen scheint, demnächst an Stelle der Naturwissenschaft ins Zentrum des öffentlichen Interesses zu rücken. Speziell die *Psychanalyse,* dieser aus der Psychopathologie und Psychotherapie entsprungene Zweig psychologischer Forschung, macht schon heute viel von sich reden, und gerade sie ist es, um die ein Kampf entbrannt ist, welcher stark an vergangene Kämpfe zwischen Naturwissenschaft und religiösethischen Kulturtraditionen erinnert. Denn wenn der Streit für und wider die Psychanalyse auch auf den ersten Blick als eine interne Angelegenheit der psychiatrischen und psycho-therapeutischen Zunft erscheinen mag, so ist er doch wegen der Motive, die dahinterstehen, weit mehr. Abgesehen davon, daß sich ja bereits auch Nicht-Mediziner mit Eifer dafür und dawider ins Zeug gelegt haben. Man streitet ja freilich zunächst um die *therapeutische* Bedeutung der Psychanalyse und um die psychologischen und psychophysischen Anschauungen und Theorien, welche diese Bedeutung begreiflich machen wollen und die ihrerseits wieder durch die therapeutischen Resultate erhärtet werden sollen. So scheint der Streit rein wissenschaftlich-technischer Natur zu sein. Aber er ist in Wirklichkeit mehr; das merkt man schon an der Aufregung der Gemüter. Es ist ein Kampf der Weltanschauung, in welchem ethische und religiöse Überzeugungen und Gegen-Überzeugungen mitbeteiligt sind.

An einem Beispiel aus der Fülle der Streitpunkte möchte das am besten klargemacht werden. Wir wählen ein zentrales und zugleich ein besonders heikles Thema: die Bedeutung der *Sexualität.* Die ursprüngliche Theorie der Psychanalytiker lautet, daß auf Grund ihrer Erhebungen und Erfahrungen die Sexualität in der Ätiologie der neurotischen Erkrankungen die Hauptrolle spiele, ja eigentlich der einzige ausschlaggebende Faktor sei. Dabei wird freilich Sexualität oder »Libido« oft in einem weiteren Sinne verstanden, als es im bisherigen Sprachgebrauch Sitte war. Indessen bleibt doch die Sexualität im eigentlichen Sinne das A und O der Psychanalytiker; denn sie setzen diese eigentliche Sexualität an den Anfang der individuellen Entwicklung und lassen alle Formen der »Libido« durch Umwandlung, »Sublimierung« oder Umbiegung aus ihr ausschließlich hervorgehen. Und eben hier beginnt die neuropathische Theorie zu einer *Lebens-,* ja *Kulturtheorie* zu werden. Die Psychanalytiker der engern Schule lassen nämlich nicht nur die seelischen Erkrankungen aus sexuellen Tendenzen und Gegentendenzen hervorgehen, sondern die individuelle Gestaltung der seelischen Verfassung überhaupt. Und das ist ja auch weiter nichts als konsequent. Denn wenn man einmal eingesehen hat, daß seelische Anomalien Umbiegungen, Vereinseitigungen, Hypertrophien oder Verkümmerungen der »normalen« seelischen Verfassung sind, und wenn man anderseits entdeckt zu haben glaubt, daß jene Anomalien ausschließlich aus dem Sexualleben zu erklären sind: dann kommt man von selber dazu, auch die normale Entwicklung aus derselben Quelle abzuleiten. Die normale Verfassung ist dann genetisch der normalen Sexualkonstitution und Sexualentwicklung ebenso zu verdanken, wie die seelische Erkrankung einer abnormen Sexualkonstitution und Sexualentwicklung. Die Sexualität ist dann eben *überhaupt* das Treibende und Bestimmende für die Gestaltung des individuellen Seelenlebens.

Von hier ist aber nur ein kleiner Schritt, oder eigentlich gar keiner mehr, bis zu der Annahme, ja Überzeugung, daß auch die höchsten und kompliziertesten Kulturtatsachen, wie Religiosität und Sittlichkeit, Poesie und Wissenschaft, in ihren historischen und rezenten Formen, der gleichen Quelle und analogen Vorgängen zu verdanken seien. Denn die psychologische Einstellung läßt alle diese Phänomene als Komplikationen individuellen und sozialen Seelenlebens erscheinen; Frömmigkeit, sittliches Empfinden, ästhetisches Erleben, wissenschaftliches Interesse erscheinen vor allem als Seiten oder Äußerungen der Seele, vielleicht der sozial geeinten Seele ganzer Völker oder Generationen. Dann aber können die Quellen und Faktoren dieser komplizierten Erscheinungen im Prinzip keine anderen sein als diejenigen, die (für den Psychanalytiker) *überhaupt* beim Aufbau der seelischen Verfassung den Ausschlag geben. Somit erscheinen jene »Höchstleistungen« der menschlichen Seele und des Menschengeschlechts überhaupt, erscheint die gesamte Kultur und ihre Entwicklung als Manifestation oder Produkt jenes allgewaltigen Liebestriebes mit seinen Expansionen und Hemmungen, Sublimierungen und Umbildungen. Extrem gesprochen, wird so die ganze Kultur zu einer großen Offenbarung der Sexualität; die Kulturentwicklung ist Entwicklung sexueller Anlagen und Kräfte der einzelnen Individuen, die sich teilweise zu generellen, überindividuellen Strömungen zusammengeschlossen haben.

Man sieht ohne weiteres, daß eine solche Überzeugung über den Rahmen einer psychiatrischen Theorie weit hinausgeht. Sie überschreitet diesen Rahmen ungefähr in derselben Weise, wie die Deszendenztheorie in ihren letzten Konsequenzen den Rahmen einer rein biologischen Theorie überschreitet. Es handelt sich nicht mehr nur um das ätiologische Verständnis seelischer Anomalien, sondern um die genetische Erklärung des gesamten Kulturinhaltes der entwickelten Menschheit überhaupt. Man begreift also auch, daß der psychanalytischen Theorie nicht nur differierende psychiatrische Theorien feindlich gegenüberstehen, sondern auch ganze Kulturauffassungen, die ihre Stützen in ganz andern als psychotherapeutischen Erfahrungen haben oder haben können. Man begreift also, daß der Streit um die Psychanalyse, und zwar auf Veranlassung der Psychanalytiker selber, über das Stadium einer internen psychiatrischen Auseinandersetzung hinaustreten mußte. – Trotz alledem aber wäre dieser Streit eine rein *wissenschaftliche* Angelegenheit, wenn in der psychanalytischen Theorie nichts anderes enthalten wäre oder – von Anhängern und Gegnern – in ihr gesehen würde, als was wir in unserer flüchtigen Skizze angedeutet haben. Es handelte sich dann einfach um eine psychologische Theorie über die Entstehung gewisser komplizierter psychischer Tatsachen. Der Streit darum wäre, wenn auch keine rein psychiatrische, so doch eine rein psychologisch-wissenschaftliche Angelegenheit.

Die Erfahrung lehrt aber, daß er mehr ist, – daß Motive und Fermente hineinspielen, die mit der reinen Wissenschaft nichts mehr zu tun haben, die vielmehr *Weltanschauungscharakter* tragen, die also ethischer, religiöser oder im engern Sinne philosophischer Natur sind. Wäre das nicht der Fall, so begriffe man zweierlei nicht: einmal das Prophetenbewußtsein vieler Psychanalytiker und die Glut, ja die Intoleranz, mit der sie ihre Anschauung verfechten und die oft stark an die Stimmung religiöser oder philosophischer Gesellschaften – um nicht zu sagen: Sekten – erinnert; man begriffe aber ebensowenig die Entrüstung, ja Wut der Gegner, noch die moralische Verachtung und beinahe inquisitorische Verfolgungstendenz, mit denen sie die Psychanalytiker zu strafen und ihre Lehre auszurotten trachten. Wo solche Erscheinungen – auf beiden Seiten – zutage treten, da handelt es sich niemals rein um wissenschaftliche Richtigkeit oder Unrichtigkeit einer Theorie, da handelt es sich stets um ethische *Wertungen,* die angegriffen und verteidigt werden. Solche Wertungen, *»praktische«* Überzeugungen, haben aber mit der empirischen Wissenschaft nichts zu tun; wo sie zu wissenschaftlichen Erkenntnissen oder andern theoretischen Erfahrungen hinzutreten, da entsteht vielmehr das, was wir *Weltanschauung* nennen, sei es mehr im umfassenden philosophischen oder mehr im religiösen oder mehr im moralischen Sinne.

Es ist auch nicht schwer, im Streit um die Psychanalyse diese Weltanschauungsmomente, d. h. diese überwissenschaftlichen Wertungen, nachzuweisen. Man wird ohne weiteres sehen, daß gerade sie den Kampf so hitzig und so bedeutungsvoll machen. Um es mit *einem* Wort zu sagen: es wird im Grunde nicht so sehr um ein wissenschaftlich-psychologisches *Verständnis* der Religion, der Moral, der Kunst gekämpft, – als um die *Bewertung* dieser Kulturfaktoren und der mit ihnen gegebenen Traditionen. Die Gegner der psychanalytischen Theorie, oder manche unter ihnen, *hassen* diese Theorie, weil sie in ihr einen Angriff auf Kulturwerte sehen, die ihnen traditionell und persönlich heilig sind. Sie *fürchten* vielleicht die Theorie, weil sie glauben, daß ihr Durchdringen die Religion und die Moral, ihre Würde und ihre unbedingte Geltung, zu zerstören geeignet wäre. Sie hören diesen Angriff und diese zerstörende Tendenz zwiefach aus der psychanalytischen Botschaft heraus. Einmal nämlich sträuben viele sich überhaupt gegen je-

den Versuch psychologischer Analyse des religiösen und moralischen Fühlens und Vorstellens und ihrer genetischen Zurückverfolgung bis zu den psychologischen Keimen. Sie sehen darin den Versuch, das Höchste, für sie absolut Gültige, zu einem Relativen, Nur-menschlichen, Empirischen und darum Vergänglichen zu degradieren, es aus einem normativen, schlechthin Gültigen zu einem gewissermaßen Menschlich-zufälligen, jedenfalls Bedingten zu machen. Womit dann natürlich der autoritative, absolute Charakter des Religiösen und Sittlichen verlorenginge. Es ist für diese Einstellung charakteristisch, was ich einmal einen Theologen sagen hörte: »Die Psychologie wird zur Gemeinheit, ja zum Verbrechen an jeder höheren Kultur, sobald sie sich an die Zergliederung und ›Erklärung‹ des Religiösen und Ethischen heranmacht; denn hier ist heiliges Land, dessen Heiligkeit geschändet wird, wenn man es wissenschaftlich zu erforschen trachtet.« – Dies ist das eine; es trifft natürlich nicht bloß die psychanalytische Theorie, sondern *jeden* Versuch psychologisch-wissenschaftlicher Durchforschung des religiösen und sittlichen Fühlens, d. h. also z. B. alle konsequente Religionspsychologie. Viele Gegner der Psychanalyse haben aber noch eine *spezielle* Veranlassung, sich gerade gegen die *psychanalytische* Form psychologischer Erklärung zu wenden. Sie liegt in der *Art*, wie die Psychanalytiker jene Kulturtatsachen genetisch verstehen. Die Gegner sind entrüstet, daß diese Tatsachen aus dem *Sexualleben* verstanden und aus ihm allein oder vorzüglich abgeleitet werden. Denn sie sehen darin eine *potenzierte* Degradation, eine Schändung des Höchsten durch seine genetische Verknüpfung mit dem, was sie als besonders niedrig und gemein, als allzu menschlich, ja tierisch und kulturell verderblich oder doch äußerst minderwertig zu betrachten gewohnt sind.
Diese und verwandte Motive sind es, welche die hier gemeinten Gegner in allererster Linie gegen die Psychanalyse oder doch gegen die psychanalytische Kulturtheorie aufbringen. Sie glauben die höchsten Werte in Gefahr entwertet zu werden. Sie sehen hinter der Psychanalyse gewissermaßen eine neue Religion und Moral, oder vielmehr die Absetzung aller Religion und aller – wenigstens aller autoritativen und absoluten – Moral, dazu eine Lehre, die das Tier im Menschen nicht nur anerkennt und gewähren läßt, sondern gewissermaßen zum Gott erhebt. – Es wäre interessant, festzustellen, ob oder inwiefern diese Gegner *richtig* sehen, oder inwiefern sie, mit dem Mißtrauen der in ihrem innersten Fühlen Verletzten, die Tendenzen der Psychanalyse übertrieben oder verzerrt schauen. Eine exakte Feststellung dieser Art wäre aber deshalb schwierig und langwierig, weil gerade in den letzten Weltanschauungstendenzen die Psychanalytiker stark auseinandergehen und weil die Theorie in ihren letzten Konsequenzen noch durchaus in Wandlung begriffen erscheint. Ich begnüge mich, hier zu bemerken, daß nach meinem Eindruck mindestens *manche* Psychanalytiker den Gegnern durchaus Anlaß gegeben haben, hinter der psychanalytischen Sexualtheorie die angedeuteten Weltanschauungstendenzen anzunehmen.

Ich möchte keine Einzelheiten noch Namen nennen, um dieser rein sachlichen Untersuchung nicht, wie es leider im schwebenden Streite immer wieder geschehen ist, einen persönlichen Anstrich zu geben. Aber kein Kundiger im einen oder anderen Lager wird folgendes leugnen: Es herrscht bei manchen Psychanalytikern durchaus die Meinung, daß eine Herleitung der religiösen und sittlichen Überzeugungen aus gewissen seelischen Elementartatsachen die absolute, autoritative, transzendente Bedeutung jener Überzeugungen zunichte machen müsse, – daß also die psychologische Wissenschaft mit ihren genetischen Erklärungen die Kompetenz besitze, zu entscheiden, ob eine ethische oder religiöse Überzeugung wirklich den absoluten Wert und die absolute Wahrheit habe, die sie sich selber zuschreibt, – oder ob es sich um etwas zwar vielleicht Schönes und »biologisch« Wertvolles, aber doch Nur-menschliches, ja Nur-individuelles handle, dem keine andere Bedeutung zukomme als eben diejenige einer vielleicht »lebensfördernden« Annahme, die aus Anlage und Schicksal zwar »notwendig« geworden, deren »objektive« Richtigkeit aber durch nichts garantiert sei. Auch diese Psychanalytiker schreiben also, genau wie ihre Gegner, der psychologischen Wissenschaft – sei sie psychanalytisch oder anders orientiert – Weltanschauungsbedeutung zu; sie glauben, daß Höchst-Überzeugungen durch wissenschaftliche Erkenntnis geschaffen oder zerstört werden können. Diesem Glauben entspricht dann bei ihnen, genau parallel zu der Angst oder Entrüstung der Gegner, jenes siegessichere Prophetenbewußtsein, das Jeden auszeichnet, der sich bewußt ist, Werte aufzustellen oder Wertungsweisen zu zerstören. Ja, man kann sich gelegentlich dem Eindruck nicht verschließen, daß auf psychanalytischer Seite – etwa wie bei »Kulturkämpfern« vom Schlage eines Feuerbach, Büchner, Haeckel oder Ostwald – eine gewisse Freude gerade am Zerstören traditioneller Absolut-Wertungen der Religion, der Moral, überhaupt der Weltanschauung vorwalte oder doch mitspiele. Eine Freude am Zerschlagen der Autorität, des Absolutheitscharakters, der sich als unbedingt und übermenschlich gebenden Normen. In diesem Hauptpunkte also fühlen die Gegner der oben geschilderten Art einen möglichen Hintergrund der psychanalytischen Theorie nicht unrichtig heraus.
Aber auch was speziell die Betonung des *Sexuallebens* betrifft, tun die Gegner den Psychanalytikern – oder einigen unter ihnen – sicher nicht durchaus Unrecht. Die Sexualität wird von beiden Parteien überaus wichtig genommen; sie spielt für beide eine sehr bedeutungsvolle Rolle, nur bei den Psychanalytikern mit positivem, bei den Gegnern mit negativem Vorzeichen. Beide sind der Meinung, durch die Theorie werden die Tatsachen der Frömmigkeit und Sittlichkeit nicht nur ihres »übernatürlichen« Charakters und ihrer übernatürlichen Bedeutung entkleidet, sondern gerade auf das »Natürlichste« des Natürlichen reduziert. Das eben erfüllt die Gegner mit Abscheu, – denn sie streben gerade über diese Art der »Natürlichkeit« hinaus als über eine ständige Versuchung und einen Feind der wahren Kultur

und Bestimmung des Menschen. Und dasselbe erfüllt die Psychanalytiker, die hier gemeint sind, mit Freude und Genugtuung; denn sie streben gerade vom Übernatürlichen weg zur »Natur«, die ihnen das Ursprüngliche und in erster Linie Wichtige und Wertvolle ist. Ob prinzipiell oder nur triebhaft, darauf kommt es hier nicht an. Man sieht, daß hier zwei sozusagen diametral auseinandergehende *Weltanschauungen* einander gegenüberstehen, nicht nur eine wissenschaftliche Theorie und ihre theoretische Ablehnung. Man sieht aber auch, daß die Gegner nicht falsch berichtet sind, wenn sie in der strittigen Theorie oder doch bei vielen ihrer Anhänger eine Tendenz zum Herabziehen – wie sie es auffassen – des Übernatürlichen, Heiligen ins Nur-natürliche, Profane – oder zur Schilderhebung eben des Naturhaften, Sinnlichen – sehen und wenn sie infolgedessen die Theorie gerade um dieser Tendenz willen hassen. Selbstverständlich aber ist mit diesen Feststellungen über die Hintergrundtendenzen nichts über die *wissenschaftliche* Wahrheit oder Falschheit der Theorie ausgesagt. Es ist nur gesagt, aus welchen konkurrierenden Gründen – Gründen der Weltanschauung – die Theorie von den Einen besonders emphatisch verteidigt, von den Andern besonders heftig bekämpft wird. Ob sie sich *wissenschaftlich* dauernd begründen oder wissenschaftlich überwinden läßt, das ist eine ganz andere Frage; ihre Entscheidung liegt nicht auf dem Felde religiös-moralischer oder antireligiöser und »naturmoralischer« Wertung. So wenig wie die Entscheidung über Stillstand oder Bewegung der Erde. Doch wir wollen nicht vorgreifen.

Wir lassen auch fernerhin die Frage nach der wissenschaftlichen Berechtigung der Theorie ganz auf der Seite. Was wir festgestellt haben, ist dies: Viele Gegner der Psychanalyse sehen in jener Theorie einen Angriff auf die absolute Geltung religiöser und ethischer Überzeugungen und einen Versuch zur Profanierung oder extremen »Vernatürlichung« von Tatsachen, die ihnen über jede bloße Naturbedeutung erhaben sind; und sie irren sich nicht durchaus, wenn sie derartige Tendenzen bei manchen Verfechtern der Theorie annehmen. Was aber vor allem wichtig ist: sie wie ihre Widersacher *glauben* an eine solche Tragweite der Theorie, sofern sie sich als richtig erweisen sollte. Sie glauben, daß nur eins von beiden richtig sein könne: entweder gewisse religiöse und moralische Überzeugungen – oder dann jene Theorie. Wenn die Theorie recht hat – so ist die Meinung auf beiden Seiten –, dann fällt der Absolutheitscharakter unserer bisherigen Kulturüberzeugungen dahin, dann ist es ferner um die »Würde« unserer – sagen wir einmal der christlichen – Moral geschehen. Wenn »alles« rein *psychologisch* begründet ist, dann ist alles eben nur-menschlich; wenn »Alles« gar aus der Sexualität stammt, dann ist eben alles »gemein«, zum mindesten – bloß »natürlich«. – Daß viele Gegner der Psychanalyse so denken, ersieht man außer direkten Äußerungen klar daraus, daß sie *von vornherein* gegen die Theorie Stellung nehmen oder genommen haben, bevor sie noch irgendeine Nachprüfung auf wissenschaftlichem Boden unternehmen konnten. Ihnen ist a priori gewiß: eine solche Theorie *kann* nicht richtig sein; denn wenn sie richtig wäre, dann wäre ja das Gewisseste und Höchste – Religion und Moral – ein leerer Wahn. Daß sie so denken, ersieht man aber auch an der ganzen Art der Polemik, nicht zuletzt aber an ihrer Erregtheit. Daß aber auch viele Psychanalytiker so denken, geht aus ganz analogen Symptomen hervor, auch wo es nicht direkt ausgesprochen wird. Wenn nicht auf beiden Seiten so gedacht würde, dann könnte der Streit gar nicht den Glaubens- und Bekenntnischarakter angenommen haben, den er tatsächlich besitzt, dann wäre es ein rein wissenschaftlicher Streit geblieben und würde mit rein wissenschaftlichen Mitteln ausgefochten werden; er ginge nur die Fachleute, die psychologisch Kompetenten, etwas an, und man könnte in Ruhe und mit rein wissenschaftlichem Interesse seinen Ausgang abwarten. Und dieser Ausgang müßte so oder so befriedigend sein, weil *jede* Entscheidung doch unsere wissenschaftliche Kenntnis vermehrte, uns also etwas gäbe, ohne uns an unserem kulturellen Besitzstand irgendwie zu schädigen.

Wie wir uns also a priori zu der ganzen Streitfrage zu stellen haben, hängt somit zu allernächst davon ab, ob jener Glaube an die Tragweite der Theorie, für den Fall ihrer Richtigkeit, zu Recht besteht oder nicht. Ist es so, wie die hier stets gemeinten Freunde und Gegner der Psychanalyse glauben, dann haben wir – die wir religiöse und ethische Überzeugungen besitzen, welche für uns mehr als natürliche und mehr als relative Bedeutung haben – das zentralste Interesse am Ausgang des Kampfes und zwar am Unterliegen, d. h. an der Nichtbewahrheitung der psychanalytischen Theorie. Dann ist auch für uns der Kampf ein Kampf um das Höchste, um den Herd unserer Weltanschauung. Ist aber jener Glaube der Kämpfenden ein Wahn, hat also die psychanalytische Theorie in Wirklichkeit nicht die Kompetenz (in Anbetracht der Weltanschauung), die ihr zugeschrieben wird, nun, dann können wir geduldig abwarten oder mitsuchen, dann bleibt es eine wissenschaftliche Streitfrage wie eine andere auch, deren Entscheidung so oder so uns recht sein kann.

Die prinzipielle Entscheidung über die Tragweite der psychanalytischen Theorie – immer vorausgesetzt, daß sie wissenschaftlich richtig sei oder sich als richtig erweisen werde – ist aber offenbar abhängig von der Lösung der allgemeineren Frage: welche Kompetenz *überhaupt* wissenschaftlichen (speziell psychologischen) Erkenntnissen in Anbetracht der Weltanschauung, genauer der religiösen oder ethischen Überzeugung, zukomme. Diese allgemeine Frage wollen wir zunächst so kurz als möglich zu beantworten suchen; die Ausführungen darüber können kurz sein, da man die Frage eigentlich nur klar zu stellen braucht, um die Antwort sozusagen sofort zu sehen. Wir fragen also: Wohnt einer wissenschaftlichen Erkenntnis – sei sie vorläufig nur Theorie oder ausgemachte Wahrheit – die Kompetenz inne, religiöse und ethische Wertungen oder Anschauungen irgendwie zu beeinflussen, zu zerstören oder zu schaffen? Die Antwort kann nur negativ ausfallen. Denn entweder hat Jemand religiöse (oder ethische) Überzeugungen, – oder er hat keine. Im letzteren Fall wird ihm keine Erkenntnis irgendwelche derartigen Überzeugungen verschaffen; wir wissen ja wohl allgemein, daß auf dem Wege der Wissenschaft – auf theoretischem Wege – weder religiöse noch moralische Gesinnung entsteht. Wenn es so *scheint*, so sind immer andere Faktoren – »praktische« Wertungen – ausschlaggebend. – Vermag aber wissenschaftliche Erkenntnis keine »praktische« Überzeugung zu schaffen, so vermag sie anderseits auch keine zu zerstören oder zu alterieren, wo sie vorhanden ist. Denn diese Überzeugungen ruhen auf bestimmten Wertungsweisen, und die Wissenschaft hat mit Werturteilen nichts zu schaffen. Wissenschaft lehrt uns Tatsachen der sinnlichen und logischen Erfahrung kennen. Aber sie lehrt uns nicht, wie wir uns wertend zu ihnen zu stellen haben. Sie entscheidet nicht, ob etwas schön oder häßlich, gut oder böse, heilig oder unheilig sei. Diese Kategorien gehören ihr überhaupt nicht an. So sagt uns Wissenschaft zwar, welche Tatsachen empirisch für unser Handeln gegeben seien; sie belehrt uns über das *Material* der möglichen Handlungen. Aber sie sagt uns nicht, nach welchen obersten Grundsätzen wir handeln sollen, welches die letzten gültigen Ziele unseres Verhaltens sein sollen. Ebensowenig belehrt sie uns eines andern, wenn wir bestimmte Normen bereits haben. Oder geht irgendwie aus irgendeiner Wissenschaft hervor, ob das Gebot der Wahrheit, als Prinzip gedacht, »richtig« oder »falsch« sei? Sie kann uns zwar – wie schon die tägliche Erfahrung – zeigen, daß Wahrhaftigkeit unter Umständen gefährlich sei oder »inopportun« oder wie man's nennt. Aber das ist gar keine *ethische* Frage, das berührt nicht die sittliche *Überzeugung*, sofern sie überhaupt vorhanden ist. Und Analoges gilt von jeder *religiösen* Überzeugung, sofern sie diesen Namen mit Recht trägt. Religiöse Überzeugung ist überall eine praktische (nicht theoretische, demonstrierbare oder beweisbare) Gewißheit von Gott und seinem Verhältnis zum Menschen. Sie bewegt sich in einer Sphäre, die außerhalb derjenigen der Wissenschaft liegt. Gewiß macht sich der Fromme leicht ein *Bild* von der Art, wie Gott nun in der Welt wirkt, und dieses Bild ist natürlich von seiner Kenntnis der empirischen Welt beeinflußt. Dieses Bild kann deshalb durch wissenschaftliche Entdeckungen auch verschoben werden, – aber das hat doch mit der religiösen Überzeugung nichts zu tun. Wer überzeugt ist, daß *Gott* die Welt schafft und leitet, der mag durch wissenschaftliche Einsicht von der primitiven *Vorstellung* abkommen, daß Gott die Welt in sechs Tagen geschaffen habe und daß er sie gesetz- und regellos führe. Aber was ändert die veränderte *Vorstellung* von der Art und Weise des göttlichen Waltens an der religiösen Überzeugung, *daß* er waltet und daß *er* waltet? – Genug: Wissenschaft gibt empirische Tatsachen; Religion aber heißt eine bestimmte Art, diese Tatsachen zu *werten* und zu *deuten*. Wissenschaft sagt, wie etwas in der empirischen Wirklichkeit *sei*; Moral aber heißt eine bestimmte Überzeugung davon, wie es sein *solle* und wie wir also im Prinzip handeln müssen. Wissenschaft weist Material und damit mögliche Wege des Handelns; die ethische Überzeugung allein aber weist die letzten Ziele. Dies Verhältnis sollte klar sein, und deshalb sollte es ebenfalls klar sein, daß wissenschaftliche Erkenntnis zwar das Weltbild und die empirischen Möglichkeiten des Handelns (aber des guten wie des bösen) modifizieren kann, niemals aber die grundlegenden religiösen und ethischen Überzeugungen selber.

Wenden wir diese prinzipielle Einsicht auf den speziellen Fall der umstrittenen psychanalytischen Theorie an! Wenn wirklich unsere Kultur zuletzt aus Kräften des Sexuallebens hervorgegangen ist – nehmen wir einmal die Richtigkeit der Theorie an –, was wird denn durch diese Entdeckung geändert? Kann dann nicht mehr *Gott* der Schöpfer und Lenker der Kultur sein? Kann er nicht mehr der gute Gott sein, der Vater seiner Kinder? Wenn es nun in seinem Willen lag, den gefährlichsten aller Triebe gleichzeitig zum fruchtbarsten zu machen? Welcher Fromme wollte darüber mit ihm rechten? Könnte sich nicht gerade darin seine weise Güte zeigen, die will, daß wir Menschen *kämpfen* sollen, um »höher hinauf« zu kommen? Oder verlieren etwa ethische Überzeugung und moralisches Wollen ihre Überzeugungskraft oder ihren Wert, wenn es wahr wäre, daß sie bei uns Menschen auf dem Boden jenes Triebes gewachsen wären? Wäre soziale Arbeit z. B. weniger wertvoll oder das Prinzip der Nächstenliebe weniger erhaben, wenn es sich herausstellen sollte, daß Grundsatz und Wollen sich empirisch, für den Einzelnen, aus dem Triebleben erst heraus entwickeln mußten? Ich meine, praktische Überzeugungen haben durch ihr bloßes Dasein absolute Geltung. Wie sie *empirisch* »geworden« sind, hat dabei gar nichts zu sagen. Für jeden Frommen z. B. ist seine religiöse Überzeugung eine Wahrheit, die unter allen Umständen von Gott selber stammt, mag der *Weg* der »Offenbarung« so oder anders beschaffen sein. Mose erschien Gott im Feuerbusch, Hosea mußte durch die Untreue seines Weibes hindurch, um seine Hand zu erkennen; sollte es wirklich für den Frommen unmöglich sein, sich vorzustellen, daß – die Richtigkeit der Theorie immer vorausgesetzt – jeder Einzelne durch die Sehnsüchte des Sexuallebens hindurch müsse, um dereinst, gerade durch »Sublimierung« dieser Sehnsüchte, das Organ für die religiösen Gewißheiten zu gewinnen oder zu schärfen? Oder würde die Gewißheit weniger gewiß, wenn sie empirisch und individuell erst auf diesem »Umwege« erlangt werden könnte. Ist das Gold geringeres Gold, wenn es erst aus dem Schlamme des Flusses gewaschen werden muß? Oder besitzt unsere wissenschaftliche Chemie weniger Wahrheitswert, weil sie sich aus den unklaren Wünschen und Machenschaften der Alchimisten entwickelt hat?

Damit ist sowohl das spezielle Bedenken wegen des »unreinen« Ursprungs der Kultur, wie das allgemeinere Bedenken wegen der psychologischen »Erklärung« des religiösen und ethischen Fühlens, überhaupt des Kulturbewußtseins, eigentlich erledigt. Denn Niemand wird doch leugnen wollen, daß jedes »höhere« kulturelle Fühlen nicht von Anfang an fertig da war, sondern sich eben entwickeln mußte. Daß diese Entwicklung eine innere, seelische sein muß, ist ebenso selbstverständlich. Auch wer die religiösen und ethischen Wahrheiten als Offenbarungen empfindet – und jeder Religiöse wird das tun –, der weiß doch, daß nur derjenige Offenbarungen erleben kann, der innerlich dafür vorbereitet und »reif« ist. Er kann sich also im Prinzip nicht dagegen sträuben, eine innere »Erziehung« des Menschen anzunehmen, die ihn erst fähig machen müßte, das als Überzeugung zu erleben, was nun seine ethische oder religiöse Überzeugung ist. Dann kann es aber auch weder widersinnig noch verboten sein, den Wegen dieser Erziehung – das ist nur ein anderer, nämlich religiöser, Name für »Entwicklung« – nachzugehen und seine Etappen womöglich aufzudecken. Auch seine »Anfänge« im individuellen Seelenleben, – soweit man eben jemals von Anfängen sprechen darf. Durch solche genetische Forschung wird ja weder der *Wert* der fertigen Überzeugung, noch ihr göttlicher Ursprung irgendwie angetastet. Vom Wert haben wir bereits gesprochen. Aber auch was den Ursprung betrifft, so vermag ja alle Wissenschaft höchstens die für unsere Wahrnehmung erste, rudimentäre Erscheinung feststellen, soweit sie empirisch vorhanden ist. Im Falle der psychanalytischen Theorie also den Sexualtrieb. Aber es ist und bleibt – auch wenn sich die Richtigkeit der Theorie jemals nachweisen ließe – für den Frommen selbstverständlich, daß dann eben dieser Trieb seinerseits gottgewollt und zugleich von Gott selber mit den inneren Möglichkeiten für seine nachmalige gewaltige Mission ausgestattet worden ist. Denn jede Entwicklung setzt selbstverständlich die *Fähigkeiten* dieser Entwicklung in dem, was sich entwickeln soll, voraus. Jede Entwicklung ist eben Ent-wicklung. Die Theorie kann nicht annehmen, daß der Sexualtrieb »von selber« zu so hohen Leistungen gekommen sei; es müssen alle diese Leistungsmöglichkeiten potentiell von Anfang an in ihm vorhanden angenommen werden. So wird das Dasein und das Sosein des Triebes selber zum ersten »Wunder«, d. h. zu einer Tatsache, die empirisch zwar vielleicht zu konstatieren, aber nie empirisch zu »erklären« ist. Das ist doch nachgerade eine Selbstverständlichkeit, daß jede empirische Erklärung zuletzt nicht mehr weiter kann, weil keine Erklärung mehr ist als ein Konstatieren von Tatsachen und Folgen, und weil es keiner Wissenschaft einfallen kann, den tieferen Grund entdecken zu wollen, warum *überhaupt* Tatsachen und Folgen vorhanden sind. Das ist eben eine religiöse und religiös-ethische Angelegenheit. Darin liegt aber auch eingeschlossen, daß nicht nur das Dasein und das So-sein des angenommenen Grundtriebes – oder seiner notwendigen Prämissen – der *religiösen* Deutung Spielraum läßt und sie geradezu herausfordert, – sondern auch, daß die angenommene Tatsache der Entwicklung im letzten Grunde für die empirische Wissenschaft ein absolutes Rätsel bleibt. Indessen wollen wir diese Selbstverständlichkeit hier nicht weiter ausführen. Es sollte ja nichts anderes dargetan werden als dies: daß die genetisch-psychologische Herleitung irgend einer Überzeugung weder die *Geltung* dieser

Überzeugung beeinflussen, noch die Gewißheit ihres überempirischen, göttlichen Ursprungs antasten kann.
Die Sache steht also so: Sollte sich – worüber wir bisher überhaupt nicht diskutiert haben – die psychanalytische Theorie in der Wissenschaft durchsetzen oder, wie man sagt, »bewahrheiten«, so wäre trotzdem nicht der geringste Grund vorhanden, für die Haltbarkeit religiöser oder ethischer Überzeugungen und Weltanschauungen zu fürchten. Das ist eine Tatsache, die für Freunde wie Gegner der Theorie gleicherweise beherzigenswert erscheint. Für die Gegner, damit sie nicht eine wissenschaftliche Frage mit einer religiös-ethischen verwechseln, damit sie weder Angst vor der Theorie haben, noch sich a priori darüber entrüsten; – für die Freunde aber, damit auch sie nicht jene Verwechslung vollziehen, damit sie nicht in den Wahn verfallen oder in dem Wahne verbleiben, sie könnten religiöse oder moralische Wahrheiten alterieren oder Weltanschauung schaffen mit der allerschönsten Theorie. Wir meinen, diese Theorie werde – schon als Theorie, die sie heute noch ist – von Freunden und Gegnern in einer Weise überschätzt, die jeden in Erstaunen und Betrübnis versetzen muß, der um die Tragweite wissenschaftlicher Erkenntnisse und um ihr Verhältnis zu den Zentren der Weltanschauung Bescheid weiß. Und diese falsche Einschätzung stört dann die ruhige und der echten Wissenschaft allein würdige *Untersuchung* der schwebenden Frage.
Und das ist es nun eben, was wir jetzt hoffentlich klar einsehen: es handelt sich um eine rein *wissenschaftliche* Frage, wenn wir alle jene falschen Ansprüche und Befürchtungen abstreichen. Jetzt *kann* man die Frage wissenschaftlich ins Auge fassen; vorher konnte man es nicht. So wie der Streit heute noch geführt wird, ist er kein wissenschaftlicher, sondern ein Streit um Weltanschauungen. Die psychanalytische Theorie ist wieder einmal dazu mißbraucht worden, als Fahne in einem Kulturkampf ausgehängt zu werden, der sie im Grunde gar nichts angeht, so wenig, wie sie ihn. An dieser Theorie prallen die alten Gegensätze aufeinander, hier religiöse, dort naturalistische Weltauffassung, hier absolute Ethik, dort ethischer Relativismus und Naturalismus. Die Theorie aber wird von vielen ihrer Freunde und vielen ihrer Gegner mit dem Naturalismus in Beziehung gebracht, als ob sie im Fall ihrer Stichhaltigkeit geradezu ein *Beweis* für den Naturalismus sei. Aber der Affekt, die Leidenschaft für und wider die naturalistische Weltanschauung, hat die beiden Streitenden blind gemacht. Sie vermögen nicht zu sehen, daß an und für sich die Theorie für keine der beiden Weltanschauungen, noch gegen eine von ihnen spricht, daß ihre Tragweite so weit auf keinen Fall geht. – Wir müssen in diesem wie in andern Fällen lernen, zwischen praktischer Überzeugung und wissenschaftlicher Erkenntnis (oder Theorie) zu trennen. Die psychanalytische Theorie gehört nicht notwendig zum ethischen Naturalismus, so wenig wie die Anschauung, die Sonne drehe sich um die Erde, notwendig zur christlich-religiösen Überzeugung gehört. Sie verträgt sich im Grunde ganz ebenso gut mit jeder

wirklich religiösen und wahrhaft ethischen Weltauffassung. Man kann religiös und moralisch auf dem Standpunkt des Naturalismus stehen und kann trotzdem die Theorie ablehnen, und man kann Gegner des Naturalismus sein und trotzdem der Theorie zuneigen.
In alle Zukunft werden sich Naturalisten und ihre Gegner auf religiösem und ethischem Gebiete gegenüberstehen; dieser Streit ist eine persönliche Angelegenheit und durch keinen Fortschritt der Wissenschaft zu schlichten. Aber wir sollten endlich einmal so weit kommen, die Sache, um die wir kämpfen, rein und klar zu erkennen und nicht Dinge in den Kampf zu ziehen, die nicht dazu gehören, weil sie auf einem ganz anderen Felde liegen. Die Wissenschaft aber ist gerade dasjenige Gebiet, auf welchem die religiösen und moralischen Wertungen ausgeschaltet sind, welches in diesem Sinne neutral sein soll, und auf welchem es gilt, *zusammen* zu arbeiten, wes Geistes Kinder wir im übrigen seien. Man kann es einem religiösen Menschen nicht verdenken, wenn er sich vom Naturalisten und seiner ganzen Weltauffassung abgestoßen fühlt; aber das ist doch kein Grund, sich von vornherein ablehnend gegen irgendeine wissenschaftliche Möglichkeit zu verhalten. Es ist selbst dann kein Grund dazu vorhanden, wenn diese Möglichkeit oder diese Theorie von Anfang an aus dem Lager des Naturalismus verkündet wird; denn eine wissenschaftliche Möglichkeit hat mit der Weltanschauung nichts zu tun und muß auf alle Fälle *wissenschaftlich* geprüft werden. Wenn aber ihre Verfechter sie laut oder leise als Stütze ihres Naturalismus verwenden, – nun, so wollen wir andern, die wir den Naturalismus auf allen Gebieten grundsätzlich ablehnen, nicht in denselben Fehler verfallen. Wir haben dann vielmehr zweierlei zu tun: einmal müssen wir unseren Freunden und Gegnern klar zu machen suchen, daß Wissenschaft und Weltanschauung zweierlei ist, auf daß man die *wissenschaftliche* Frage sauber herauszulösen imstande sei; und dann müssen wir *wissenschaftlich* prüfen, was an der Theorie sei und was nicht. Diese Enthaltsamkeit von der Einmischung der Wertungen ist freilich nicht immer leicht; aber wer sie nicht über sich bringt, taugt eben nicht zu dem, was man im strengen Sinne Wissenschaft nennt.
Angenommen nun, Naturalisten und ihre Gegner wären sich über die Dinge klar, zu deren Klärung wir hier beitragen wollten, was bliebe dann vom Streit um die psychanalytische Theorie übrig? Zunächst fielen alle falschen Ansprüche, dann aber auch die ganze hetzerische und unwürdige Art, wie der Streit nicht selten von beiden Seiten geführt wird, vollkommen weg. Man sähe mit nüchternen Augen, was eigentlich vorliegt: eine zunächst paradoxe Theorie, die es noch näher zu untersuchen gilt, die aber so oder so Sache reiner Wissenschaft ist. Jeder der bisherigen Kämpfer würde seinen religiösen und ethischen Standpunkt behalten, würde ihn aber nicht mehr sich in die wissenschaftliche Kontroverse mischen lassen. Die Verfechter der Theorie kämen sich nicht mehr als Propheten einer neuen Weltanschauung und Überwinder einer »veralteten« religiösen oder

ethischen Auffassung vor, ja es könnten getrost gerade auch Vertreter dieser »alten« Auffassung ein Verhältnis zu der Theorie gewinnen, sofern ihnen als Forschern die Tatsachen dafür zu sprechen scheinen. Gegnerschaft gegen die Theorie wäre nicht notwendig für diejenigen, denen religiöse und supranaturalistische Weltauffassung am Herzen liegt, und wer die Theorie aus wissenschaftlichen Gründen ablehnt, würde nicht allein deswegen als Verteidiger irgendeiner religiös-ethischen Tradition angesehen werden können. Das Feld wäre frei für die unbefangene *wissenschaftliche* Diskussion, die wir bisher mit geringen Ausnahmen vermissen; und es könnten sich daran mit derselben Unbefangenheit Bekenner verschiedener Weltanschauungen beteiligen.

Dies aber wäre gerade wünschenswert. Denn wenn auch die wissenschaftliche Forschung von den genannten Wertungsweisen sich nicht beeinflussen lassen *soll*, so bleibt ein solcher Einfluß de facto doch selten ganz aus. Ohne es zu wollen, *sieht* man die Dinge leicht so, daß sie einem »passen«. Beteiligen sich aber Forscher von verschiedener Weltanschauung, so wird jeder durch die andern auf derartige Beeinflussungen aufmerksam gemacht werden, d. h. er wird das, was er sieht, durch die Resultate der andern kontrollieren können. Vorausgesetzt ist freilich, daß die wissenschaftliche Ehrlichkeit vorhanden sei; sonst weist man eben die Kontrolle von vornherein ab, und dann haben wir wieder die alte Situation des »Glaubenskampfes«. Es wäre aber doch sehr zu wünschen, daß wir in der strittigen Frage zu einer rein wissenschaftlichen, objektiven Lösung kämen. Das aufgeworfene Problem – Bedeutung des Sexuallebens für die Entwicklung des Individuums und der Kultur – ist auf alle Fälle wichtig, nicht nur für den, den sexuelle Dinge *als solche* anziehen. Wir alle, und die Pädagogen unter uns vielleicht am besten, wissen, wie schlecht wir noch über die verschlungenen Pfade des werdenden Seelenlebens und damit über die Möglichkeiten und möglichen Hindernisse gerade der Erziehung unterrichtet sind. Wer da Licht hineinbringen will, sollte immer willkommen sein, und man sollte unter Psychologen keine Mühe scheuen, *wirklich* Licht verbreiten zu helfen. Es ist ja sehr wohl möglich, daß die psychanalytische Sexualtheorie nicht die Wahrheit oder nicht die volle Wahrheit trifft; aber darüber eben müssen wir Klarheit bekommen, und deshalb müssen wir ihre Behauptungen unbefangen prüfen.

Ich finde, es würde diesen bis jetzt doch wohl rein sachlichen Ausführungen in den Augen vieler Leser etwas fehlen, wenn ich nicht noch in Kürze wenigstens andeutete, wie ich mich *persönlich* zu der Streitfrage stelle. Es gehört zwar nicht zur Sache, aber ein Schweigen darüber könnte mißverstanden werden. Was also zunächst den Naturalismusstreit – der mit der psychanalytischen Theorie als solcher nichts zu tun hat – betrifft, so halte ich jede Kultur und Weltanschauung, die keinen religiösen, supranaturalen, absoluten und normativen Hintergrund hat, für armselig und eigentlich wertlos, – und dasselbe gilt vom *ethischen* Naturalismus, der keine absoluten Verpflichtungen kennt, welche über alles triebhafte Gefallen und Mißfallen hinausgehen; kein »Eudämonismus« verdient den Namen einer ethischen Überzeugung. Und bei der Erziehung unserer Kinder dürfen wir dies niemals vergessen, ohne ein Verbrechen an ihnen zu begehen. Das ist nun rein praktische Überzeugung und kann wissenschaftlich weder bewiesen noch widerlegt werden. – Nun aber zur *wissenschaftlichen* Frage nach der Wahrheit der psychanalytischen Sexualtheorie. Zunächst gestehe ich, daß ich damit nicht »fertig« bin. Sodann bin ich aber schon jetzt überzeugt, daß in der fraglichen Theorie viele richtige Beobachtungen verwertet sind, und daß sie Hinweise enthält, die nicht von vornherein abgewiesen werden dürfen. Endlich könnte ich trotzdem der Theorie als ganzer nicht zustimmen, und zwar aus wissenschaftlichen Gründen. Sie scheint mir vor allem zu einfach zur Erklärung dessen, was sie erklären soll, sie ist nach meinen Erfahrungen, die hier nicht ausgeführt werden können, einseitig und geht nicht tief genug. Die Sexualität ist für mich nicht *der* Grundtrieb, der in Frage kommt, sondern von Anfang an nur eine bestimmte Modifikation des Ineinanderwirkens von *zwei* tieferen und umfassenderen Grundtendenzen. Wo die Sexualität als solche bestimmend scheint, ist sie vielleicht in den meisten Fällen nur die am meisten in die Augen springende *Begleiterscheinung* einer dahinterstehenden Verwicklung von Tendenzen, die sich *auch* in der Sexualität manifestieren. So bin ich überzeugt, daß die kulturwichtigen Phänomene des Erlebens nicht aus der Sexualität abgeleitet werden können, sondern daß die Erscheinungen des Sexuallebens *samt* allen andern psychischen Größen (auch denen, welche die psychanalytische Theorie nur als Derivate der Sexualität betrachtet) aus tieferliegenden Tendenzen verstanden werden müssen, die sich bekämpfen und vereinigen und die so das komplizierte Gewebe des aktiven Erlebens »hervorbringen«. Es geht an dieser Stelle nicht an, diese Ideen weiter auszuführen und zu begründen. Die Fundamente dazu sind in meinem Buche über »Wissenschaft und Philosophie«, Bd. II, enthalten (»Die Elemente des praktischen Erlebens«). Das aber möchte ich auch hier nicht verschweigen, daß ich gerade den Forschungen der psychanalytischen Schule und vor allem ihres Begründers mit die wertvollsten psychologischen *Anregungen* verdanke.

DOKUMENT NR. 2
Arthur Liebert (1932)

a) (Rezension von S. Freud, »Die Zukunft einer Illusion«, 91 S., 1927, Internationaler Psychoanalytischer Verlag Leipzig, Wien, Zürich)
b) (Rezension von S. Freud, »Das Unbehagen in der Kultur«, 136 S., 1930, Internationaler Psychoanalytischer Verlag, Wien)
in: Kantstudien, Bd. 37, 1932, S. 192-195

a)
Dieses Büchlein dient der Beantwortung der Doppelfrage: Woher stammen die religiösen Vorstellungen? Und welches ist ihr besonderer Wert? Die Antwort erfolgt unter den – recht eingeschränkten – Gesichtspunkten und Bedingungen der Psychoanalyse, die hier keineswegs nur als »eine Forschungsmethode, nur als ein parteiloses Instrument, wie etwa die Infinitesimalrechnung« (S. 59) auftritt, sondern an der Weltverbesserung und Menschenerziehung, so wie sie diese beide Begriffe und Entwickelungen versteht, tatkräftig mitzuarbeiten sucht. Dabei gelten ihr die religiösen Vorstellungen kurzerhand als Illusionen, ohne daß ein Unterschied zwischem dem primitiven Glauben wilder Naturvölker und dem reinen Erlösungsgedanken etwa des Buddhismus oder des Christentums gemacht wird. Illusion ist für Freud ein Glauben, wenn sich in seiner Motivierung die Wunscherfüllung vordrängt. »Das Geheimnis ihrer Stärke ist die Stärke ihrer Wünsche« (S. 47). Die religiösen Vorstellungen sind »aus demselben Bedürfnis hervorgegangen wie alle anderen Errungenschaften der Kultur, aus der Notwendigkeit, sich gegen die erdrückende Übermacht der Natur zu verteidigen. Dazu kam ein zweites Motiv, der Drang, die peinlich verspürten Unvollkommenheiten der Kultur zu korrigieren« (S. 32 u. ö.). Das Erlebnis der Hilfe, die das Kind bei seinem irdischen Vater gefunden hat, führt oder verführt zu der Erdichtung eines himmlischen Vaters, der um so viel mächtiger als der leibliche nun auch seinen »Kindern« einen um so mächtigeren Schutz angedeihen lassen wird. Dabei bekunden die religiösen Vorstellungen jene bedrohliche Ambivalenz, die der Mehrzahl der übrigen, unter dem Druck der Angst erzeugten Vorstellungen innewohnt, sie fördern und helfen ebensosehr, wie sie schaden und den Menschen seelisch bedrücken. Danach wäre die Religion »die allgemein menschliche Zwangsneurose, wie die des Kindes stammte sie aus dem Ödipuskomplex, der Vaterbeziehung« (S. 70). Auch dieser Neurose gegenüber könne und werde die Psychoanalyse ihre heilende Kraft betätigen; sie würde dazu beitragen, »daß die Menschheit diese neurotische Phase überwinden wird« (S. 86). Es ist die offen ausgesprochene Absicht von Freuds Schrift, an dem Versuch zu einer irreligiösen Erziehung sich zu beteiligen. Die Herrschaft der Religion lasse die Herrschaft einer der unheimlichsten Neurosen andauern; die Gefahr für die Kultur hält an, »wenn man ihr gegenwärtiges Verhältnis zur Religion aufrecht hält« (S. 56). Die Gesundung könne nur von der fortschreitenden wissenschaftlichen Aufklärung kommen: »Je mehr Menschen die Schätze unseres Wissen zugänglich werden, desto mehr verbreitet sich der Abfall vom religiösen Glauben« (S. 62). – Diese kurze Wiedergabe der Hauptgedanken der vorliegenden Schrift wird ein Bild der Naivität und des naiven Rationalismus geboten haben, mit denen Freud eines der verwikkeltsten und schwierigsten Probleme der Kultur anpackt. Es braucht nicht hervorgehoben zu werden, daß die psychoanalytische Methode nicht ausreicht, um auch nur in den *religiösen* Sinn des Problems einzuführen. Wer

Ludwig Feuerbachs Religionsphilosophie und Religionspsychologie kennt, kennt die – auch hier nicht geglückte – Ableitung der religiösen Vorstellungen aus dem Bedürfnis nach Wunschbefriedigung. Wer die rationalistische Religionsbehandlung der Aufklärung kennt, weiß um die primitive Überzeugung jener Aufklärer, die da meinten, die Wissenschaft an die Stelle der Religion setzen bzw. die Religion durch die Wissenschaft ersetzen zu können. Über den Standpunkt dieser längst bekannten Auffassungen bzw. Erwartungen führt Freuds Schrift keinen Schritt hinaus. Dabei sind die Unhaltbarkeit dieser Auffassungen und die Sinnwidrigkeit dieser Erwartungen schon hundertmal dargetan worden. Ein Verfahren, das – unter Umständen – für eine Krankheitsbekämpfung angebracht ist, ist noch keine angemessene Methode zum Begreifen der Kultur. Freud verkennt bei seinen kulturpsychologischen und kulturgeschichtlichen Betrachtungen den Sinn des Kulturbegriffes, indem er von Anfang an als medizinischer Diagnostiker und Therapeut an das Problem herantritt und überall da Krankheiten feststellt, wo es sich tatsächlich nur um eine Freudsche Krankheitsillusion handelt.

Berlin. Arthur Liebert

b)

Wie sehr uns die Kultur zum ›Problem‹ geworden ist, im Gegensatz etwa zu der bequemen Selbstzufriedenheit des 18. Jahrhunderts, ist auch aus der vorliegenden anregenden Schrift des berühmten Begründers der Psychoanalyse zu ersehen. Dabei bemüht Freud sich in wissenschaftlicher Vorurteilslosigkeit, weder einer Verherrlichung noch einer Verurteilung der Kultur das Wort zu reden, wenngleich in seinen Ausführungen dennoch ein pessimistischer Ton unüberhörbar mitklingt. Begreiflich bei dem Standpunkt Freuds, der für das natürliche Recht der Triebe eintritt und sie einer möglichst unvoreingenommenen Rechtfertigung zu unterziehen trachtet. Der Grund- und Hauptgedanke des Buches, das eine Art von Fortsetzung der Schrift »Die Zukunft einer Illusion« darstellt, prägt sich in der häufig wiederkehrenden Behauptung aus, daß unsere Kultur auf einem gewaltsamen Triebverzicht aufgebaut ist und gerade die Nichtbefriedigung, die Unterdrückung und Verdrängung von mächtigen Trieben zu ihrer Voraussetzung hat (z. B. S. 59, 86, 100 u. ö.). Nun richte sich jedoch die Kraft gerade der stärksten Triebe auf die Erfüllung des allen Menschen eingeborenen Verlangens nach Glück, mag dieses Verlangen in dem Drang nach Befriedigung der geschlechtlichen Lust oder einer anderen Lust bestehen. Die Kultur biete dem Menschen dafür als Ersatz vor allem Sicherheit und Ordnung. Ob Sicherheit und Ordnung und die zu ihnen gehörigen Lebensformen aber wirklich so hohe Werte bedeuten, wie allgemein angenommen werde, bleibe zweifelhaft. Was wir an Sicherheit eingetauscht hätten, das wäre uns als Glücksmöglichkeiten abhanden gekommen. »Wenn die Kultur nicht allein der Sexualität, sondern auch der Aggressionsneigung des Menschen (nach Freud: der lustbetonten oder lustverwirklichenden Entfaltung der Libido) so große Opfer auferlegt, so verstehen wir es besser, daß es dem Menschen schwer wird, sich in ihr beglückt zu finden. Der Urmensch hatte es in der Tat darin besser, da er keine Triebeinschränkungen kannte« (S. 86). Die Kultur strafe die Auflehnung bzw. die Verstöße gegen ihre Ordnungen durch die Erweckung eines ›Schuldgefühls‹ und durch den Schmerz, den das ›Gewissen‹ in den Menschen erzeuge. Aber gerade dadurch finde eine Minderung des Glücksgefühls statt. So wüte in dem Hintergrunde der Kultur der furchtbare Kampf zwischen dem Drang nach erotischem Ausleben und dem Zwang zu bedrückender Einschränkung und Vernichtung des Menschlich-Natürlichen, des Menschlich-Allzumenschlichen. Es ist der Kampf zwischen Eros und Todestrieb, der den ganzen Kulturprozeß kennzeichne, wie Freud in äußerster Zuspitzung formuliert. Da die Kultur uns die Befriedigung der libidinösen Wünsche versage oder einschränke, so käme es in ihr zur Entstehung jener seelischen Krankheiten, die man als Neurosen bezeichnet. »Die Symptome der Neurosen sind wesentlich Ersatzbefriedigungen für unerfüllte sexuelle Wünsche« (S. 125). Und die unabwendbaren Folgen aller dieser Behinderungen unseres Triebsystems, aller jener Zurückweisungen der natürlichen Aggressionen des Menschen durch die Kultur seien nun jene gefühlsmäßigen Reaktionen, die Freud als das tiefe ›Unbehagen‹ in der Kultur bezeichnet. – Die allgemein bekannten Eigentümlichkeiten der psychoanalytischen Betrachtungsweise treten auch in der vorliegenden Schrift scharf hervor, die ihren Vorgängerinnen gegenüber vielleicht nur insofern eine Weiterführung der Freudschen Methode bedeutet, als sie den »Versuch zur Übertragung der Psychoanalyse auf die Kulturgemeinschaft« darstellt und eine Art von Vorläuferin für eine »Pathologie der kulturellen Gemeinschaften« sein will (S. 134). So wird hier noch stärker und deutlicher als in den Schriften »Totem und Tabu« (1912) und »Die Zukunft einer Illusion« (1927) die ältere, mehr individualpsychologische Betrachtung ausgebaut zu einer mehr sozialpsychologischen und kulturgeschichtlichen Methode, die weniger den Einzelmenschen als vielmehr ganze Gruppen und Zeitalter des Geistes zu deuten unternimmt. Allerdings machen sich damit auch beinahe noch stärker und deutlicher als früher die Einseitigkeiten und Gewaltsamkeiten jener Methode bemerkbar. Gewiß beruht der Erfolg in der Anwendung wissenschaftlicher Gesichtspunkte immer auf einer gewissen Strenge und Ausschließlichkeit; die Pflicht zur Konstruktion gehört zum Wesen der Erkenntnis. Aber es herrscht wohl kein Zweifel darüber, daß die Psychoanalyse in dem Verfahren der Konstruktion zu weit geht, daß sie neben relativem Recht und relativer Fruchtbarkeit die Kraft der ihr eigenen Deutungsformen überspannt. Daraus ergibt sich notgedrungen die viel zu große Einfachheit ihrer Erklärungen, eine Einfachheit, die schon bis ins Primitive geht.

Das offenbart sich mit belehrender Deutlichkeit an der viel zu einfachen, jedes tiefere geschichtliche Problem außer acht lassenden geschichtsphilosophischen Deutung, die Freud der Entwicklung der Menschheit zuteil werden läßt. Diese Art von naturwissenschaftlich-medizinischem Denken wird dem ungeheuer verwickelten Sachverhalt der Kultur nicht gerecht, ja, sie erfaßt nicht einmal das Problem der Kultur als solches. Sie nivelliert seinen Gehalt und die Tiefe seines Sinnes und gleitet an der Dialektik dieses Sinnes vorbei. Sie ist in zwiefacher Beziehung der Ausdruck eines Naturalismus, der zu einem inneren philosophischen Verständnis und zu einer geschichtsphilosophischen Deutung der *Idee* der Kultur nicht ausreicht, nämlich eines Naturalismus in methodischer und eines Naturalismus in metaphysischer und weltanschaulicher Hinsicht. Und es ist nun der vielleicht interessanteste Zug an dieser Form des Naturalismus, daß er bei allem anerkennenswerten Bestreben, seinen Erklärungen und Deutungen eine möglichst große Lebensnähe und Lebenswahrheit zu sichern, doch in eine lebensferne Spekulation gerät, die in ihrer Unbekümmertheit um die Natur des zu erfassenden Tatbestandes hinter den Spekulationen eines extremen Idealismus nicht zurückbleibt. Ist es denn so über allen Zweifel erhaben, daß nur der Kulturmensch, also derjenige Mensch, der Verzicht in der erwähnten Weise geleistet hat, »Unbehagen« verspürt? Sollten nicht hundert innere und äußere Umstände auch oder vielmehr gerade dem primitiven Triebmenschen ein tiefes »Unbehagen« verursachen? Die Maßlosigkeit und Unbeherrschtheit seiner Begierden mußten einen Rückschlag in seinem Innern hervorrufen, der nicht anders denn als ›Unbehagen‹ spürbar wurde und in Furcht- und Angstgefühlen mannigfachster Art zum Ausdruck gelangte. Die Psychoanalyse ist letzten Endes gar nicht bloß die Methode, in der sich eine rein positivistische Geisteshaltung niederschlägt, sie ist auch der Ausdruck einer einseitigen naturalistischen Lebensmetaphysik und einer naiv-biologistischen Philosophie.

Berlin. Arthur Liebert.

DOKUMENT NR. 3
Graf Hermann Keyserling (1924)

(»Heilkunst und Tiefenschau«, in: Der Weg zur Vollendung, H. 8/9, 1924, daraus S. 12-25)

Hiermit gelange ich denn zur Frage des Wertes der Psychoanalyse für den strebenden Menschen. Wenn schon das Problem jedes Kranken ein rein persönliches ist, was besagt, daß das lebendige Zentrum des Sinneszusammenhangs, den jeder Einzelne darstellt, unter allen Umständen oberhalb aller allgemein vorkommenden Mechanismen liegt – es kommt darauf an, was sie im gegebenen einzigen Fall bedeuten –, so gilt gleiches erst recht von der geistig-seelischen Persönlichkeit. Der analytische Tatbestand als solcher, und sei er noch so unbezweifelbar festgestellt und medizinisch bestimmt, enthält an sich noch nichts, was über den geistigen Wert und damit den eigentlichen Lebenswert ein Urteil erlaubte. Diese Erkenntnis leitet nun unmittelbar zu dem Haupteinwand über, welcher den meisten heutigen Analytikern gemacht werden muß, einen Einwand, dessen Triftigkeit mir dadurch allein erwiesen scheint, daß *alle* Analytiker ohne Ausnahme, die sich zu meiner früheren Behandlung seiner (auf S. 12ff. von Heft 6 dieser Mitteilungen) geäußert, durch ihre Reaktion gezeigt haben, daß gerade hier ihr Hauptkomplex sitzt: er fällt mit der Warnung zusammen, zu viel zu analysieren, weil dadurch Wertvolles zerstört werden könne. Auf die eigentümliche Ähnlichkeit mancher vorgebrachten oder aus dem Gesagten als letztlich gemeint herauszulesenden Argumente (daß, was weganalysiert werden könne, eben kein Wert war, daß eine »richtig durchgeführte« Analyse niemals schaden könne, daß die Analyse notwendig zugleich die Synthese sei, daß doch niemand zum Analytiker käme, welcher nicht reif wäre, daß es um die Frauen, denen Aufklärung geschadet, oder die Männer, deren Gelöstheit Schaden gestiftet hätte, oder die, welche durch diese wiederum geschädigt wurden, eben nicht schade sei) mit denen fanatischer Gläubiger will ich nur flüchtig hinweisen; der Mann des vorwiegend wissenschaftlichen Interesses ist als Arzt gar zu leicht Vivisektor, und dieser der seelische Bruder des Inquisitors; auch die Tatsache möchte ich gerade nur berühren, daß das Verhalten einiger Analytiker, von denen mir erzählt ward, nur dadurch zu erklären scheint, daß die Analyse ihnen Selbstzweck ist und nicht der Kranke, somit einen Sport bedeutet, und daß das Insistieren anderer auf dem Vorhandensein bestimmter Komplexe »trotz allem« kaum eine andere Deutung zuläßt als die, daß die betreffenden aus vorgefaßter Meinung keiner Folter scheuen, bis daß ein noch so unwahres Geständnis erpreßt ist. Der wahre Sachverhalt liegt – ich führe hier in etwas anderen Worten noch einmal aus, was schon im vorigen Aufsatz ausgesprochen war – folgendermaßen: Analyse ist aus zwei allgemein zu bestimmenden Gründen ein höchst gefährliches Instrument: erstens, weil jede Persönlichkeit einen ganz bestimmten Sinneszusammenhang darstellt, der mit dem Sosein seiner Elemente steht und fällt; zweitens, weil das Durchschauen eines Sinnbildes dieses grundsätzlich zerstört. Hieraus folgt einerseits gewiß, daß der Starke und Überlegene das allermeiste verträgt und in Symptomen sich äußernde Fehler durch Analyse am besten zu beseitigen sind. Hieraus folgt andererseits aber, daß der Schwache bestimmte Ein- oder Ausblicke nicht vertragen mag – und die meisten, die an Analyse zu denken Anlaß haben, sind in irgendeiner Hinsicht schwach. Wenn jede Persönlichkeit das, was sie darstellt, in Funktion eines ganz bestimmt-begrenzten Zustandes ist, so stellt ein Mädchen, welchem man vorzeitigen Einblick in die Abgründe des Trieblebens gab, sofern es ein Erlebnis auslöste, die Person nicht mehr dar, welche sie war; ob sie ein Besseres wird, hängt ausschließlich davon ab, ob sie einen neuen seelischen Zusammenhang zu schaffen weiß – wie solchen das normale Liebeserlebnis selbsttätig auslöst –, der das dem früheren nicht Assimilierbare sich einzubilden vermag. Grundsätzlich kann der Analytiker genau so Traumen schaffen wie der berühmte Schreckeindruck des Kindesalters; es ist nicht wahr, daß nur früheste Erlebnisse dauernde Störungen auslösen. Die Frage ist hier wie überall, was einer an Einsicht *verträgt.* Wer jemand seinem derzeitigen Zustand Unerträgliches zumutet, der muß gleichzeitig den Zustand zu verändern, das heißt eine neue Persönlichkeitssynthese zu schaffen wissen – dies aber ist (hier greife ich später Auszuführendem vor) nicht die Aufgabe des Analytikers, sondern des geistigen Führers, der als solcher an eine geistige Wirklichkeit, welche oberhalb alles Analysierbaren liegt, glauben muß. Wenn die Analytiker, die dies verkennen, nicht längst durch Erfahrung ad absurdum geführt erscheinen, so hängt dies damit zusammen, daß solche in der Mehrzahl der Fälle nur mit richtiger Krankheit zu tun haben, deren Heilung meist vom ursprünglichen Zusammenhang her möglich ist. Aber was ich im Auge habe, ist ein Wesentlicheres als Krankheit: die Schönheit einer Seele, das heißt ihre innerliche, von richtiger Proportioniertheit abhängige Wohlgestalt. Und sehr, sehr viele, durch Analyse medizinisch vielleicht Geheilte sind durch sie seelisch häßlich geworden, denn sie haben ihren ganzen inneren Halt verloren. Deshalb hört man wieder und wieder seitens solcher Ärzte, welche die Verantwortung des Seelenführers fühlen, davon berichten, daß Analyse ein Seelengefüge aufgelöst und einen Menschen damit seelisch herabgemindert hätte. Solche Unglückliche kann nur ein wissender Führer neu zusammenschließen und auf ein höheres Niveau bringen. Daß dies unter allen Umständen selbsttätig geschähe, ist nicht wahr – nur dort ist, noch einmal, die Analyse zugleich Synthese, wo das Gesamtniveau sich die neuen Inhalte ohne weiteres eingliedern kann. Hier liegt denn auch das Problem, warum jeder schöpferische Mensch sich vor zuviel Analyse scheut. Ich sagte: ein durchschautes Symbol ist eben damit tot. Goethes »Fischer« läßt sich wie wenige Gedichte auch analytisch deuten, und diese Deutung trifft unter anderen ganz sicher zu. Aber hätte Goethe sein herrliches Gedicht geschrieben, wenn die analytische Deutung ihm, gar als einzig mögliche, bekannt gewesen wäre? Ganz sicher nicht. Und an dem Kunstwerk liegt gewißlich mehr als an seiner Triebgrundlagendeutung. Der schöpferische Kern des Menschen ist ein überaus zartes, empfindliches, leicht vergrämtes Wesen. Er ist, wie dies unter Analytikern meines Wissens allein Beatrice Hinkle einigermaßen erfaßt hat, recht eigentlich ein anderer Mensch im Menschen, dessen Lebensbedingungen ähnliche sind wie die des Fötus im Mutterleib. Jede vorzeitige Belichtung des Werdens kann hier tödlich wirken. Wenn das Verredete, weil Ausgesprochene, sich in allen Fällen vom Menschen ablöst und seine Bildungskraft im Menschen verliert (vgl. »Erscheinungswelt und Geistesmacht« in *Philosophie als Kunst)*, so muß die Grundbedingung der Analyse, nämlich daß alles sofort auszusprechen sei, vom Schöpfer-Standpunkt unmittelbar als Hinrichtungsaufmachung empfunden werden.

Was geht es den Schöpfer, das heißt das Wesen, für das allein das empirische Ich im Fall des Künstlers lebt, denn an, wenn dieses an nervösen Störungen leidet, zumal wenn diese auf jenen anregend wirken? Diese Erwägung ergänzt eine weitere: zum großen Schriftsteller vollendet sich erfahrungsgemäß nur der psychologische Typus, dessen Anlage bedingt, daß er schreiben muß, um selbst zu wissen, wie denn wohl alle Kunstschöpfungen in diesem Sinne, medizinisch betrachtet, Lösungen innerer Schwierigkeiten in der Vorstellungswelt bedeuten; nur wer aus persönlichen Gründen auf bestimmte Weise schaffen *muß*, hat jemals Großes geschaffen. Hierzu geben die Analytiker selbst das lehrreichste Beispiel ab. Die Berufenen unter diesen sind, soweit ich sehe, lauter solche Individuen, die im Analysieren anderer eigene Konflikte abreagieren. Mir scheint es nun durchaus kein Zufall, daß die Bahnbrecher der Analyse – relata refero – nicht *oder* doch nicht annähernd vollständig analysiert sind und gegen Analyse ihrer Person die gleiche Abneigung gezeigt haben wie andere Künstler. Und in diesem Zusammenhang ist die Bemerkung vielleicht nicht uninteressant, daß Freud persönlich, soweit ich urteilen kann, alle Anzeichen eines typischen Adlerschen Falles aufweist, weshalb es wohl keinen Zufall bedeutet, daß er als ersten Häretiker eben seinen Schüler Alfred Adler abgespalten hat... Soll der psychologische Typus des produktiven Menschen wirklich verschwinden, damit das Dogma der Analytiker bestätigt bleibt? Ich denke nicht. Schon Buddha wußte, daß Denken das Triebleben tötet. Er war insofern der erste Analytiker. Er war jedenfalls der beste Erkenntniskritiker von allen bisherigen, insofern er lehrte, daß ein belichtetes Dunkel eben kein Dunkel mehr ist, das heißt zu sein aufhört. Insofern Buddha nun den Menschen sich aus aller Erscheinung hinauszudenken lehrte, mag er wohl Größeres gepredigt haben als das Evangelium des Künstlertums. Der Analytiker, welcher das höhere Leben weganalysiert, auf daß das niedere desto bewußtseinsbetonter bliebe, kann gleiche Überlegenheit für sich nicht in Anspruch nehmen[1].

Eine Psychoanalyse, welche die Triebwurzeln freilegt, ist eben unter allen Umständen ein tiefer operativer Eingriff; und ein solcher erscheint, grundsätzlich gesprochen, auch auf seelischem Gebiete dann allein berechtigt, wenn er notwendig ist und der Patient ihn ganz gewiß verträgt. Schon deshalb allein darf niemals tiefer und auch nicht längere Zeit hindurch analysiert werden, als zur Wiederherstellung des alten Gleichgewichtes oder zur Begründung eines höheren unvermeidlich ist. Eine Blinddarmoperation bedeutet oft die Rettung, aber man schneidet nicht zugleich den ganzen Darm auf und pflügt keinesfalls jahrelang weiter im Unterleib herum. Und hier gelange ich denn zur Kunst des Arztes zurück. *Nur* der kann helfen, der die erforderliche Neu-Synthese von sich aus von vornherein intuiert und seine Fragen, Anregungen, Vorschläge dergestalt disponiert, daß sie von sich aus, als Reaktive, die Synthese einleiten. *Und nur der wiederum vermag dieses, dem Erschaffung der neuen Persönlichkeit, also der geistigen*

Einheit oberhalb aller Elemente, einer Einheit, welche als solche die Krankheit erledigte, bewußtes Ziel ist. Wer hier keinerlei Initiative beweist, sondern, der Theorie entsprechend, lediglich bewußt macht, hilft keinem, der nicht auch ohne diesen Arzt genäse, denn was die Krankheit schafft oder erhält, ist ja gerade der Wille zu ihr, das heißt das Festhalten am gestörten Gleichgewicht. Tatsächlich handelt auch kein Arzt der Theorie gemäß. Durch seine Deutungen lenkt unbewußt auch der, welcher sich selbst rein passiv dünkt, denn jede Deutung erfindet doch eben er. Aber viele Analytiker behaupten noch immer, daß sie den Patienten gar nichts suggerieren. Und damit behaupten sie Unwahres, weil Nichtsuggerieren in der gegebenen Situation technisch unmöglich ist. Dies erweist schon die eine Erwägung, daß es ein Bewußtmachen ohne implizites Deuten nicht gibt und keine Deutung je als die einzig mögliche gelten kann, *auch vom Patienten-Standpunkt nicht,* daß es sich also überall und ausnahmslos um einen Auswahlvorgang handelt. Der Wert des Arztes bemißt sich nun ganz danach, *wie* er diesen einleitet und durchführt. Er muß erkennen, welche Richtungen unter den unendlich vielen, in denen sich die Seele auslebt, die wesentlichen sind, welche Bilder und Einfälle in bezug auf Vergangenheit und Zukunft *bedeutsam.* Und hieraus folgt wiederum, daß noch so unbewußte Intuition unter allen Umständen den Fragen und Deutungen die Richtung weist, denn jeder Arzt will doch etwas erreichen und erfüllt damit wenigstens theoretisch die obige Forderung. Wer nun aber das Wesentliche nicht richtig erkennt und nicht so auszudrücken weiß, daß es als Reaktiv wirkt, der kann nur durch Zufall helfen, im Sinn der ersten Betrachtungen dieses Aufsatzes, insofern er *überhaupt* anregt oder überrascht, und das beweglich gewordene Unbewußte nun von selbst die erforderlichen Prozesse vollendet. Es mag sein – Groddeck behauptet es –, daß beim Arzte, der nur einen früheren psychophysischen Gleichgewichtszustand wiederherstellen will, ein verstehendes Folgen (das aber seinerseits Intuition voraussetzt, denn Verstehen ist schon Schaffen!) dem Eigenwillen des Unbewußten oft genügt, da der Kranke ja gesund werden will und insofern grundsätzlich weiß, was er braucht, und nur der Unterstützung bedarf. Wo geistig-seelische Höherentwicklung in Frage steht, genügt es sicher nicht. Hier kommt alles darauf an, was ich die »magische Formel« heiße – und daß meine Auffassung gerade an diesem Punkte auf ihren zweiten energischen Widerstand seitens der Analytiker gestoßen ist, betrachte ich wiederum als Beweis dessen, daß ich den eigentlich wunden Punkt berührt habe. Gemäß dem Korrelationsgesetz von Sinn und Ausdruck (siehe *Schöpferische Erkenntnis,* S. 69) kann nur der genau entsprechende Ausdruck einem neuen Sinn zur Wirklichkeit verhelfen. Schon bei der richtigen Diagnose, deren entscheidende Rolle keiner anzweifelt, handelt es sich eben um dies. Gleiches gilt aber in noch weit höherem Grade dort, wo ein neuer Sinn im anderen bewußt und insofern wirksam gemacht werden soll. Auf die ungeheure Bedeutung des richtigen Wortes bei der Suggestion wies ich schon öfters hin:

das Unbewußte folgt den Direktiven des Bewußtseins so genau, daß der geringste Fehler im Ausdruck die schwerwiegendsten Folgen nach sich zieht. Aber beim »Lösen« oder »Auslösen« handelt es sich um genau das gleiche. Nur der findet lösende Worte, der aus der Intuition heraus handelt, was gerade in dem Fall gesagt werden muß, um im Unbewußten des anderen eine gewollte Neuorganisation hervorzurufen. Wer unter Analytikern dies nicht anerkennen mag, der scheut eben die Verantwortung. Und die ist beim Analytiker genau so schwerwiegend wie beim suggestiv behandelnden Arzt, weil jedes Wort, sofern es überhaupt aufgenommen wurde, suggestiv wirkt. Deshalb gilt in bezug auf die Psychoanalyse unter anderem das folgende: Wer aus dogmatischen Voraussetzungen heraus in der Seele des anderen etwas finden will, was nicht da ist oder doch nichts oder wenig bedeutet, der *macht* es eben wirklich. In einem Sinneszusammenhang spiegelt eines immer das andere, deshalb ist jede Deutung grundsätzlich möglich, macht jede angenommene Akzentuierung diese notwendig wirklich. Daß eine Deutung »einleuchtet«, beweist eben deshalb noch lange nicht ihre Richtigkeit: keine *kann* jemals ganz falsch sein. Insofern hat so mancher Analytiker recht eigentlich die Rolle der Circe gespielt. So bedeutet der »Widerstand gegen die Analyse« in überaus vielen Fällen den Widerstand gegen das Schwein, das im Arzt sitzt und in das er nun auch sein Opfer verwandeln will. Mit dem Begriff des Widerstandes ist es überhaupt eine eigene Sache: so zutreffend er, richtig verstanden, sei – wieder und wieder wird er so verwendet, daß der Arzt unter allen Umständen recht behält; wenn jemand analytische sogenannte Wahrheiten nicht anerkennen kann, so bedeute dies eben Widerstand gegen die Analyse; wenn einer bestimmten Suggestionen des Arztes zu folgen außerstande ist, gleichfalls. Und kann es denn nicht vorkommen, daß der Arzt eine falsche Richtung in seiner Forschung einschlägt, welche der Kranke aus Selbsterhaltung abweisen muß?

Hier wäre ich denn schon mitten drin in der Betrachtung der Hauptgefahr, welche psychoanalytische Behandlung verkörpert. Eine Synthese überträgt sich ausschließlich durch Suggestion (so wie ich deren Begriff im Kapitel »Der Weg« der *Schöpferischen Erkenntnis* bestimmt habe). Insofern der Arzt notwendig, was immer er behaupte, auf Synthese aus ist, überträgt er zwangsläufig, in höherem oder geringerem Grade, die Synthese, die seinen Geist bestimmt, zugleich mit der, die er im Patienten schaffen will; dies geschieht schon wegen der »Übertragung« im technischen Verstande und dem Hingabeverhältnis, in das sich jeder Kranke, welcher zum Arzt geht, selbstverständlich begibt. Ist sein persönlicher Einfluß nun ein ungünstiger, oder legt er den Nachdruck im Patienten falsch, so *muß* er ihn verbilden. Erweist sich dieser als stark genug, um den ärztlichen Einfluß zu vertragen, so ist dies sehr erfreulich, ändert aber nichts an dem Problem und nimmt dem Analytiker nichts von seiner Verantwortung. Und hier läßt sich der allgemeine Satz verfechten, *daß jeder Analytiker schädigend wirken muß, der in seiner Weltanschauung den Hauptnachdruck auf das Triebleben legt* und darauf hinarbeitet, auch im Bewußtsein des Patienten den Nachdruck auf dieses zu legen. Gewiß spielt das Triebleben die Hauptrolle nicht allein bei allen ernstlichen Erkrankungen, sondern auch als Wurzel alles höheren Lebens; aber dieses fällt mit jenem nicht zusammen. Um im Zusammenhang richtig zu funktionieren, muß es vielmehr dort bleiben, wo die Natur seine äußeren Ausdrucksmittel placiert hat, d. h. unten und im Verborgenen. Alle Kulturvölker aller Zeiten haben in der Verkehrung dieses Verhältnisses Schamlosigkeit und Sünde gesehen. Insofern nun der Analytiker-Einfluß diese Verkehrung auslöst, ist er unmittelbar gemeingefährlich.

Wenn der Analytiker also gefährlich ist – soll man ihn deshalb ganz meiden? Und nach dem Ratschlage mancher, wo Analyse erforderlich erscheint, Selbstanalyse treiben? Letzteres ist erst recht zu widerraten, und zwar aus drei prinzipiellen Gründen. Deren erster ist allbekannt: nur Unbefangenheit tut gut, Nicht-Betonen der Krankheit allein führt zu beschleunigter Heilung. Wer sich zu sich nun dauernd so einstellt, wie der Analytiker dem Patienten gegenüber, auf die Bedeutung jeder Regung, jedes Wortes achtend, der praktiziert eine extremste Form der Hypochondrie. Die sich hieraus ergebende Gefahr ist aber größer als jeder zeitweilige Vorteil, weil Selbstanalyse beinahe so leicht wie das Morphium zur Gewohnheit wird. – Deren zweiter fällt mit der Gefahr zusammen, die in der Akzentverlegung des Bewußtseins auf das Triebleben liegt. Wer bei sich selbst dauernd darauf aufpaßt, was sein Geistes- und Seelenleben vom Trieb-Standpunkte aus bedeutet, der verlegt seine normale Bewußtseinsebene zwangsläufig in die Unterwelt hinab, und ich habe noch keinen gesehen, den diese Technik, lang genug betrieben, nicht veroberflächlicht hätte. Der dritte und wichtigste der Gründe, welcher gegen die Selbstanalyse spricht, hängt mit dem Zweck der Analyse, der Herstellung einer neuen Synthese, zusammen. Diese ist nämlich ein richtiger lebendiger Schöpfungsvorgang. Und zu solchem gehören, wie die Welt nun einmal geordnet ist, zwei. Das normale Wachstum verläuft allerdings ohne Neu-Befruchtung. Wo indessen Beschleunigung desselben oder gar ein Dimensionswechsel in Frage steht, dort tritt das Polaritätsgesetz in Kraft. Es gibt nun einmal einen Menschheitskosmos[2], der Einzelne steht wesentlich nicht allein; nur aus diesem Grunde führt innere Vereinzelung beinahe zwangsläufig zur Neurose, ist solche in den meisten Fällen durch bloße Belebung des Gemeinschaftsbewußtseins zu heilen. Deshalb setzt jeder Schöpfungsvorgang Anregung voraus. Dementsprechend halten alle tieferen Selbstvervollkommnungssysteme den geistigen Führer für völlig unumgänglich, deutete die Katholische Kirche das Verhältnis zwischen jenem und dem von ihm Geführten mit vollem Recht als echtes Verwandtschaftsverhältnis. Wer für sich allein meditiert, kommt auch genau nur insoweit vorwärts, als er ein Höheres über oder in sich innerlich anerkennt, zu dem er sich durch geeignete Mittel in Beziehung setzt – denn das Verhältnis von Ich und Du besteht nicht allein nach außen, sondern auch nach innen zu, zwischen den verschiedenen Schichten möglichen Bewußtseins. Polarisierung ist in diesem Zusammenhang das schlechthin Wesentliche, völlig Unumgängliche. Von hier aus betrachtet bedeutet Selbstanalyse nun genau das gleiche wie Selbstbefriedigung, als welche, ohne notwendig zu schaden, keinesfalls neues Leben schafft, denn sie führt aus der Ich-Sphäre keinesfalls hinaus. Auch mit der Synthese, die aus dem sinnvollen Zusammenwirken von Analytiker und Analysand gegebenenfalls entsteht, wird recht eigentlich ein Kind gemacht. Nein, Analytiker als Beherrscher bestimmter Techniken sind durchaus notwendig, und wir sollen uns nicht davor scheuen, uns im geeigneten Augenblick von solchen helfen zu lassen. Der Satz »Arzt, hilf dir selber« entspricht grundsätzlichem Mißverstehen. *Aber vom Analytiker ist unbedingt zu verlangen, sofern er sich nicht beim Unterleibs-Technischen strikt bescheiden* will, was er in Wahrheit gar nicht kann, da es in der Seele keine abgeschiedenen Organe gibt, *daß er persönlich über der Analyse stehe* und somit die persönliche Garantie gibt, daß er mit seinem Können keinen Schaden stiftet. Es muß aus moralischen Gründen völlig ausgeschlossen sein, daß ein Analytiker analoge Fehler begeht, wie der Beichtvater, der an der Hand von Liguoris Moraltheologie durch Fragen die Seelen verdirbt. Es muß aus Erkenntnisgründen ausgeschlossen sein, daß er nur das Triebleben als wirklich anerkennt und dadurch die, die sich ihm anvertrauen, herabzieht. Der Analytiker muß als erster anerkennen, daß es den nicht-suggestiv beeinflussenden Analytiker nicht gibt, und daß dieser daher nicht weniger, sondern noch mehr Verantwortung trägt, wie der Beichtvater, weil seine Einstellung noch größere Gefahren in sich birgt. Das heißt aber: *der bisherige Analytiker muß zu bestehen aufhören und ganz in den des geistigen Führers aufgehen,* dessen Typus die Menschheit seit Jahrtausenden kennt und dessen Grundeigenschaften zumal alle Kirchen als Grundforderungen seit eben so langer Zeit bestimmt haben. Wie komme ich, als Ergebnis, zu einer so radikalen Forderung? Sie ist leider akut, weil überaus viele heute der Einbildung leben, der Analytiker sei an sich schon der geistige Führer, ja in ihm erlebe der Erlöser-Typus gar seine zeitgemäße Wiederverkörperung. Diese Einbildung bezeichnet eins der größten und verderblichsten Mißverständnisse aller Zeiten. Wer mir bis hierher aufmerksam gefolgt ist, der braucht nur die folgenden kurzen Sätze zu meditieren, um den Zusammenhang vollständig zu verstehen. Eine neue Synthese zu schaffen vermag, gemäß dem früher Ausgeführten, der allein, welcher das Ganze vor den Teilen schaut, vom Ganzen her das Einzelne ordnet, das heißt hier: wer persönlich *über* der Analyse steht. Gilt dies vom heutigen Analytiker-Typus? – Weiter: jede Persönlichkeitssynthese ist ein geistiger Zusammenhang. Kann der wohl von sich aus eine neue Synthese schaffen, für den es im Menschen kein Jenseits des Analysierbaren gibt, wo jeder geistige Führer zwangsläufig seinen eigenen Glauben überträgt? Endlich: kann der, welcher am Leben nur das Triebhafte bemerkt und als wirklich anerkennt, eine Synthese einleiten, deren Mittelpunkt im Spirituellen läge? Es ist dies rein technisch unmöglich. Der Integrationsprozeß der Seele, den der Analytiker einzuleiten vermag, kann freilich Gesundheit schaffen; er kann auch die Persönlichkeit als solche erweitern, insofern er das Triebleben, wo dieses verdrängt ward, ins Bewußtsein zurückbezieht. Über das normale Bewußtsein, nach der Tiefe hin, hinausführen kann er aber weniger als alle anderen Menschen,und dies ist das eine Ziel, auf das alle Selbstvervollkommnung hinstrebt. Der Analytiker im heutigen Verstande ist wesentlich *nicht* geistiger Führer. Er ist sogar unmittelbar Verführer, wo er mehr anstrebt, als Nervenarzt zu sein. Deshalb, noch einmal, muß er als Typus sterben. Vom heutigen Analytiker darf nur der Techniker bestehen bleiben. Möglichst bald muß es endgültig dahin kommen, daß nur der berufene geistige Führer, der das Freudsche Instrument nicht anders verwendet, wie der gewissenhafte Arzt das Messer, zur Analyse für berechtigt gilt.

Anmerkungen

1 Vgl. hierzu den sehr interessanten Aufsatz Paul Dahlkes über Psychoanalyse in »Die Brockensammlung« S. 65 (Neubuddhistischer Verlag, Frohnau bei Berlin).

2 Vgl. meine Tagungsvorträge *Weltanschauung und Lebensgestaltung* im *Leuchter* 1924.

DOKUMENT NR. 4
Theodor W. Adorno (1927)

(»Der Begriff des Unbewußten in der transzendentalen Seelenlehre«, in: Gesammelte Schriften Bd. 1, Frankfurt 1923, S. 79-322, daraus S. 314-322)

Wie sich die empirische Erkenntnis der unbewußten Tatbestände im einzelnen vollzieht, wieweit sie möglich ist und wieweit der Gang solcher Erkenntnis in Übereinstimmung mit den analytischen Prinzipien der transzendentalen Erkenntnistheorie sich vollzieht, wird im dritten Kapitel dargetan. Als angemessene Methode zur Erkenntnis der unbewußten Tatbestände sehen wir die *Psychoanalyse* an, wir wählten sie gerade, weil sie in besonderem Umfang den Forderungen der transzendentalen Methode entspricht, dann aber auch, weil sie allein von allen psychologischen Disziplinen auf die Analyse des innerzeitlichen Bewußtseinszusammenhanges sich richtet. Wir verstehen sie, unter Ausschluß aller therapeutischen Absichten sowohl wie aller biologischen Hypothesen, als Analyse des Bewußtseinszusammenhanges zur Erkenntnis von Gesetzmäßigkeiten und einzelnen Tatbeständen dieses Zusammenhanges, soweit sie unbewußt sind. Sie stimmt zunächst in ihren Grundbegriffen mit der transzendentalen Methode überein, ist gleich jener gegründet auf die Voraussetzung der Einheitlichkeit und Gesetzmäßigkeit des Bewußtseinsverlaufs; rekurriert auf den Erlebniszusammenhang selbst, um diese Gesetzlichkeit darzutun, und bedient sich zur Erkenntnis des Unbewußten der einfachen Erinnerung als letzten Ausweises. Sie ist wie die transzendentale Methode wesentlich Analyse des Zusammenhanges, geht von dem Ganzen auf die Teile. Sie stimmt aber auch in ihren inhaltlichen Befunden wesentlich mit den Ergebnissen der transzendentalen Untersuchung des Unbewußten zusammen. Mit der Forderung, daß alle Erlebnisse einen Sinn haben, spricht sie nicht allein aus, daß alle Erlebnisse notwendig der Einheit des Bewußtseinsverlaufs zugehören, sondern auch, daß die Zugehörigkeit der Erlebnisse zu dieser Einheit sich auf Grund der symbolischen Funktion konstituiert. Sie rückt damit den Begriff des Symbols in das Zentrum ihrer Methode, und die Herstellung einfacher Symbolbeziehungen ist überall ihr Ziel. Indem zugleich der »Sinn« der Erlebnisse für die Psychoanalyse ein Unbewußtes ist in der nämlichen Bedeutung, in der wir den Begriff des Unbewußten zu bestimmen trachteten, und indem dieser Sinn zugleich die Bedeutung eines Gesetzes für das Auftreten gegenwärtiger und zukünftiger Erlebnisse hat, operiert die Psychoanalyse mit einem Begriff des *psychischen Dinges*, der dem unseren völlig äquivalent ist. Die Erkenntnis der unbewußten Tatbestände vollzieht sich als Erkenntnis eben der Gesetzmäßigkeiten, die meine gegenwärtigen Erlebnisse und die Erwartung zukünftiger bestimmen. Sie geht dabei, wie die transzendentale Analyse, aus vom gegenwärtigen Erlebnis, vom Phänomenalen, und sucht durch Erinnerung den gesetzmäßigen Zusammenhang herauszustellen, in dem meine gegenwärtigen mit vergangenen Erlebnissen und in dem die vergangenen untereinander stehen. Unsere Disjunktionen des Begriffs des Unbewußten, den wir in unbewußte reale und unbewußte ideale Inhalte zerlegten, kehrt in der Psychoanalyse als Unterschied von Vorbewußtem und Verdrängtem wieder. Entsprechend unterscheidet Freud zwischen derzeit unbewußt und dauernd unbewußt. Schließlich bildet die Psychoanalyse angesichts der Tatsache, daß unsere psychologische Erfahrung prinzipiell nicht als vollendet gegeben angenommen werden kann, einen Grenzbegriff des schlechthin Unbewußten, den wir indessen der Kritik unterwerfen müssen, zumal er die naturalistische Hypothese eines unbewußten Wissens als phylogenetischen Gutes der Menschheit mit sich bringt. Der psychoanalytische Begriff des dauernd Unbewußten dagegen hat keinen weiteren Geltungsumfang als der des beharrlichen räumlichen Dinges auch; dies dauernd Unbewußte ist ein Gegenstand im Kantischen Sinne. Die gesetzmäßigen Zusammenhänge der psychischen Dinge untereinander vereint Freud in der Lehre von der psychischen Dynamik, in der wir nichts anderes erkannten als eine Lehre von der psychischen Kausalität im transzendental geklärten Sinne. Insofern diese Kausalität nicht etwa die freien Willenshandlungen auflöst, sondern auf die unmittelbaren Gegebenheiten rekurriert, denen ja die Willenshandlungen zuzählen, und allein die Zusammenhänge des unmittelbar Gegebenen unter sich zu befassen sucht, ergibt sich, daß die Psychoanalyse nicht notwendig auf deterministische Konsequenzen geraten muß. – Wir können hier nicht die einzelnen Resultate unserer Untersuchung des Verhältnisses von Transzendentalphilosophie und psychoanalytischer Methode wiederholen, sondern beschränken uns darauf, allein die allgemeinen Richtlinien unserer erkenntniskritischen Behandlung der Analyse nachzuzeichnen.

Es bleibt uns übrig, nach alldem einen raschen Blick auf den *Zweck* unserer Arbeit zu werfen. Zwar mit der Lösung der Erkenntnisaufgaben, die sie sich stellte, hätte sie als wissenschaftliche Untersuchung ihren Zweck bereits erfüllt. Aber daß wir uns gerade diese Erkenntnisaufgaben stellten und keine anderen, ist doch kein Zufall. Wir halten das Problem des Unbewußten für besonders wichtig. Nicht bloß darum, weil die Rede von Unbewußtem ebenso verbreitet wie konfus ist und als trüber Restbestand einer vergangenen Metaphysik der Tilgung bedarf. Sondern weil wir glauben, daß die Beliebtheit gerade dieses Begriffes und seine Konfusion zugleich tieferer zeitgeschichtlicher Notwendigkeit entspringt. Die Rede vom Unbewußten bleibt ja auch nicht auf die vage Konversation beschränkt, sondern spielt in Wissenschaften ihre große Rolle. Wir denken dabei nicht sowohl an die Psychoanalyse, deren gesellschaftliche Erfolge freilich weniger ihrer strengeren Fassung des Begriffs des Unbewußten als anderen Motiven zu verdanken sein dürften; wir meinen vor allem die herrschenden Strömungen der Charakterologie und Persönlichkeitspsychologie, gewisse phänomenologische Bestrebungen und endlich auch solche, die der Gestalttheorie nicht fern stehen: zusammengefaßt alle jene Bewegungen, die mit dem Begriff des *Organischen* zentral operieren, in diesem Begriff ein wirksames Mittel zur Bekämpfung jeglichen »Rationalismus« zu haben meinen und im Umkreis der Psychologie mit Vorliebe des Begriffs des Unbewußten sich bedienen, der ihnen in gleicher Weise der prüfenden Rationalität enthoben wie den vital-somatischen, organischen Kräften zugeordnet scheint. So ist es denn kein Zufall, daß wir unsere Kritik des Unbewußten derart führten, daß wir uns auf Kant bezogen und gerade jene Elemente der Lehren vom Unbewußten herausgriffen, die die Ansatzpunkte ihrer vitalistisch-teleologischen und organologischen Deutung ausmachen. Mit dem dogmatisch-metaphysischen und naturalistischen Begriff des Unbewußten glauben wir jene Lehren empfindlich mitgetroffen zu haben und mit der Reduktion des Begriffs des Unbewußten auf sein wissenschaftlich legitimes Maß den Schein abgewehrt, daß die Realität unbewußter Tatsachen irgendetwas gegen die Dignität wissenschaftlicher, transzendental ge-

gründeter Erkenntnis ausmache. Es war dabei freilich nicht die Freude an der Polemik, die uns leitete; wir haben ja in unserer Erörterung selbst auf Polemik auch fast ganz verzichtet, trotzdem die Absicht unserer Ausführungen gegenüber den herrschenden Auffassungen vom Unbewußten auch da nicht verborgen bleiben konnte, wo von dieser Absicht selbst keineswegs die Rede war. Auch daß wir die vom organologisch-charakterologischen Standpunkt aus heftig befehdete Psychoanalyse gerade verteidigten und mit der Aufdeckung ihrer transzendentalen Struktur den verbreitetsten Einwand wider die Freudsche Theorie widerlegten, ohne ihn nur zu erwähnen: daß sie nämlich destruktiv sei; während ihr analytisches Verfahren doch allein die notwendige Form jeder Erkenntnis des Bewußtseinszusammenhanges ist, der uns als Ganzes gegeben ist und den wir um der objektiv gültigen begrifflichen Ordnung willen in seine Teile zerlegen müssen –, auch daß wir also die Psychoanalyse positiv in den Kreis unserer Betrachtung zogen, hängt mit unserer kritischen Einstellung gegenüber der ontologischen Charakterologie und der ihr nächstverwandten Lebensmetaphysik zusammen. Indessen, die polemischen Motive waren nicht die ausschlaggebenden für uns. Darum nur haben wir entgegen jenen Theorien eine wissenschaftlich reduzierte Theorie des Unbewußten aufzustellen unternommen, weil wir jene Theorien nicht isoliert sehen, sondern im Zusammenhang der Zeitsituation; weil wir glauben, daß sie nicht allein der Laune und der Phantasie ihrer Schöpfer entstammen, sondern in der gesellschaftlichen Realität eine genau festgelegte Funktion erfüllen, die gefährlich ist; die es zu erkennen gilt und die zu treffen uns notwendig erscheint.
Es fällt nicht schwer, diese Funktion zu bezeichnen. Man wird sie freilich nicht in der isolierten Struktur der einzelnen Theorien suchen dürfen und gewiß nicht in der Psychologie der Autoren, die jene Lehren prägten. Die Funktion einer Theorie in der gesellschaftlichen Realität ist stets selbst gesellschaftlich. Sie hat als gesellschaftliche Funktion auch ihren Grund in gesellschaftlichen Verhältnissen. Es ist nun unverkennbar, daß der positiven Bedeutung des Begriffes des Unbewußten in der gegenwärtigen Philosophie die gesellschaftliche Realität selber widerspricht. Denn die herrschende Ordnung der Wirtschaft steht im Zeichen der Rationalität und ist nichts weniger als ein Organismus von der Art, wie die Lehren vom Unbewußten ihn als Maß und Norm propagieren. Wenn gleichwohl in eben jener gesellschaftlichen Ordnung die Lehren vom Unbewußten zur Anerkennung gelangen und in weitem Umfang zur geistigen Herrschaft, so ist der Verdacht nicht von der Hand zu weisen, daß der Widerspruch zwischen den Philosophien des Unbewußten und der herrschenden ökonomischen Ordnung komplementär ausgewertet wird; daß die Theorie ergänzen soll, was der Realität mangelt, und die Mängel der Realität zugleich verklären; mit anderen Worten, daß sie als Ideologie ausgenutzt wird. Die ideologische Rolle nun der Lehren vom Unbewußten ist nach mehr als einer Richtung hin einsichtig. Zunächst wollen jene Lehren von der herr-

schenden Wirtschaftsweise und der Vormacht des Ökonomischen insgesamt ablenken, indem sie den Nachweis führen, daß es außer den ökonomischen Mächten andere, nicht minder wirksame gibt, die von Bewußtsein in jedem Sinne unabhängig und darum der wirtschaftlichen Tendenz der Rationalisierung enthoben sind; daß also dem Einzelnen Inseln bleiben, auf die er sich vor der Flut des ökonomischen Konkurrenzkampfes zurückziehen kann. Als solche vom wirtschaftlichen Produktionsprozeß unabhängige Realitäten werden eben die unbewußten Kräfte der Seele angesehen, in die man sich nur zurückzubegeben braucht, um in Kontemplation oder Genuß Erholung vom wirtschaftlichen Zwang zu finden wie in Sommerfrischen des Bewußtseins. Dabei wird nur vergessen, daß die unbewußten Tatsachen, soweit sinnvoll von ihnen eine Rede sein kann, nicht auf eine bestimmte bewußtseinsunabhängige Sphäre beschränkt bleiben, sondern daß sie als allgemeinste Gesetzmäßigkeiten gerade das wache Bewußtseinsleben und gewiß nicht zum mindesten das der Wirtschaft bestimmen; daß aber andererseits, wenn man sich in jene unbewußten Reservatgebiete zurückziehen will, ein gewisses Mindestmaß von Unabhängigkeit von den wirtschaftlichen Notwendigkeiten und genügend freie Zeit vorausgesetzt wird; daß also die vermeintliche Freiheit von der Ökonomie nichts anderes als ökonomische Freiheit ist und auf einen kleinen Umkreis von Menschen beschränkt bleibt als deren Luxus: zu schweigen davon, daß die hier akzentuierten Tatbestände keineswegs als die unbewußten ausweisbar sind. Die ideologische Funktion der Lehren vom Unbewußten setzt sich darin fort, daß die positive Bewertung jener unbewußten Kräfte das Individuum auf sich selbst zurückwirft und von den sozialen Verhältnissen ablenkt, von denen es sich unabhängig glaubt und denen es sich in privater Existenz entzieht, anstatt sich mit der Möglichkeit ihrer Veränderung allzu weit einzulassen. Damit ist indessen die ideologische Bedeutung der Lehren vom Unbewußten keineswegs erschöpft. Sie gipfeln in weit gefährlicheren Konsequenzen. Die Verherrlichung der vitalen, dem gesetzmäßigen Ausweis in Bewußtsein spottenden Mächte nämlich verfolgt nicht allein den Zweck, von der gesellschaftlichen Realität abzulenken, sondern die Gesellschaft zu verteidigen, wenn die Unternehmungen der Wirtschaft über das Maß des vernünftig zu Legitimierenden hinausgehen und blind nach Macht und Trieb sich richten. Darin eben soll dann die Kraft des Unbewußten zum Vorschein kommen, und nicht allein die schrankenlose egoistische Ausbeutung, sondern auch die verderblichsten Pläne des Imperialismus finden als naturgewollte Ausbrüche der unbewußten vitalen Seelenmächte ihren ideologischen Schutz. Daß jene Tatsachen es sind, in denen die bestehende Wirtschaftsordnung in Widerspruch mit sich selbst gerät, daß sie sich ökonomisch dem Begriff der Absatzkrise zuordnen, mag den tiefsten Grund dafür abgeben, daß sie als unbewußte schicksalhafte Notwendigkeiten ausgegeben werden, weil die Vernunft sie nicht zu begründen vermag und der herrschenden Wirtschaftsweise doch kein Weg bleibt als der, der zu solchen Konsequenzen eben führt. Um sich vernünftiger Kritik ein für allemal zu entziehen, führen sich die imperialistischen Tendenzen – am deutlichsten in der Ideologie des Fascismus – auf ontologische, bewußtseinsunabhängige, transzendente und irgendwie heilige Wesenheiten zurück, die den blinden Vollzug der Selbstauflösung der bestehenden Wirtschaftsweise als gottgewollt und notwendig erscheinen lassen – immer unter dem Aspekt, daß bei den hereinbrechenden Katastrophen nicht alle Teile die Verlierenden, sondern manche die Gewinnenden sein werden. Die Herkunft der Lehren vom Unbewußten von der Machtphilosophie Nietzsches bestätigt sich hier furchtbar an den Sachen. In der nachgeborenen Philosophie Spenglers kommt der Zusammenhang zwischen der Metaphysik des Unbewußten, der Macht- und Schicksalsphilosophie, der kritischen Situation der Gesellschaft und der politischen Aktualität exemplarisch zum Ausdruck.

Demgegenüber ist es uns in jedem Sinne um eine *Entzauberung* des Unbewußten zu tun. Indem wir das Unbewußte als eine Form der Begriffsbildung verstehen, die in Bewußtem stets und ausschließlich ihren Grund hat und in Bewußtem sich muß ausweisen lassen, wird jede Rede von unbewußten Mächten der Seele, die der Macht des Bewußtseins enthoben wären oder sie begründeten, hinfällig. Indem wir das Unbewußte als eine transzendentale allgemeine und notwendige Gesetzmäßigkeit begreifen, verliert es seinen wertakzentuierten, normativen Charakter, stellt sich auch nicht mehr als ein Vorrecht höher gearteter Menschen dar, sondern allein als eine Bedingung des psychischen Zusammenhanges, die für alle gilt, gewiß keinem Erholung, aber auch keinem mythische Überlegenheit bietet. Ins Unbewußte ausweichen läßt sich nicht; es ist nicht qualitativ von Bewußtsein verschieden, sondern eine durchgehende Form des Zusammenhanges des Bewußten. Soweit sich aber hinter den unbewußten Tatbeständen dunkle Triebmächte und Machtprätentionen verstecken, kommt es nicht allein auf die Entzauberung des *Begriffs* des Unbewußten, die wir zureichend geleistet meinen, sondern auch auf die Erkenntnis der unbewußten Tatbestände selber an. Darum schlagen wir die Bedeutung der Psychoanalyse so hoch an, weil sie jener Erkenntnis des Unbewußten dient, ohne das Unbewußte mit einem metaphysischen Pathos zu belasten, das ihm nicht gebührt, und weil ihre Erkenntnis auf die Auflösung der unbewußten Tatbestände selber gerichtet ist und damit eine scharfe Waffe darstellt gegen jegliche Triebmetaphysik und Vergottung bloßen dumpfen, organischen Lebens. Nicht umsonst richtet sich gegen die Psychoanalyse die empörte Entrüstung aller derer, die das Unbewußte als ihr ideologisches Refugium und ihren privaten Besitz durch die psychoanalytische Aufklärung gefährdet sehen. Freud hat gezeigt, daß der Widerstand gegen die Psychoanalyse ihre Kernthesen bestätigt; es läßt sich das auch in dem Sinne akzeptieren, daß die Psychoanalyse überall da Gegnerschaft findet, wo die Macht der unbewußten Zusammenhänge und mehr noch der Interessen, die sich unter dem ideologischen Mantel der Unbewußtheit verstecken, stärker sind als ihre Erkenntnis. Wir verkennen nicht, daß die Psychoanalyse nicht eindeutig der Aufklärung des Unbewußten zugewandt ist; wie wir an manchen Stellen der psychoanalytischen Disziplin kritisieren mußten, daß sie ein Unbewußtes naturalistisch voraussetzt und in Gefahr gerät, es zu einer Transzendenz werden zu lassen, so ist auch die breite Wirkung der Psychoanalyse nicht allein durch die Forderung nach Erkenntnis der unbewußten Tatbestände, sondern, in eins mit der Einsicht in die Wichtigkeit jener Tatbestände, die zu Recht besteht, auch durch den Rekurs auf die unbewußten Zusammenhänge als Schicksalsmächte, dem wir kritisch widersprechen, ermöglicht. Aber es läßt sich nicht übersehen, daß die Psychoanalyse in ihren tiefsten Intentionen, so wie sie in der Theorie *Freuds* hervortreten, doch den Primat der Erkenntnis über das Unbewußte durchzusetzen fähig und willens ist. Wenn die Psychoanalyse gleichwohl in manchen Punkten an den dogmatischen Voraussetzungen des Unbewußten haften bleibt, so hat das seinen Grund nicht allein in der Unzulänglichkeit der Theorie, auf die wir mehrfach verwiesen, sondern in einem Gesellschaftlichen: daß nämlich die Aufdeckung vieler entscheidender unbewußter Gehalte die Änderung des gegenwärtigen gesellschaftlichen Zustandes zur Voraussetzung hat und daß jedenfalls mit der Erkenntnis der unbewußten Tatbestände allein nichts geleistet ist, solange der Bestand der gesellschaftlichen Realität unangetastet bleibt. Nach allem, was wir über die transzendental-idealistische Möglichkeit eines gesetzmäßigen Zusammenhanges zwischen materieller und psychischer Welt ausführten, kann es uns nicht erstaunen, wenn die Erkenntnis der unbewußten Tatbestände nicht allein sondern auch deren Konstitution von der materiellen Welt, nämlich der Gesellschaft mit abhängig ist. Für den Zentralbegriff der psychoanalytischen Dynamik des Unbewußten, den Begriff der Verdrängung hat Freud selbst jenen Zusammenhang in großartiger Einfachheit ausgesprochen: »Das Motiv der menschlichen Gesellschaft ist im letzten Grunde ein ökonomisches; da sie nicht genug Lebensmittel hat, um ihre Mitglieder ohne deren Arbeit zu erhalten, muß sie die Anzahl ihrer Mitglieder beschränken und ihre Energien von der Sexualbetätigung weg auf die Arbeit lenken. Also die ewige, urzeitliche, bis auf die Gegenwart fortgesetzte Lebensnot.« (Vorl., 324) Damit ist die Grenze aller Auflösung des Unbewußten durch dessen Erkenntnis für alle die Fälle bündig vorgeschrieben, in denen die Bildung unbewußter Gesetzmäßigkeiten mitbedingt ist durch die Verhältnisse der materiellen Welt, die sich durch eine Analyse des Bewußtseinszusammenhanges allein nicht verändern lassen. Auf die gleiche Grenze stößt Freud dort, wo er ausführt, es hätte die analytische Therapie Halt zu machen vor solchen Fällen, wo die Krankheit eine Flucht des Kranken aus sozialen Verhältnissen darstelle, die zu bessern nicht in der Macht der Therapie liege, so daß man die Krankheit, als das kleinere Übel gleichsam, bestehen lassen müsse.

Die Grenze, von der die Rede ist, ist die Grenze jeglicher Aufklärung und somit auch unserer Untersuchung. Wir schmeicheln uns nicht mit der Hoffnung, der Geltung der herrschenden Lehren vom Unbewußten ernstlich Abtrag getan zu haben; zu mächtige Interessen sind im Spiel, die jene Theorien in der öffentlichen Meinung sichern. Aber wir glauben dennoch mit unserer Aufklärung nichts völlig Vergebliches begonnen zu haben. Die Überwindung der praktischen Folgen falscher Lehren kann zwar nicht allein theoretisch vollzogen werden, aber sie setzt die Einsicht in die Falschheit der Lehren voraus und die Konstitution richtigerer an ihrer Stelle. Sollte uns im engen Rahmen der Erkennungskritik die Bestimmung des Begriffs des Unbewußten und seine Entzauberung gelungen sein, so erachten wir es für genug.

DOKUMENT NR. 5
H. V. Philander (1927)

(»Zur Frage der Psychoanalyse aus der Krisis unserer Zeit heraus«, München 1927, S. 3-16, daraus S. 16)

Aus der Not unserer Zeit entwickelte sich auch die psychoanalytische Behandlung, um die in Verwirrung geratenen Gemüter wieder auf ihr Zentrum zurückzuführen. Sie wird die größten Erfolge erzielen, wenn bei aller Forschung ihr Hintergrund die Menschenliebe ist, konzentriert in der klaren, wahren, erzieherischen Persönlichkeit des Arztes. Ihr Ziel wird sein zu helfen durch die Tat, d. h. auch den Einzelnen hinzuführen zur Tat. Durch Anregung zur Tätigkeit, Arbeitsleistung, als wertvollem Übergang zu der den Anlagen jedes Einzelnen entsprechenden Auswirkungsmöglichkeit, weil sie dadurch die Tatkraft stärkt, die durch Selbstüberwindung den Willen festigt, durch Aktivität zur Produktivität führt. In der Philosophie aber bedeutet dies: Hinaus über Hegel, Schopenhauer, Nietzsche. Nietzsche war der großer Erleider seiner halluzinatorisch genialen Dichtungsvisionen, dem aber durch die allmähliche Zerstörung des Zentrums seiner Urteilskraft das verbindende Band der unbestechlichen Selbstkritik des Intellekts schließlich zerrissen war, der, irrtümlich als Philosoph statt als Künstler aufgefaßt, bei einer ganzen Generation so großen Schaden anrichten konnte durch die suggestive Kraft seiner glänzenden, blendenden Sprachschöpfungen. Das wahre Leben aber ist nicht das von dieser Generation mißverstandene Ausleben, sondern das Auswirken. Darum darüber hinaus, zurück zur Ethik Immanuel Kants, dieser kraftvollsten Ausstrahlung des Weltgewissens in der neueren Zeit, der sittlichsten kraftgebenden Persönlichkeit, zu Immanuel Kant und denen, die in seinem Geist geboren sind und werden.

H. V. Philander.

DOKUMENT NR. 6
Max Scheler (1913)

(»Wesen und Formen der Sympathie«, in: Gesammelte Werke Bd. 7, Bern 1973[6], S. 7-258, daraus S. 195-208)

Zu Freuds Ontogenie[1]

Das Unternehmen einer *Ontogenie* der sympathischen Gefühle und der Liebe, wie es Freud vorgenommen, ist ohne Zweifel als solches ein eminent verdienstliches. Betrifft es doch eine Aufgabe, welche bisher so gut wie völlig übersehen worden ist. Auch darin ist ein zweifelloses Verdienst der Arbeiten Freuds und seiner Schule zu sehen, daß sie der Regsamkeit der Sympathiegefühle und der Liebe und ganz besonders deren erotischen und geschlechtlichen Arten in der ersten Kindheit (bis zum 6. Jahre) ihre besondere Aufmerksamkeit zugewendet haben. Ein ganz neues Land der Kinderseele ist in der Tat hier entdeckt worden. Auf alle Fälle ist auch richtig beobachtet, daß den Regungen des eigentlichen und gewöhnlichen sog. »Geschlechtstriebes« in der Zeitphase vor der Pubertät andere erotisch gefärbte Zuwendungen zu Objekten vorausgehen, die einem besonderen Studium zu unterwerfen sind. Auch daß die »Fixierung« solcher Zuwendungen (im Gegensatz zu ihrem typischen sukzessiven Wegfall in einem normalen Entwicklungsgang) für die Gestaltung des ferneren Liebeslebens und Lebens überhaupt in besonderem Maße bestimmend werden kann, ist von Freud und seiner Schule mit einem großen Tatsachenmaterial gezeigt worden. Er vermochte so eine Menge seelischer Erkrankungsformen, z. B. auch viele Arten von geschlechtlichen Perversionen noch *genetisch* zu verstehen, die man früher ohne weiteres einer angeborenen »Anlage« zuschrieb – hiermit natürlich auch auf jeden Versuch, die kranken Individuen zu heilen, Verzicht leistend.

Und hier erwähne ich, ehe ich auf einzelnes eingehe, einen Punkt, in dem die Freudschen Ideen mir unsere Vorstellung von der *seelischen Kausalität überhaupt* gefördert zu haben scheinen. Die Freudsche Methode vermag vielleicht einmal dies Eigentümliche einem ganz neuen Verständnis näherzuführen, was wir das *»Schicksal«* eines Menschen nennen[2]. »Schicksal« ist ja nicht mit all dem gleich, was von außen her uns an Reizursachen und Bewegungen trifft. Es wird andererseits auch in keinem Sinne bewußt ausgewählt. Es scheint ein Gesamtinbegriff für all dasjenige zu sein, von dem wir gemeinhin zu sagen pflegen, daß dies und jenes »nur einem solchen Menschen begegnen und passieren konnte«. Das »Schicksal« ist die Reihe, die Schar der »Begebenheiten«, die wir, obgleich wir sie in keiner Weise »gesucht«, »vorausgeahnt«, »erwartet« oder »erwählt« haben, doch in einer ganz einzigen Weise als *»zu unserem Sosein gehörig«* empfinden – wenn sie dagewesen sind, und die in ihrer Gesamtheit eine Einsinnigkeit des Lebensverlaufes darstellen, die als Gesamtgestaltung die Marke der Individualität dessen trägt, zu dem der Verlauf gehört. Von dem »Schicksal« in diesem Sinne nun meint Freud, daß es in den Eindrücken und, nach seiner Meinung, vorwiegend in den *erotischen Eindrücken der ersten Kindheit* recht eigentlich in den Grundlinien präformiert werde. Sieht man tiefer, so hat Freud sich damit einer Idee genähert, die vielleicht geeignet ist, den bisherigen Gegensatz der »nativistischen« und »empiristischen« Anschauungen gleichzeitig zu schlichten und sie durch eine neue Grundannahme zu ersetzen. Der »Empirismus« hat prinzipiell bisher angenommen, es sei gleichgültig, wann und an welcher Stelle eines seelischen Gesamtverlaufes die betreffende »Erfahrung« stattfindet – gleichgültig für ihre Wirkungsart und Wirkungsgröße. Aber diese Voraussetzung ist *prinzipiell* irrig.[3] Jede Erfahrung bis zur einfachsten Empfindung hat nach ihrer Wirkungsgröße und Wirkungsart für die Formung des Gesamtlebens des Individuums einen bestimmten und einzigartigen Stellenwert in der typischen Entwicklung und Reifung des Menschen. So kann ein Kindheitserlebnis von Hause aus ganz anders wirksam sein, als wenn derselbe objektive Reiz und die ihm entsprechende mögliche Erlebniseinheit *später* in das Leben desselben Menschen eintritt. Dieses Kindheitserlebnis kann »gefährlich«, jenes »ungefährlich«, dieses für das ganze Leben bestimmend, jenes nur für den Moment oder auf kurze Dauer bedeutsam oder von dem Individuum abgeleitet sein. Es ist das nicht so gemeint, daß eine Erfahrung, ein Eindruck, ein Erlebnis naturgemäß in seiner Gesamtwirkung auf das Ich auch von den früheren Erlebnissen, die der Mensch z. B. reproduziert und deren »Spuren« er vorfindet, abhängig sei. *Diese* Selbstverständlichkeit und die *daraus* hervorgehende Verschiedenheit der Wirkung der Erlebnisse an verschiedenen Stellen und bei verschiedenen Altersstufen der menschlichen Entwicklung hat auch der Empirismus natürlich niemals übersehen – ja, sie allein hat er gekannt. Aber gerade darin besteht sein Irrtum, daß er, anstatt eine Art von Verschiedenheit der Wirkung des Eindruckes in seinen verschiedenen Stellenwert innerhalb einer typischen Lebensgeschichte zu setzen, vermeint, alle Verschiedenheit daraus herleiten zu können, daß der Eindruck da und dort verschiedene Spuren andersartiger Erfahrungen vorfindet.

Nun ist es aber zum Wesenscharakter der psychischen Kausalität gehörig, daß jedes Erlebnis nur ein einziges Mal das ist und sein kann, was es ist, und nur *einmal* seine ihm eigentümliche Wirkung abgibt. Diese Eigenart der psychischen Kausalität gewinnt nun ihren ganz besonders prägnanten Sinn durch jene Einsicht Freuds, daß ein psychisches Erlebnis in Wirkungsart und Wirkungsgröße (und zwar unabhängig von der Besonderheit früherer psychischer Erlebnisse) sich nach dem *Stellenwert* mitbestimme, den es innerhalb der *Gesamt*entwicklung eines Menschen habe. Ein Eindruck bestimmt, sofern er im unentwickelten Zustand erfolgt – wo sich das Wesen noch jenem Grenzfall nahe findet, der mit den Worten, daß noch »alles aus allem werden könne«, etwa bezeichnet ist – besonders in einer

Hinsicht andersartig das Leben, als wo er im entwickelten Zustande das Wesen trifft: Er wird dann wie zu einer *»Form der Auffassung«*, wie zu einer »Kategorie« – gleichsam – für alles spätere Leben und »mögliche« Leben; er grenzt Möglichkeiten und Spielräume für das spätere Leben in eigentümlicher Weise ab. Er macht, daß eine gewisse Art von Begebenheiten, von »Schicksalsdeterminanten« gleichsam, von nun an eine Bevorzugung, erlebt zu werden, genießt; andere Begebenheiten und Erlebnisse aber eben hierdurch – dauernd – Absperrung finden. Ein »Empirismus«, der es sich zum durchgängigen Prinzipe machen würde, vom ersten Augenblick der Entstehung des Menschen an die Bedeutung der Eindrücke und Erfahrungen immer auch nach dem jeweiligen Stande der Entwickeltheit und Unentwickeltheit des betreffenden Individuums genau abzuschätzen, wäre vielleicht imstande, sehr vieles verständlich zu machen, was dem alten »Empirismus« versagt blieb, der ja nur in der *Häufung* der Erfahrungen und ihrer Verknüpfungen miteinander Prinzipe für das Verständnis ihrer verschiedenartigen Wirkungen gesehen hatte! Sicher beruhen z. B. die sonderbar und merkwürdig verkehrten Sätze, die uns Schopenhauer über »die Weiber« auftischt, auf Erfahrungen, die Schopenhauer im Laufe seines Lebens gemacht hat. Er vermag sich, wie so viele in solchen Fällen, die auf Beweiskraft ihrer »Lebenserfahrung« pochen, durchaus auf »seine Erfahrungen« zu berufen. Daß aber Schopenhauer gerade *diese* Erfahrungen und keine anderen gemacht hat, daß in ihm eine Einstellung lag, die aus allen Erscheinungen des Weiblichen, die ihm begegneten, gerade die seinen späteren Ansichten entsprechenden zu *seiner* »Erfahrung« werden ließ, das ist ein Punkt, der mit der Frage nach der Gegründetheit solcher Ansichten auf objektive »Erfahrungen« (im Unterschied von Einbildung, Illusion, falscher Auffassung) noch gar nicht berührt ist. Es scheint uns hier zweifellos, daß das schon von früh auf negative und ablehnende Verhältnis zu seiner Mutter (das »Mißlingen der normalen Übertragung der libido auf die Mutter«, wie Freud sagen würde) eine negative, mißtrauische und von negativen Werten regierte *Auffassungsform* in Schopenhauer erzeugte, durch welche es ihm eben zum »Schicksal« wurde, nur auf solche Frauen »aufzumerken« und sie dadurch erst genauer kennen zu lernen und zur Grundlage seines Urteils zu machen, die sich in jene »Form« einfügten und die jenem schon aus den betreffenden frühen Kindheitseindrücken resultierenden »Vorurteil« faktisch entsprachen. –

Bisher zu keinerlei Klarheit gebracht ist hingegen die Scheidung der Begriffe »libido« und »Geschlechtstrieb« bei Freud. Was soll eigentlich das Wort »libido« für eine besondere Tatsache bezeichnen, sofern in ihr noch keineswegs die Tatsache des Geschlechtstriebes vorausgesetzt sein soll, dieser vielmehr erst als eine besondere, in den »meisten Fällen« eintretende Entwicklungsphase der libido angesehen werden soll? Nimmt man, wie es Freud tut, an, es sei die Wollustempfindung und das sie begleitende sinnliche Gefühl eine letzte eigentümliche Qualität und es würden solche Empfindungen zunächst auf mechanische Weise durch eine zufällige Reizung der erogenen Zonen des Säuglings erzeugt, so könnte man geneigt sein, alles Streben nach einem Wiederhaben so gearteter Empfindungen mit dem Namen »libido« zu bezeichnen. Ganz abgesehen von der Schwierigkeit, festzustellen, ob die jenen Reizungen entsprechenden Empfindungen des Säuglings diese besondere Qualität besitzen, muß aber schon jene Vorstellung, wonach »libido« nicht ein *ursprüngliches Verlangen* bedeutet (das durch das Eintreten solcher Empfindungen »erfüllt« werden mag), sondern erst *entstünde* auf Grund der Erfahrung solcher Empfindungen, von vornherein zurückgewiesen werden. Es ist für die Entwicklung der Freudschen Theorie ein charakteristischer Vorgang gewesen, daß der Begriff der »libido«, je mehr er für die Erklärung der verschiedenartigen Liebesbeziehungen leisten sollte, immer mehr einer *Formalisierung* anheim fiel. So bemerkt Freuds Schüler C. G. Jung einmal, man dürfe unter libido eigentlich nichts anderes verstehen als »das Streben« schlechthin[4]. Daß mit einem solchen Begriff, der alles Charakteristische eingebüßt hat, wenig auszurichten ist, ist wohl selbstverständlich. Versteht man unter »libido« aber ein ursprüngliches Verlangen nach Empfindungen von der Qualität der Wollust, so ist demgegenüber einzuwenden, daß kein Streben von Hause aus auf die Verwirklichung von Empfindungen, sondern jedes auf irgendwelche *Inhalte* gerichtet ist, deren Realisierung dann wohl von solchen Empfindungen begleitet sein mag[5]. Wir können daher dem Begriff »libido« noch am ehesten die Fassung geben, daß wir jeden strebenden Akt als zur libido gehörig bezeichnen, der von Empfindungen nach der Qualität der Wollustempfindungen in seiner Realisierung begleitet ist. Die Tatsachen, die Freud anführt, zeigen nun aber keineswegs, daß die »libido« nicht mit der ursprünglichsten Form der Regung des Geschlechtstriebes *zusammenfalle.* Das freilich ist selbstverständlich, daß mit solchen Regungen in den ersten Kinderjahren noch keinerlei Bildvorstellung des anderen Geschlechtes und der für die Triebbefriedigung besonders in Betracht kommenden Eigenschaften desselben verknüpft ist. Insofern können diese Regungen als »objektlos«, resp. in späteren Phasen der Entwicklung über ihr Objekt noch in hohem Maße »schwankend« angesehen werden. Aber es ist gleichwohl schon hier dieselbe qualitative Färbung, die der entwickelten Geschlechtsregung eigentümlich ist, und dieselbe Richtung auf die besonderen qualitativen Werte der Andersgeschlechtlichkeit bereits mit jenen Strebungen verknüpft.

Daß also der Geschlechtstrieb aus einer ganz andersartigen Tatsache, d. h. einem Streben nach einer bestimmt qualifizierten Lust im Einzelleben jeweilig erst *entstehe*, und daß diese Entstehung ein mehr oder weniger zufälliges »glückliches« Zusammentreffen äußerer mechanischer Umstände sei, bei deren Unterbleiben es zur Bildung eines Geschlechtstriebes eben nicht komme, ist eine Behauptung, die nicht im entferntesten aus den von Freud angeführten Tatsachen folgt. Nur soviel ist richtig, daß der Stufe, auf der

der Geschlechtstrieb sein besonderes Bildobjekt in der Vorstellung des anderen Geschlechts gefunden hat, eine andere vorausgeht, in der dieses noch nicht statthat, sondern die Triebregung auf die bloßen Werte der Andersgeschlechtlichkeit gerichtet ist, ohne doch diese bereits qualitativ bestimmten Werte an bestimmte Bildobjekte gebunden vorzufinden. Die Übergänge von dieser einen Stufe zur andern sind in der Beobachtung der kindlichen Entwicklung ungemein in die Augen fallend: Der Stufe der eigentlichen Gerichtetheit auf das andere Geschlecht in seinem wahrnehmbaren Dasein geht ein ahnendes und gleichsam noch im Dunkeln tastendes, gefühlsmäßig gegebenes *Fragen* voraus, was es wohl mit der als ursprüngliche Richtung bereits erlebten Triebbewegung und was es wohl mit der früher erfahrenen Verschiedenheit der Geschlechter für eine »Bewandtnis« habe. Eben dieses dunkelahnende Verhalten, das sich dann durch irgendein plötzliches *Erfüllungs*erlebnis, das sich an irgendeine Art der realen Beziehung zum anderen Geschlechte knüpft, seine Lösung findet, ist für eine bestimmte Phase der Ausbildung des objektbewußten Geschlechtstriebes ungemein charakteristisch. In der Theorie Freuds dagegen finden diese Tatsachen keinerlei Verständnis. Schon sein Konstruktion der »libido«, und erst recht des daraus resultierenden »Geschlechtstriebes«, stellt nur eine sehr grobe Anwendung der herkömmlichen assoziationspsychologischen Strebensauffassung überhaupt dar. So denkt man sich hier ja auch den Tatbestand des Hungerns des Säuglings etwa auf folgende Weise entstanden: Die Lippen des Säuglings wurden zunächst ganz mechanisch mit der Mutterbrust in Berührung gebracht, worauf wiederum mechanisch die Auslösung des Saugmechanismus erfolgt; es resultiert die Geschmacksempfindung der süßen Milch und die sie begleitende Lust, es wird die vorher bestandene rein zuständliche Unlust aufgehoben; und es wird bei wiederholtem Eintreten dieser Unlust die ganze Reihe der ihrer Aufhebung vorangegangenen Erlebnisse reproduziert: es stellt sich also z. B. ein assoziatives Bild der Mutterbrust und der früher erlebten Empfindungen beim Saugen ein, wodurch dann nun erst die Tatsache des »Hungerns« entstanden sein soll[6]. Aber faktisch ist das »Hungern« von vornherein eine *gerichtete,* mit Appetit und eventuell Ekel verbundene instinktive Triebregung, die nicht einfach durch die Sättigung aufgehoben, sondern die durch sie »befriedigt« wird; und von vornherein ist in ihr, wenn auch kein Bild der Nahrung und der zu ihr führenden Tätigkeit (und deren äußerer Bedingungen), doch so der *Wert*charakter der Nahrung gegeben. Nicht nur das Streben überhaupt ist eine auf Empfindung, Gefühl und Vorstellungsabläufe unreduzierbare Tatsache, sondern auch die *qualitative Richtung* des Strebens und hier des leiblich lokalisierten »Aufstrebens« sind *ursprüngliche* Tatsachen. Darum ist auch niemals verständlich zu machen, wie aus bloßen zufällig mechanisch erzeugten Wollustempfindungen das, was Freud »libido« nennt, entstehen soll. Auch die libido ist eine *ursprüngliche* Strebenstatsache, bestimmt in ihrem Objekte durch eine Regung der vitalen Liebe, die von Hause aus von dieser Strebenstatsache verschieden ist. Und sie ist es auch dann, wenn sie noch nicht zum bildmäßig bestimmten Geschlechtstrieb (die vitale Liebe aber zur Geschlechtsliebe) fortentwickelt ist und die Intention auf das andere Geschlecht nur in Form einer noch bildfreien Wertrichtung in sich trägt. In diesem Sinne also ist der Geschlechtstrieb durchaus »angeboren«. Was sich hier »entfaltet«, was »reift« und sich »entwickelt«, das ist nicht eine assoziative Zuordnung eines bloß allgemeinen Luststrebens oder Wolluststrebens zur Idee des anderen Geschlechtes überhaupt, sondern allein die phasenrhythmisch erfolgende Zuordnung eines auf das andere Geschlecht *überhaupt* bereits gerichteten Triebes zu einem bestimmten Gegenstand des anderen Geschlechtes.

Freud vermeint durch die Tatsache der großen Mannigfaltigkeit von *Perversionen* seine Ansicht, es wäre der Geschlechtstrieb überhaupt erst sukzessiv in jedem Einzelleben auferbaut, erhärten zu können. Denn nicht, wie es der Ausdruck »Perversion« nahelegt, seien die damit bezeichneten Tatsachen Verkehrungen und Abirrungen eines angeborenen Geschlechtstriebes, sondern sie seien vielmehr die ganz allgemein verbreiteten *primitiven Formen* von libidinösen Regungen überhaupt, das »Material« gleichsam, aus dem auch der Aufbau des normalen Geschlechtstriebes stets erfolge. D. h. Perversionen sind nach Freud bloße Fixierungen kindlicher Entwicklungsstufen; nicht Abirrungen eines ursprünglichen Triebes, vielmehr die Reste von Stufen der Entwicklung, die zu einem bestimmten Zeitpunkt – im normalen Falle – überwunden zu werden pflegen. Freud drückt das so aus: es werde der Mensch »polymorph pervers geboren«. Nun sind es aber gerade die Perversionen, die am meisten geeignet sind, Freuds Ansicht zu widerlegen; denn gerade sie zeigen in ihrer ganzen Mannigfaltigkeit, daß auch in ihnen noch die *Richtung* der Regung auf die *»andere«* Geschlechtlichkeit erhalten ist, wenn auch die der anderen Geschlechtlichkeit entsprechenden *Werte* nicht an einem Gegenstand des wirklichen anderen Geschlechtes, sondern sei es an *sich selbst* (Autoerotismus), sei es am (wirklich) *gleichen* Geschlechte vorgefunden und erstrebt werden. Bei allen homosexuellen Perversionen z. B. findet sich die Tatsache, daß eine Verteilung der Geschlechtsqualitäten stattfindet, insofern der eine Teil immer die Rolle des Mannes, der andere die Rolle der Frau dabei »spielt«. Nicht umsonst ist der Feminismus in seelischer und körperlicher Hinsicht überhaupt die notwendige Begleiterscheinung der männlichen Homosexualität. Es ist hier nicht der Ort, auf eine genauere Beschreibung der mannigfaltigen Perversionen einzugehen; doch ist es bisher der große Fehler all ihrer Beschreibungen gewesen, daß man, anstatt von den *Intentionen* und ihren Wertrichtungen auszugehen, sie nur objektiv definierte. Aber es ist z. B. leicht zu zeigen, daß auch die faktische Verschiedengeschlechtlichkeit die homosexuelle Intention durchaus nicht ausschließt[7]. Dasselbe gilt nun aber auch für all das, was Freud über die *Stufen* anführt, auf denen es von der noch völlig richtungslosen libido zur Ausbildung ihrer *normalen*

Objektbildung an das andere Geschlecht und dessen wesentliche Geschlechtseigenschaften kommen soll. Als solche Stufen erscheinen bei ihm z. B. die Liebe des Sohnes zur Mutter, der Tochter zum Vater, die Liebe, verschiedengeschlechtlicher Geschwister usw. – Liebesregungen, die, zuerst geschlechtlich gefärbt, erst später nach vollzogener normaler Objektbindung einer »Sublimierung« fähig sein sollen. An diesen Beobachtungen ist nur das eine richtig, daß vor der normalen Bindung des Geschlechtstriebes an das wirkliche und nicht zur Familie gehörige Geschlechtswesen mancherlei probeweises Herumtasten des Triebes stattfindet. Immer aber ist eine Perversion, gleichgültig auf welcher Lebensstufe sie stattfindet, eine *Abirrung* des normalen Triebes, die mehr oder weniger krankhaft ist und also in keiner Weise als etwas *generell* »Angeborenes« bezeichnet werden kann. So mag es z. B. häufig vorkommen, daß die in ganz selbständigen Gefühls- und Strebenswurzeln gegründete Liebe des Kindes zu den Eltern, auch des Sohnes zur Mutter, der Tochter zum Vater, dann und wann verwechselt oder vermischt wird mit geschlechtlichen Trieb- und Liebesregungen. Die Behauptung Freuds aber, es *stamme* die kindliche Liebe aus jenen geschlechtlichen Regungen oder sie stelle, im günstigsten Falle, eine bloße »Sublimierung« ihrer dar, es stamme aus gleicher Quelle die Geschwisterliebe usw., ist als eine irrige Auffassung der betreffenden Tatsache zurückzuweisen. Es bestehen vielmehr von vornherein *ursprünglich verschiedene* Qualitäten der Liebe, die nicht aufeinander zurückgeführt werden können und in denen die elementarsten qualitativen Beziehungen des Menschen zu Seinesgleichen gleichsam in der *Struktur* der Seele selbst vorgebildet sind. Freud macht sich in allen seinen diesbezüglichen Deduktionen auch hier – wie an so vielen anderen Stellen seiner Werke – des *methodischen Irrtums* schuldig, den normalen Fall aus den Tatsachen des anormalen verständlich machen zu wollen, und damit die Tatsachen auf den Kopf zu stellen.

Dagegen müssen wir in gewissen Grenzen die Freudschen Ansichten gegen *einen* Einwand verteidigen, den sie häufig erfahren haben. Man hat argumentiert: Wozu denn überhaupt die besondere Bevorzugung des *Geschlechts*triebes in dem Versuche, die verschiedenen qualitativen Liebesbeziehungen unter Menschen verständlich zu machen? Der Geschlechtstrieb spiele doch bei dem Zustandekommen dieser Beziehungen durchaus keine wesentlich andere Rolle als z. B. Hunger und Durst oder irgendwelche andere mehr oder weniger angeborene Triebe, wie das triebmäßige Verlangen fremder Wertschätzung, Achtung, Macht, Geltungstrieb und dergleichen. Wenn wir Wesen *lieben,* auf die sich der Geschlechtstrieb richtet, so sei dies keine prinzipiell andere Tatsache, als wenn wir etwa diejenigen lieben, die uns ernähren und versorgen (z. B. die »patriarchalische« Liebe des Dieners zur Herrschaft) oder die sonst zu irgendeiner Triebbefriedigung mitwirken. In dieser Analogisierung stecken indes zwei große Irrtümer. Einmal glaubt man hier die Tatsache der Geschlechtsliebe zusammensetzen zu können aus einem ganz allgemeinen undifferenzierten Liebesgefühl (aus Wohlwollen) und einem völlig blinden und wahllosen Geschlechtstrieb, der erst durch die *Verknüpfung* mit jenem auf prinzipiell außergeschlechtliche Tatsachen, wie z. B. Schönheit, Lebenskraft usw., gehenden Liebesgefühl sekundär »individualisiert« würde. So hat z. B. Lipps die Geschlechtsliebe als einen »beseelten Geschlechtstrieb« auszudeuten versucht, d. h. als eine Verbindung einer rein seelischen Sympathie (die er dann durch »Einfühlung« erklärt) mit dem (an sich wahllosen) Geschlechtstrieb[8]. Dem gegenüber bemerke ich, daß die Geschlechtsliebe durchaus keine solche »Verbindung«, sondern eine besondere Liebesart im früher bestimmten Sinne darstellt. Und es ist weiter hervorzuheben, daß sie schon als die zentralste Funktion der vitalen Liebe überhaupt, noch völlig abgesehen von allen seelisch sympathischen Beziehungen (und damit auch von aller etwaigen »Einfühlung« von Ichbestimmtheiten in die fremde leibliche Erscheinung), eine Wahl an den ihr entgegentretenden Erscheinungen vornimmt und das *edle, blühende und kraftvolle Leben* vor dem gemeinen, matten und absterbenden bevorzugt. Mag auch eine absolute Individualisierung der Geschlechtsliebe so, daß sie auf *ein* Wesen allein gerichtet und allein in ihm befriedigt wird, nicht stattfinden ohne das Hinzutreten einer Erfassung des fremden Ichindividuums in einem von der Geschlechtssphäre unabhängigen geistigen Liebesakt, so ist doch auch *ohne* das Hinzutreten eines solchen die Geschlechtsliebe bereits *»Liebe«*, nicht etwa ein bloß genereller Trieb, und vermag auch aus sich heraus bereits eine *Wahl* an den entgegentretenden Erscheinungen zu vollziehen, die über einen blinden und generellen Geschlechtstrieb weit hinausgreift. Zweitens aber ist es doch wohl kein Zufall, daß man in der vitalen Sphäre überhaupt die Geschlechtsliebe als »die« Liebe schlechthin sprachlich bezeichnet, nicht aber z. B. diejenige Liebe, die durch Befriedigung der Nahrungssorgen ausgelöst sein mag. Denn innerhalb unseres vitalen Triebsystems und des ihm entsprechenden Systems von Liebesregungen ist der Geschlechtstrieb und die Geschlechtsliebe der *primäre und* in dem Sinne – wie Freud prinzipiell richtig sieht – *fundierende* Faktor, daß alle anderen Arten der vitalen Liebe und des vitalen Trieblebens in *dem* Maße ihre volle Lebendigkeit verlieren und einer gewissen Verdorrung und Rückbildung verfallen, als es jener zentralste Trieb des Lebens tut[9]. Auch die Liebe zum »Leben« schlechthin, das Geöffnetsein der Seele gegen seine mannigfaltigen Erscheinungen im vitalen Nachfühlen und Mitfühlen, auch die Liebe zur Natur im unreflektierten Sinne, kann sich ohne ein gewisses Maß der Regsamkeit dieses zentralsten Triebes nicht ausbilden. Jede Entwicklungsstörung in dieser Richtung hemmt irgendwie die Hingabe an *alle* vitalen Werte mit und stumpft zugleich alle Arten des Lebensgefühles ab. Insofern ist die Geschlechtsliebe nicht bloß eine Art der vital bedingten Liebe, sondern sie ist gleichzeitig *Grundart und Fundament* aller anderen Arten der vitalen Liebe und gleichsam deren zentralste Funktion. Darum sehen wir auch, wie trotz der größeren Dringlichkeit z. B. des Nahrungstriebes (im Verhältnis zur Selbsterhaltung des Individuums) die Befriedigungen dieses und auch anderer sehr dringlicher Triebe der Befriedigung des durch Geschlechtsliebe auf ein bestimmtes Individuum gerichteten Geschlechtstriebes hintangesetzt zu werden pflegten und es kaum ein »Opfer« an sonstigen vitalen Werten gibt, das nicht für die Geschlechtsliebe unter Umständen gebracht würde. Dem Geschlechtstrieb entspricht ein Nahrungstrieb, aber der Geschlechtsliebe entspricht eben keine »Nahrungsliebe« oder »Ernährerliebe«. Jene Analogisierung übersieht daher eine Reihe wichtiger Tatsachen.

Es ist Geschlechtsliebe, die im Unterschiede vom Geschlechtstrieb (der als solcher wahllos auf das andere Geschlecht gerichtet ist) also schon aus sich heraus eine Auswahl vornimmt, die prinzipiell in der Richtung der »edlen« Lebensqualitäten erfolgt. In dieser Funktion kann die Geschlechtsliebe von keinerlei vernunftgemäßer, etwa auf Wissenschaft und objektive Erfahrung über die beste Art der Fortpflanzung gegründeter Einrichtung zur Förderung der Rasse irgendwie ersetzt werden. Gegen eine ganze Reihe von heutigen Arten der sogenannten »Rassenethik« und »Rassenpolitik« ist dieser Satz geradezu als ein Axiom hervorzuheben. Vermöge seiner kann es eine direkte auf Veredlung der Rasse gerichtete Politik, d. h. eine solche, die die für die Fortpflanzung geeignetsten Individuen nach irgendwelchen objektiven Merkmalen zur Paarung zu bringen suchte, ohne dabei die durch die Geschlechtsliebe vollzogene und allein vollziehbare unmittelbare Wahl als ausschlaggebenden Grund der Paarung heranzuziehen, von Hause aus nicht geben. Auch diese Ideen haben eine völlig irrige mechanische Grundvorstellung vom Leben überhaupt zum Hintergrund. Alle auf Veredlung der Rasse abzielenden Bestrebungen und Einrichtungen haben sich vielmehr jener im Menschen, ja in jedem Lebewesen zweigeschlechtlicher Art ursprünglich liegenden wählenden Kraft der Geschlechtsliebe zu bedienen und mit ihrem »unersetzlichen« Dasein zu rechnen. Darum besteht die wahre und echte »Rassenpolitik« allein darin, die falschen Ablenkungen der Regungen ursprünglicher Geschlechtsliebe – sei es durch Nützlichkeitsüberlegungen, sei es durch die Richtung auf die bloße Befriedigung des Geschlechtstriebes, sei es durch die einseitige Einstellung auf den sinnlichen Genuß, oder irgendwelche andere analoge Faktoren – nach Möglichkeit durch eine richtige Erziehung aufzuheben. Hier ist es nicht die »Erfahrung« und die darauf gebaute wissenschaftliche Überlegung, sondern in gewissem Sinne umgekehrt die Aufhebung der Verschüttung und Verhüllung der instinktiven Regungen der Geschlechtsliebe durch die »Erfahrung« und durch bloße intellektuelle Überlegung, was zu einer wahren Förderung der Rasse führen kann.

Aus dem Gesagten folgt, daß der Freudsche Versuch, die verschiedenen Qualitäten der Liebe aus einer einzigen Qualität, die er »libido« nennt, abzuleiten, durchaus als mißlungen zu betrachten ist. Und ebensowenig läßt sich, wie wir zeigten, Liebe überhaupt auf einen bloßen Trieb zurückführen. Freud vermeint nun, insbesondere mit Hilfe eines Begriffes eine solche Ableitung auch der »höheren« Qualitäten aus der libido gleichwohl leisten zu können: das ist der Begriff der *»Sublimierung«*. Ist ein Impuls der libido »zurückgedrängt« oder automatisch »verdrängt«, so vermag, meint Freud, die in ihm befindliche Energie auch anderen Objekten und Aufgaben, z. B. auch geistiger Natur, aller Art von Kulturbetätigung, Berufsarbeit zugeleitet zu werden. Auch alle höheren Arten der Liebe, alle Arten der Seelengüte z. B., sollen eine solche »Sublimierung« verdrängter libido darstellen. Nun müssen wir uns zunächst über das eine im höchsten Maße wundern, wieso es überhaupt unter den Freudschen Voraussetzungen zu irgendwelcher Eindämmung und Zurückdrängung der libido kommt. Freud sagt, diese »verdrängenden Mächte« würden in der Entwicklung des Einzellebens zum Teil »selbst aufgebaut«, wie z. B. Ekel und Scham, teils bestünden sie in »moralischen Vorstellungsmassen«, die dem Individuum von außen zugeführt werden, darunter an erster Stelle in den Regeln der in der *Gesellschaft* herrschenden Geschlechtsmoral, z. B. Verbot des Inzest, Eheformen, die ökonomisch oder religiös kausiert sind, usw. Nun ist es aber schon schwer begreiflich, wie es – nimmt »libido« schließlich (wie bei Freud) den Charakter der seelischen *Gesamt*energie überhaupt in Anspruch – aus ihr heraus zu einem Aufbau von Mächten überhaupt kommen soll, die doch gerade, wie Freud meint, zur Verdrängung und Eindämmung der libido berufen sind! Hier erscheint die libido wirklich fast wie ein mythologisches Wesen; sie gleicht aufs Haar dem Fichteschen »Ich«, das »sich selbst Schranken setzt«. Noch weniger aber kann man verstehen, woher denn diese »moralischen Vorstellungsmassen« ihrerseits gekommen sind, welche die libido des Individuums von »außen her«, seitens »Gesellschaft und Staat« usw., beschränken und zurückdrängen sollen. Sind nicht auch »Gesellschaft« und »Staat« in der Seele des Menschen verwurzelt? Wie sollen die »moralischen Ideen« aber unter Freuds Voraussetzung auch nur möglich sein? Hier gerät Freud in eine offenbare *Zirkel*erklärung: Alle höheren moralischen Gefühle und Aufgaben, und damit doch wohl auch die moralischen Motive selbst, sollen ein Ergebnis »sublimierter libido« sein. Um diese »Sublimierung« aber ihrerseits verständlich zu machen, setzt Freud voraus, es gäbe eine »Moral«, *kraft* deren Geboten eine Verdrängung der libido und damit ihre mögliche Zuleitung an »höhere Aufgaben« könne geleistet werden[10]!

Vor allem aber ist zu fragen, was mit dem Worte »Sublimierung« hier überhaupt gemeint ist. Nach Freuds Darstellung hat es den Anschein, als nähme er an, es entsprängen die Akte geistiger Betätigung, wie sie in aller Erkenntnis und Kunsttätigkeit, in allem Wirken im Beruf sich betätigen, aus verdrängter libido. Sollte das wirklich Freuds Meinung sein, so erübrigt sich hier eine Diskussion; denn eine geistige Alchymie, durch deren Künste aus »libido« »Denken« und »Güte« und dergleichen gemacht wird, ist uns bis-

her absolut unbekannt geblieben. Es ist also ganz selbstverständlich, daß nicht nur das ganze Reich dieser Akte überhaupt auf alle Fälle *vorauszusetzen* ist, sondern auch, daß in jedem Falle, da diese Theorie zur Erklärung eines individuellen Lebensvorganges Verwendung finden soll, die spezifischen Begabungen sowie die spezifischen Interessenrichtungen auf Anwendungsgebiete dieser Begabung vorausgesetzt werden müssen. Man mag z. B. auf die Freudsche Art erklären wollen, wieso das strategische, staatsmännische Genie Napoleons sich schließlich in seinen Feldzügen und in seiner realen Staatskunst *auswirkte,* und der Meinung sein, es wäre diese Auswirkung *unterblieben,* wenn er mit Josephine Beauharnais glücklicher gewesen wäre, als er gewesen ist. Aber jene Begabung selbst aus den mit dieser erotischen Beziehung verbundenen Enttäuschungen und Verdrängungen seiner älteren Wertherschen und Rousseauschen Neigungen zur »Liebesidylle« verständlich machen zu wollen, das Werden seines kriegerischen und machtpolitischen Ehrgeizes usw., wäre natürlich ein absurdes Unternehmen. Soll also das Wort »Sublimierung« hier einen vernünftigen Sinn haben, so kann es nur besagen wollen, es sei durch diesen Vorgang einer Zurückdrängung der libido den dispositionell *vorhandenen* geistigen Befähigungen und Interessenrichtungen einer *Energie zugeleitet* worden, die ihnen sonst bei schrankenloser Hingabe an die »libido« versagt geblieben wäre.
Daß nun in der Tat auf Grund der Begrenztheit der gesamten psychischen Energie eines Menschen eine fruchtbare geistige, kulturelle, berufliche Betätigung, daß auch die Betätigungen der höheren Formen der Sympathie und der Liebe bis zu einem gewissen Grade davon abhängig sind, daß der Geschlechtstrieb einer bestimmten Ordnung und Herrschaft unterworfen wird, duldet keinen Zweifel. Aber nicht etwa diese altbekannte Wahrheit ist es, die Freud im Auge hat, auch wenn wir den Begriff der »Sublimierung« in dem letzteren, vernünftigeren Sinne nehmen. Das Eigentümliche seiner Meinung besteht vielmehr darin, daß er voraussetzt, es käme den mannigfaltigen geistigen Aktarten eine zu ihnen selbst gehörige »Energie« ursprünglich überhaupt nicht zu, so daß alle und jede Energie, die sie erhalten sollen, überhaupt nur auf Kosten der Energie der libido zugeführt werden kann. Das von Freud angenommene Grundverhältnis zwischen »libido« und »geistiger Betätigung« besteht also darin, daß der eine Teil *notwendig* an Energie verlieren muß, was der andere gewinnt. Wäre diese Annahme Freuds wahr, so wäre damit in das *Wesen* des Menschen ein *absolut* tragisches Moment verlegt. Unser Wertbewußtsein gibt uns evident die geistigen Güter als »höher« als alle bloß »sinnlichen« und »vitalen« Güter zu erkennen[11]. Andererseits müßte in demselben Maße, als auch eine praktische Hingabe an dieses evidente Wertbewußtsein erfolgte, der Mensch als Lebewesen sich selbst und die lebendigen Wurzeln seiner Existenz und seiner Fortpflanzung notwendig zerstören. Nur die *Wahl* wäre ihm gelassen zwischen einem Verzicht auf geistige Betätigung und Hingabe an einen Pri-

mitivismus, der ihn, je konsequenter er erfolgt, dem Tiere um so näher rückte, einerseits, und einer Kultur der geistigen Betätigung, aber gleichzeitigem Verzicht auf die Betätigung der zentralsten Lebensenergie und des mit ihr verbundenen Glückes (und schließlich der Fortpflanzung seiner selbst) andererseits. Im selben Maße, als die geistige Kultur eines Individuums oder einer Gruppe wüchse, müßte das Individuum und müßten die Völker, die sie tragen, auch zur Enthaltung und schließlich zum Absterben verurteilt sein; wogegen die schließliche *Herrschaft* denjenigen Völkern gehören müßte, die es vermeiden, den geistigen Akten Energie zuzuleiten und damit den die Fortpflanzung tragenden Kräften Energie zu entziehen. Aber eben in der Annahme dieses Grundverhältnisses scheint uns Freud prinzipiell zu irren[12]. Es kommt nach unserer Meinung allen Schichten unserer seelischen Existenz, von der sinnlichen Empfindung angefangen bis zu den höchsten geistigen Akten, ein selbständiges Maß von seelischer Energie zu, das durchaus nicht aus der Triebenergie der libido entnommen ist. Wohl mag bei der Begrenztheit der seelischen Gesamtenergie eines Menschen eine übermäßige, der Harmonie und dem Gleichgewichte der seelischen Kräfte nicht entsprechende Inanspruchnahme der Energie einer dieser Schichten dazu führen, daß auch den übrigen Schichten hierdurch Energie entzogen wird, sofern nämlich alle den verschiedenen Schichten zugehörigen Energien an der begrenzten Gesamtenergie des Menschen teilnehmen und aus ihrem Fond nur so lange herzugeben vermögen, als es gleichzeitig diese Gesamtenergie und ihr inneres Verteilungsgesetz gestattet. Aus dieser Regel heraus sind die vielfachen Erscheinungen der geschichtlichen *Vor*herrschaft eines Triebes vor anderen, ferner die Tatsachen der »Surrogatbildungen« zu verstehen. Aber dieses Verhältnis ist ein ganz erheblich verwickelteres, als es Freud voraussetzt. Die Tatsachen der Verminderung der Bevölkerungsvermehrung bei steigender intellektueller Kultur lassen in den Grenzen, in denen sie stattfinden, sich wohl auch unter der Annahme unseres Grundverhältnisses verstehen, und beruhen außerdem darauf, daß – wo eine solche Proportion in besonderem Maße stattfindet – das diese Völker beherrschende »Kulturideal« ein *einseitig* »intellektualistisches« ist, nicht aber darauf, daß wahre und echte Kultur, die die Gemütskräfte, und damit auch die zur förderlichen Auslese der zur Fortpflanzung gelangenden Individuen fördernden Kräfte, gleichmäßig einer Bildung und Veredlung unterwirft, diese Folgen haben müßte. Hätte andererseits Freud in seiner Grundannahme recht, so müßte man erwarten, daß überall da, wo eine dauernde geschlechtliche *Askese* geübt wird, die erfahrungsgemäß zu einem Verdorren und Absterben der geschlechtlichen Sympathie und des Geschlechtstriebes führt, wie z. B. in den Mönchsklostern, die höchsten geistigen Energien gefunden werden müßten und demgemäß auch die höchsten geistigen Kulturwerke aus ihnen hervorgingen. Davon indes zeigt die Erfahrung trotz aller Leistungen der Klöster nichts. Oder aber die verdrängten Energien der libido müßten den anderen möglichen

Weg, der ja nach Freud gleichfalls für sie offensteht, gefunden haben und zu einer seelischen Erkrankung, d. h. zur Neurose notwendig geführt haben. Aber auch davon zeigt die Erfahrung nichts, was Freuds Gesetz bestätigen könnte.

Was wir bei Freud vollständig vermissen, sind bestimmtere Angaben, worin sich denn eine berechtigte und notwendige »Beherrschung« der libido und des Geschlechtstriebes von einer »Verdrängung« derselben *unterscheidet,* die nach ihm eine Hauptquelle für die Nervenkrankheiten darstellen soll; und gleichzeitig eine bestimmt umschriebene Angabe der differentiellen *Bedingungen,* die von der verdrängten libido einmal in die Richtung der »Sublimierung«, ein andermal in die Richtung der »Erkrankung« führen sollen. Solange diese beiden Punkte eine genaue und präzise Aufklärung nicht erfahren haben, trägt die Freudsche Theorie die große Gefahr in sich, einmal auch die Ethik in die ganz falsche Alternative: »Primitivismus« oder »Askese« hineinzudrängen, und andererseits die nicht minder große Gefahr, die Grenzen zwischen sittlich notwendiger und berechtigter Herrschaft über den Geschlechtstrieb und einer falschen, zur Krankheit führenden »Verdrängung« desselben zu verschleiern[13].

Anmerkungen

1 In diesem Buche wird Freuds Lehre von der Genese der Liebesarten nur kurz behandelt. Eingehenderes darüber bringt der 2. Band dieses Werkes, der »Vom Schamgefühl« handelt.

2 Über die Gesetze der Bildungsweise der sog. »Schicksale« von Einzelnen und Gruppen vgl. die Theorie der Vorbildwirksamkeit, die ich im 2. Bd. des Buches »Vom Ewigen im Menschen«, betitelt »Vorbilder und Führer« entwickeln werde.

3 Vgl. den wichtigen Unterschied, den K. Koffka in »Die Grundlagen der psychischen Entwicklung«, S. 27 zwischen »Lernen« und »Reifung« macht.

4 Siehe C. G. Jung: »Wandlungsformen der Libido«, Jahrbuch für psychoanalytische Forschung.

5 Vgl. meine Analyse des Strebens und Wollens im »Formalismus in der Ethik«, S. 52 ff.

6 Daß auch die Saugbewegungen des Kindes auf echten Instinkten, nicht auf Reflexen beruhen, zeigt eingehend und mit viel Beachtenswertem über »Instinkt« überhaupt K. Koffka, a. a. O.

7 Vgl. hierzu die durch das oben Gesagte angeregten (oben angeführten) Arbeiten von Kurt Schneider.

8 Vgl. Th. Lipps »Grundfragen der Ethik«.

9 Die sexuale Theorie des Alterns überhaupt ist gewiß noch nicht voll bewiesen (da sich ihr Tatsachen wie z. B. die ungefähr gleiche Lebens-

dauer des so viel später seine Sexualkraft verlierenden Mannes mit derjenigen der sie früher verlierenden Frau bisher entziehen), hat aber gleichwohl eine solche Fülle von Tatsachen für sich anzuführen, daß sie große Aussicht auf endgültige Bestätigung besitzt. Auch Steinachs Verjüngungsexperimente sprechen für sie; nicht minder die vergleichenden Ergebnisse der Forschung über die Beziehung von Alter und Fortpflanzung derselben Pflanzen- und Tierrassen in verschiedenen Milieus.

10 Über eine große geschichtsphilosophische *Teilwahrheit,* die Freuds Lehre sowohl der einseitig ökonomischen, als der machtpolitischen, als der rein ideologischen Geschichtslehre gegenüber enthält, vgl. meine Abhandlung »Die Ordnung der historischen Kausalfaktoren« in meinem Buche »Zur Soziologie und Weltanschauungslehre, Bd. IV.

11 Vgl. hierzu mein Buch: »Der Formalismus in der Ethik und die materiale Wertethik«, S. 84.

12 Wir werden in einem besonderen Bändchen dieses Werkes diese Tatsachen genauer erforschen.

13 Ein Versuch zu einer philosophisch wesentlich anders orientierten Auffassung und Interpretation der durch die Freudsche Schule aufgefundenen Tatsachen, welche der unsrigen nahesteht, ist jüngst von James J. Putnam, Professor der Neurologie an der Harvarduniversität, gemacht worden in seinem Aufsatz: »Über die Bedeutung philosophischer Anschauungen und Ausbildung für die weitere Entwicklung der psychoanalytischen Bewegung.« (S. Imago, 1912 Heft 2).

DOKUMENT NR. 7
H. G. Stoker (1925)

(»Das Gewissen. Erscheinungsformen und Theorien«, Bonn 1925, daraus S. 42-45)

f. Sigmund Freud

Eine fabelhaft merkwürdige Auffassung über das Gewissen gibt uns der Psychoanalytiker Freud. Konform der psycho-analytischen Einstellung zum Leben und zu den Lebensproblemen und konform der hierauf begründeten Weltanschauung, sieht Freud sich gezwungen, die Libido, ihre Verdrängung und Sublimierung als die Grundfaktoren auch im Gewissen und seiner Entstehung festzustellen. Das Gewissen soll nach ihm aus dem Ödipuskomplex entstanden sein[1]. »Der vereinfachte Fall (des Ödipusverhältnisses) gestaltet sich für das männliche Kind in folgender Weise: ganz frühzeitig entwickelt es für die Mutter eine Objektbesetzung, die von der

Mutterbrust ihren Ausgang nimmt, und das vorbildliche Beispiel einer Objektwahl nach dem Anlehnungstypus zeigt; des Vaters bemächtigt sich der Knabe durch Identifizierung. Die beiden Beziehungen gehen eine Weile nebeneinander her, bis durch die Verstärkung der sexuellen Wünsche nach der Mutter, und die Wahrnehmung, daß der Vater diesen Wünschen ein Hindernis ist, der Ödipuskomplex entsteht. Die Vateridentifizierung nimmt nun eine feindselige Tönung an, sie wendet sich zum Wunsch, den Vater zu beseitigen und ihn bei der Mutter zu ersetzen. Von da an ist das Verhältnis zum Vater ambivalent (die Identifizierung kann sich ebenso zum Ausdruck der Zärtlichkeit wie zum Wunsch der Beseitigung wenden). Die ambivalente Einstellung zum Vater und die nur zärtliche Objektstrebung nach der Mutter beschreiben für den Knaben den Inhalt des einfachen positiven Ödipuskomplexes.« Wenn dieser Ödipuskomplex zertrümmert wird, tritt an seine Stelle entweder eine Mutteridentifizierung oder eine Verstärkung der Vateridentifizierung. Der letztere Fall ist ein normaler Ausgang und festigt die Männlichkeit im Charakter des Knaben. Ganz analog kann die Ödipuseinstellung des kleinen Mädchens auslaufen in eine Verstärkung ihrer Mutteridentifizierung und ihre Weiblichkeit festigen. Durch die Bisexualität im Knaben sind vier in ihm enthaltene Strebungen in Beziehung auf Identifizierung und Objektbesetzung, sowohl des Vaters wie der Mutter, gegeben. Beim Untergang des Ödipuskomplexes werden sie derart zusammengelegt, daß aus ihnen eine Vater- und eine Mutteridentifizierung hervorgeht, die Vateridentifizierung wird das Mutterobjekt des positiven Komplexes festhalten und gleichzeitig das Vaterobjekt des umgekehrten Komplexes ersetzen; Analoges wird für die Mutteridentifizierung gelten. In der verschieden starken Ausprägung der beiden Identifizierungen wird sich die Ungleichheit der beiden geschlechtlichen Anlagen spiegeln.

So kann man als allgemeinstes Ergebnis der vom Ödipuskomplex beherrschten Sexualphase einen Niederschlag im Ich annehmen, welcher in der Herstellung dieser beiden, irgendwie miteinander vereinbarten Identifizierungen besteht. Diese Ichveränderung behält ihre Sonderstellung, sie tritt dem anderen Inhalt des Ich als Ich-Ideal oder Über-Ich entgegen.

Dieses Über-Ich ist nicht einfach ein Residuum der Objektwahlen des Es (das Es ist für Freud das System unbewußter Triebe), sondern ist zugleich ein energischer Reaktionsbilder gegen diese. Seine Beziehung zum Ich ist sowohl: wie der Vater sollst du sein, und: wie der Vater darfst du nicht sein (manches bleibt ihm vorbehalten). Das Ich-Ideal war um die Verdrängung des Ödipuskomplexes bemüht, ja verdankt diesem Umschwung seine Entstehung. »Das Über-Ich wird den Charakter des Vaters bewahren, und je stärker der Ödipuskomplex war, je beschleunigter (unter dem Einflusse von Autorität, Religionslehre, Unterricht, Lektüre) seine Verdrängung erfolgte, desto strenger wird später das Über-Ich als Gewissen, vielleicht als unbewußtes Schuldgefühl, über das Ich herrschen. Das Ich-Ideal ist also

der Erbe des Ödipuskomplexes und somit Ausdruck der mächtigsten Regungen und wichtigsten Libidoschicksale des Es. Im weiteren Verlauf der Entwicklung haben Lehrer und Autorität die Vaterrolle fortgeführt; deren Gebote und Verbote sind im Ideal-Ich mächtig geblieben und üben jetzt als ›*Gewissen*‹ die moralische Zensur aus. Die Spannung zwischen den Ansprüchen des Gewissens und den Leistungen des Ich wird als *Schuldgefühl* empfunden. – In zwei uns wohlvertrauten Affektionen ist das Schuldgefühl überstark bewußt: das Ich-Ideal zeigt dann eine besondere Strenge und wütet gegen das Ich oft in grausamer Weise speziell in Zwangsneurose und Melancholie. Ein großes Stück des Schuldgefühls ist normalerweise unbewußt, weil die Entstehung des Gewissens innig an den Ödipuskomplex geknüpft ist, welcher dem Unbewußten angehört. Der Mensch ist nicht nur viel unmoralischer als er glaubt, sondern auch viel moralischer als er weiß.«
Das arme Ich leidet unter dreierlei Gefahren: von der Außenwelt her, von der Libido des Es und von der Strenge des Über-Ichs her. Dreierlei Arten von Angst entsprechen diesen drei Gefahren, denn Angst ist der Ausdruck eines Rückzuges vor der Gefahr. »Was sich hinter der Angst des Ich vor dem Über-Ich, der Gewissensangst, verbirgt, läßt sich sagen: vom höheren Wesen, welches zum Ich-Ideal wurde, drohte einst die Kastration, und diese Kastrationsangst ist wahrscheinlich der Kern, um den sich die spätere Gewissensangst ablagert; sie ist es, die sich als Gewissensangst fortsetzt.«
Ein befremdliches Land haben wir durchreist, eine befremdende Sprache gehört, fremdartig war unsere Stimmung. Müssen wir Freud ernst nehmen in dem, was er hier so visionär uns vorphantasiert? Hätte die Psychoanalytik uns nicht solch ausgezeichnete und vertiefte Einsichten in das Sexualleben gegeben, und würden wir die Entwicklung Freuds, seine wissenschaftliche Arbeit und seine Herkunft aus der medizinischen Sphäre außer acht lassen, dann könnten wir geneigt sein, diese typische ultra-modern-europäische Theorie als eine nicht ernst zu nehmende Anschauung beiseitezulassen. Nun aber muß gründlich protestiert werden gegen eine solche schrankenlose und gefährliche Generalisierung der hypothetischen Annahmen eines Spezialgebietes auf die sämtlichen übrigen Gebiete, wodurch man diesen anderen Gebieten nicht gerecht werden kann – was für einige sexualpathologische Sonderfälle gelten mag, darf nicht auf den Normalfall ohne weiteres übertragen werden. Die Psychoanalytik wird den objektiven Sachverhalt immer mehr zugeben müssen, wie Freud nun schon neben seiner Libido sich gezwungen sieht, auch einen »Todestrieb« anzunehmen, speziell wenn die Grundbegriffe und die Struktur dieser Theorie genauer nachgeprüft werden. Das Fundament, worauf dieses Gebäude ruht, ist lange nicht so fest und sicher, wie die Psychoanalytiker annehmen. Bei weiterer Präzisierung ihrer Grundgedanken werden sie immer mehr auf objektive Widersprüche derselben stoßen[2].
Wir lassen Freud gegen einen bedeutenden Vorwurf sich selbst verteidigen:

»Es ist der Psychoanalyse unzählige Male zum Vorwurf gemacht worden, daß sie sich um das Höhere, Moralische, Überpersönliche im Menschen nicht kümmere. Der Vorwurf war doppelt ungerecht, historisch wie methodisch. Ersteres, da von Anbeginn an den moralischen und ästhetischen Tendenzen im Ich der Antrieb zur Verdrängung zugeteilt wurde, letzteres, da man nicht einsehen wollte, daß die psychoanalytische Forschung nicht wie ein philosophisches System mit einem vollständigen und fertigen Lehrgebäude auftreten konnte, sondern sich den Weg zum Verständnis der seelischen Komplikationen schrittweise durch die analytische Zergliederung normaler und abnormaler Phänomene bahnen mußte. Wir brauchen die zitternde Besorgnis um den Verbleib des Höheren im Menschen nicht zu teilen, solange wir uns mit dem Studium des Verdrängten im Seelenleben zu beschäftigen haben. Nun, da wir uns an die Analyse des Ich heranwagen, können wir allen denen, welche, in ihrem sittlichen Bewußtsein erschüttert, geklagt haben, es muß doch ein höheres Wesen im Menschen geben, antworten: gewiß, und dies ist das höhere Wesen, das Ich-Ideal oder Über-Ich, die Repräsentanz unserer Elternbeziehung, der Erbe des Ödipuskomplexes. Als kleine Kinder haben wir dieses höhere Wesen gekannt, bewundert, gefürchtet, später es in uns selbst aufgenommen[3].« Das höhere Wesen im Menschen, sein Geist, wird also degradiert zu der Lustprinzipsphäre, und es ist nur als Reaktion gegen diese, als Verdränger durch den Einfluß der Erfahrung und Erziehung und als Sublimierung der verdrängten Lustregungen entstanden. Aber wie kommt das Lustprinzip ursprünglich zu solcher Verdrängung? Das erklärt Freud uns nicht. Wenn wir auch diese Erklärung als eine mögliche, rein formale annehmen könnten, bleibt noch das ungeheure Problem übrig, wie die geistigen Funktionen inhaltlich entstanden sind. Solche Anschauungen Freuds mögen manchen Personen als wahrscheinlich vorkommen, unseres Erachtens ist das Geistige im Menschen nie Produkt des biologisch Sexuellen. Geist und biologische Natur sind wesensverschieden. Die Prinzipien der Selbsterhaltung und Arterhaltung in der Biologie gelten nicht für den Geist. Der Geist ist überbiologisch, um einen Terminus des Groninger Biologen und Tierpsychologen Buijtendijcks zu gebrauchen[4]. Zu Recht sagt Scheler, daß es der methodische Irrtum Freuds ist, aus dem Abnormalen das Normale verstehen zu wollen; er stellt damit die Tatsachen auf den Kopf[5].
Wir haben gesehen, wie Freud sich die Entstehung des Gewissens aus dem Ödipuskomplex denkt. Umgekehrt sehen wir in seiner »Massenpsychologie und Ich-Analyse«, was geschieht, wenn das Gewissen in der Masse außer Tätigkeit gesetzt wird. »Das Individuum kommt in der Masse unter Bedingungen, die ihm gestatten, die Verdrängung seiner unbewußten Triebregungen abzuwerfen. Die anscheinend neuen Eigenschaften, die es dann zeigt, sind eben die Äußerungen dieses Unbewußten, in dem ja alles Böse der Menschenseele in den Anlagen enthalten ist; das Schwinden des Gewissens oder Verantwortlichkeitsgefühls unter diesen Umständen

macht unserem Verständnis keine Schwierigkeiten. Wir hatten längst behauptet, der Kern des Gewissens sei soziale Angst.« – »Hauptmerkmale des in der Masse sich befindenden Individuums sind: Schwund der bewußten Persönlichkeit, Vorherrschaft der unbewußten Persönlichkeit, Orientierung der Gedanken und Gefühle in derselben Richtung durch Suggestion und Ansteckung, Tendenz zur unverzüglichen Verwirklichung der suggerierten Ideen. Das Individuum ist nicht mehr das Individuum selbst, es ist ein willenloser Automat geworden.« – Die Masse tritt nun mit fühlbar unbeschränkter Macht »an die Stelle der gesamten menschlichen Gesellschaft, welche die Trägerin der Autorität ist, deren Strafen man gefürchtet hat, der zuliebe man sich so viele Hemmungen auferlegt hat. Im Gehorsam gegen die neue Autorität darf man sein früheres Gewissen außer Tätigkeit setzen und dabei der Lockung des Lustgewinns nachgeben, den man sicherlich durch die Aufhebung seiner Hemmungen erzielt«.
Eine sehr merkwürdige Auffassung hat Freud über das soziale Gewissen. Der Gemeingeist in der Gesellschaft soll aus Neid entstanden sein. Allen soll gleich viel versagt werden. Soziale Gerechtigkeit will bedeuten, daß man sich selbst vieles versagt, damit auch die anderen darauf verzichten müssen. Diese Gleichheitsforderung, daß keiner es besser haben darf als ich, ist die Wurzel des sozialen Gewissens und des Pflichtgefühls. (Ähnlich sagt Rathenau: Alle Gerechtigkeit stammt aus dem Neide.)

Anmerkungen

1 Freud: Das Ich und das Es; Massenpsychologie und Ich-Analyse, VII.
2 Man vergleiche Schelers grundlegende Kritik an Freuds Ontogenie in seinem »Wesen und Formen der Sympathiegefühle«. II, 1923.
3 Das Ich und das Es. S. 42.
4 Buijtendijcks: Bijdrage tot het ondergoeb naar het Wezensverschil tusschen Mensch en Dier. 1922.
5 Scheler, Sympathiegefühle. II, 1923.

DOKUMENT NR. 8
Johannes Schultz (1924)

(»Fiktionen der Psychologie und Mythologeme der Psychanalytik«, in: Annalen der Philosophie und philosophischen Kritik, Bd. 4, 1924, S. 273-302, daraus S. 289-300)

Denn zwei Fehler begegnen offenkundig in allen psychanalytischen Schriften. Einerseits wird von *Freud* und seinen näheren Freunden jeder, aber auch jeder Gegenstand, der nur irgendeine Länge oder die mindeste Andeutung einer Aushöhlung besitzt (ja, das braucht es noch kaum!) zum Phallus und Uterus; und jede ersinnliche Bewegung, das Steigen so gut wie das Fallen, das Fahren wie das Reiten, das Reisen wie das Zubettgehen, zum Geschlechtsakt. Ich möchte die Wette wagen: Meinen Doktorhut für eine Situation aus dem Leben, der Geschichte, dem Naturgeschehen, die vom Verdachte frei bleibt, andeuten zu wollen, was man nicht vor keuschen Ohren nennen darf! Je mehr Zeichen aber ein Begriff trägt, desto tiefer sinkt der Kurs der Bezeichnung; und tausend Symbole für einen und denselben Gegenstand schrumpfen zum Nullwert an Symbolisierung zusammen. Man kann nichts mehr mit ihnen anfangen, nichts mehr mit ihnen beweisen. – Zweitens sodann begegnen unter den angeblichen Objekten gemeinschaftlicher Symbolik zu viele von so abstraktem Charakter, daß niemand dabei an eine allgemeinmenschliche Uranlage zu gleichnishafter Erwiderung mehr glauben könnte. Wer wird z. B. die Versinnbildung von Leidenschaften durch wilde Bestien für eine primitive Zusammenwurzelung von Ideen nehmen? Eine Reise soll (bei *Stekel*) das Leben, eine Abreise dann wieder (bei *Freud* und *Rank*) den Tod bedeuten; aber selbstverständlich können beide Deutungen – und noch beliebige weitere – nebeneinander richtig sein – es käme nur auf die Zufallslektüre und die jeweiligen Einfälle der verschiedenen Patienten an; ebensowohl möglich ist, daß alle einmal irren. Hier gehen die Kriterien aus – und die Forschung diskreditiert sich selber.

7.

Die fünfte Entdeckung ist vielleicht die populärste von allen genannten. In der Hypnose und im Traume bekommen die niedergepreßten Komplexe gleichsam Luft; hier wagen sie sich, wiewohl vermummt, vor das Auge des Ichs und tun dem ihre Heimlichkeiten durch kunstvolle Anspielungen kund. Und in der Tat, so wird es sein müssen, wenn wir mit unseren bisherigen Erklärungen auf dem richtigen Wege waren. Denn wo der Wille erschlafft – wie im natürlichen und im künstlichen Schlafe – müssen sich alle Hemmungen lockern und somit auch die Gewalt der Verdrängung sich mildern; es käme nur darauf an, daß zufällige Reize oder Erinnerungen, die in den Schlummer brechen, geeignet wären, den verbotenen Bildern zu winken: und die im Wachen abgesperrte Lava sprudelte durch die Spalten. – Daß demnach der Psychanalyst gerne an Träume des Schlafes knüpft, wenn er die Tiefen des Unterbewußtseins erloten möchte, begreift sich ohne weiteres.

Und auch das Zweite glauben wir willig: daß nämlich vielfach Reminiszenzen früher Kindheit, die wir längst vergessen wähnten, im Traume aus ihren Grüften steigen. Denn die Einengung des Blickfeldes schärft das Seelenauge fürs Einzelne: im Dunkel wirkt die einseitig gerichtete Auf-

merksamkeit wie ein Scheinwerfer. Wir werden nämlich annehmen müssen, daß im wachen Gehirn unablässig zahllose Spiele mannigfaltigster Art durcheinanderläuten; das gibt die leibliche Parallele ab fürs Zusammenrinnen sehr vieler Erinnerungsanklänge und leiser motorischer Antriebe in unbestimmte Bewußtseinslagen – während deren nur wenige Vorstellungen undeutlich vorquellen und versinken. Im Schlafe dagegen schweigt der Lärm; die Reize von draußen verlöschen; wenige Bilder und Willensregungen treten hervor; denen aber gehört dann auch der Rest der Aufmerksamkeit ausschließlich; und sie werden durch den Wegfall der meisten Empfindungen bis zu halluzinatorischer Helligkeit emporgesteigert: günstige Gelegenheit für verschüttete Städte, wieder aus ihren Aschenhaufen zu tauchen. So weit also gehen wir ohne Zaudern mit *Freud* und den Seinigen. Von hier an jedoch werden wir vorsichtig; denn jetzt erblühen die Mythologeme zu vollster Pracht; das Dämonium wird zu einem regelrechten Poeten und zu einem Diplomaten obendrein.
Die Konstruktion ist diese. Der Traum strebt danach, die gefesselten Wünsche (und, so sollte man denken, die verdrängten Schrecknisse – doch von denen ist auffallend wenig mehr die Rede) aus ihrer Haft zu lösen; gut, das haben wir soeben uns begreiflich gemacht, ohne irgendwelche Zweckbetrachtungen einfließen zu lassen. Die Rebellen sollen jedoch den Schlaf nicht stören; deshalb müssen sie einerseits beruhigt werden – und das geschieht, indem das Begehren sich stillt; also wird jeder Traum (jeder, wirklich?) zur Wunscherfüllung. Hier schon hakt die Kritik ein. Gesetzt nämlich sogar, daß die Tatsachen sich der Behauptung besser schmiegten, als uns vorkommen will: so bedürfte es wiederum beim Erläutern keiner Teleologie; wenn wirklich ein Wunsch in uns aufsteigt, so malt ihn der nächste Seelenaugenblick regelmäßig als erfüllt; und da im Traume jede Vorstellung als Wirklichkeit vor uns hintritt, so wäre es ganz natürlich, daß der Träumer sein losgelassenes Verlangen in den meisten Fällen auch sättigen dürfte; eine fürsorgliche Absicht des Unbewußten wäre da ganz überflüssig. Aber wie steht es in Wahrheit mit den geträumten Wunscherfüllungen? Zwar, mit den »bösen« Träumen wird *Freud* auf seine Weise fertig, wir werden's gleich sehen. Allein, wie ist es mit jenen unbehaglichen Träumen voll öden Unbefriedigtseins und vor allem mit den Hindernissen im Traum? Da befinde ich mich etwa auf der Reise – an irgendeinem ersehnten Orte, meinetwegen in Rom; meine »Erfüllung« hätte ich also, offen oder verkappt, gleichviel; warum bleibe ich dennoch oft tief enttäuscht? Und dann wieder: Wenn der Traum die erwachende Seele in tieferen Schlaf lullen will, warum türmt er da neckend wider allerlei Vorhaben Hemmnis hinter Hemmnis auf? Wie bringt jemand solch ein gerades Widerspiel der Wünschestillung dennoch unter *Freuds* Schema? Ist es am Ende wiederum der aufkeimende Wille zur Verdrängung, das »Verbot« also des Gewünschten, was den Träumer seine Abfahrtszeit verschlafen läßt, ihm die Türen versperrt, ihm die Glieder lahm macht (vgl. *Freud* Trdtg., S. 263 ff.)?

Oder war jene Enttäuschung die Folge davon, daß es dem dichtenden Traume mißlang, mir volle Erfüllung meines Begehrens zu verschaffen? Aber das sind ja offenkundig nur Ausreden; wer sieht nicht, daß mit derlei Begründungen jeder ersinnliche Inhalt in jedes ersinnliche Gedankenfach sich pfropfen ließe? – Doch weiter! Das Unbewußte darf sein Werk auch nicht gar zu offen treiben; denn sobald das Ich zu bemerken beginnt, was es im Grunde begehrt und was sich da traumhaft vollendet: alsbald erhebt sich die eingeschläferte Macht der Verdrängung, der Arterienkrampf (um an unsere Erklärung zu erinnern) fängt an, mit ihm die alte Angst; und eine zu unverhüllte Befriedigung der Begierde entwickelt sich zum Schrecktraum. Höchst geistreich ersonnen! Aber stimmt es auch? Damit es wirklich stimme, fällt *Freud* ein wenig aus seinen sonstigen Voraussetzungen. Die geheimen Wünsche nämlich, deren Erfüllung den Träumer entsetzt, gehen großenteils auf den Tod geliebter Personen; wenn einer seine Frau im Gedränge verliert und mit wahnsinniger Angst sucht; oder er sieht seinen Vater sterben und erlebt dabei atemverschnürende Qualen: so hat er immer in tiefster Seele begehrt (und das ruchlose Begehren gewaltsam verdrängt), er möchte noch Junggeselle sein, er möchte endlich einmal erben! Dieses Geheimnis wird jetzt offenbar, darum ängstet er sich! Sehr wahrscheinlich? Mir nicht. Doch sei es drum. Aber ich spiele die Sache auf ein Feld, das zu betreten gerade *Freud* sich am allerwenigsten weigern darf. Diejenigen Träume, bei denen die Erfüllung unerlaubter Wünsche am gewissesten und offenbarlichsten stattfindet, und zwar ohne daß sich die Begierde besondere Mühe gibt, sich zu schminken oder zu maskieren: das sind doch wohl jene, die mit Pollutionen zu enden pflegen. Da verführt man doch noch herzhaft, bricht skrupellos die Ehe, treibt vielleicht sogar einmal einen kleinen Inzest. Nun wohl, warum ängstet einen just hierbei das verdrängende Gewissen so gar nicht? Wäre es nicht trotz allem einfacher, ruhig bei der uralten Annahme zu bleiben: Die moralischen Sperrungen werden im Schlafe mitsamt dem sonstigen Willensapparat lahm – und deshalb behagt hier die Wunscherfüllung, ohne viel Bedenken zu erregen; während in anderen Fällen losgebundene Schrecken der Tiefe, an die man im Wachen ungern denken mochte, den Wehrlosen anheulen und ängstigen?

8.

Diese die unterbewußten Motive des Traumgenius nach *Freud;* nun seine Arbeit! Er hat die Aufgabe erhalten, einerseits Wünsche zu stillen, andererseits diese Prozedur so zu vermummen, daß das Bewußtsein keinen Wind von der Hauptsache bekommt; darum setzt, sowie die Anspielungen des Dramas zu deutlich werden, die »Traumzensur« ein und stutzt das zynisch werdende Werk zurecht; die »Traumzensur« – die nach unserer Erklärung mit der erwachenden Macht der »Verdrängung« zusammenfallen müßte:

sowie das Verbotene sich laut macht, setzt jener arterielle Krampf ein – und die Gestalten des Traumes werden undeutlicher! – Nun betrachten wir aber die Kunstgriffe des unterbewußten Poeten, die den Sinn seines Gedichtes zu verschleiern bestimmt sind. Da ist erstlich die Symbolisierung: das geheime Verlangen zeigt sich niemals in seiner Nacktheit, sondern stets im farbigen Gleichnis. Der ersehnte Beischlaf wird zum harmlos paradiesischen Wandeln unter Obstbäumen oder zum Erklimmen luftiger Stiegen; die zügellose Entfesselung unruhiger Triebe zur reizvollen oder ängstlichen Jagd mit schönen Raubtieren; der Tod des Rivalen zu einer feierlichen Zeremonialszene. Absichtlicher Mummenschanz der Traumregie? Aber solche Absichten brauchen wir nicht, um das Phänomen zu erklären. Denn im Schlafe hört die Lenkung und willkürliche Abkürzung der Gedankenketten und ihre Umsetzung in Motorik auf; die repräsentierenden Vorstellungsbilder, im Wachen schnell und schattenhaft vorüberhuschend, strahlen dafür in täuschendem Glanze empor; jeder abstrakte Einfall wird sofort zur sinnlichen, leibhaften Vision. *Herbert Silberer* gibt gute Beispiele. Er dachte abends an die Notwendigkeit, in einem Aufsatz eine Stelle zu »glätten« – und sieht sich im Traume hobeln; er dachte an leuchtkräftige Argumente – und sieht weiße Pferde springen. Hier ein von mir erlebtes Beispiel: Ich nicke über meiner Kantlektüre für einen Augenblick ein; eben las ich einen Satz über Paradoxien: »Es ist sehr gut, sich auf allerhand Abenteuer (der Vernunft nämlich) hinauszuwagen, um doch zu sehen, was sich auf der so sehr verworfenen Gegenseite antreffen lasse.« Sofort sehe ich eine Straße, auf deren einer »Seite« (der »verworfenen« natürlich!) sich Dirnen herumtreiben, um sich da (»Abenteuer«! aber galante!) »antreffen zu lassen«. Diese einfache Übersetzung eines in der vorigen Sekunde aufgefaßten Gedankens ins Bildliche wird ja wohl kein Psychanalyst für eine kunstvolle Einkleidung verstohlener Begierden nehmen. Und wenn der Traum in dieser Weise stets bunte Anschauung für Gedachtes setzt, setzen muß, weil jene Glut der Aufmerksamkeit ihm fehlt, die beim wachen Denken den Bilderfluß ins Aktive und Abstrakte verdampft: so ist es offenbar unmethodisch, in der Symbolsprache des Unterbewußtseins immer einen Willen zur Verhüllung finden zu wollen. Der Fehler tritt noch deutlicher hervor, wo *Freud* das Verhältnis des Trauminhalts zu den Erlebnissen der jüngsten Vergangenheit bespricht; er betont energischer als andere, daß solche allemal im Traume widerklingen; aber sie sind nach der Hypothese nur das Material, aus dem der Architekt seine Schlösser baut; den Plan liefert der Komplex, liefern gewöhnlich Überreste der Gestalten frühkindlicher »Libido«. Daß sich nun solche gelegentlich (häufig selbst, meinetwegen!) in Träumen zeigen werden, leugne ich keineswegs; im Gegenteil, ich deutete schon an, wodurch das sehr glaubhaft wird. Was ich leugne, ist nur: daß der unterbewußte Traumdichter, um solchen »latenten« Inhalt zu larvieren, zu frischen Reminiszenzen greift. Gerade umgekehrt muß es sein; die an den Vortagen gemachten Erfahrungen spuken durch die Seele, von

irgendwelchen Eindrücken reproduziert; und wenn sie zufällig geeignet sind, verdrängte und scheinbar längst vergessene Wünsche oder Erinnerungen zu wecken, so geschieht das leichter als im Wachen, da die Grenzsperre mit dem bewußten Willen erschlafft ist.
Die übrigen Mittel der »Traumarbeit«, den zu erfüllenden Wunsch unkenntlich zu machen, sind nach *Freud:* die »Verdichtung« mehrerer Motive in ein einziges; die »Verschiebung« der Akzente, die Hauptsachen in den Hintergrund und Gleichgültigkeiten ins Zentrum des Interesses rückt; und endlich die Dramatisierung, die rücksichtslos die Rollen vertauscht, dem Ich seine Schuld abnimmt und einem beliebigen Du auf den Buckel bürdet, die ödipodisch begehrte Mutter in eine hübsche Tante verwandelt, aus dem heimlich gehaßten Vater einen fremden Kaiser macht. Aber es ist ja nicht schwer, all dergleichen mit den Mitteln der gewöhnlichen Assoziationspsychologie zu erklären; daß die Metamorphosen allemal listige Intrigenspiele des Unterbewußten sein müßten, um verbotene Wunscherfüllungen durch die Zensur des Ichgewissens zu schmuggeln: das scheint wenig plausibel.

9.

Bis jetzt war unser Ergebnis dieses. Daß verdrängte Komplexe, geächtete Begierden, unheimliche Kindererinnerungen in Träumen eher als im Wachen aufsteigen und daß demnach die Analyse der Träume dem psychologischen Fossiliensammler reichere Ausbeute verspricht als Inquisitionen über vollbewußte Einfälle: – das scheint uns von vornherein wahrscheinlich, und da die Erfahrung es bestätigt, nehmen wir's als Tatsache hin; dagegen bezweifeln wir einstweilen, daß eine zwecksinnige Traumarbeit auf larvierte Wunscherfüllungen lossteure; mag das gelegentlich vorkommen; als Regel bezweifeln wir's.
Unzweifelhaft aber bleibt: das Unterbewußte hat dichterische Talente und führt dem Ich bisweilen Szenen vor, deren Zusammenhang dieses nicht sofort begreift. Oder einfacher ausgedrückt: Es können sich im schlafenden Hirne sinnvolle Kombinationen und Bilderfolgen anspinnen, ohne daß jenes Erlebnis der eigenen Persönlichkeit hinzutritt, das selbstbewußte Vorstellungsketten begleitet; als wir von den zielstrebigen Listen der seelischen Tiefenmächte sprachen, wurde uns das Rätselhafte deutlich; hier hätten wir nichts hinzuzufügen – als höchstens das Eine: daß die »Aufgaben«, die ohne Ichbeteiligung Gedankengänge regieren, nicht eben praktischen Zwecken zu dienen brauchen; sie können auch künstlerischer Art sein und die Phantasie des Träumenden ohne sein bewußtes Wissen leiten.
Das wußte man nun freilich lange vor *Freud; Schopenhauer* und *Eduard von Hartmann* haben besonders eindringlich darauf hingewiesen; bei *Maury, Spitta, Volkelt, Radestock* findet man hübsche Beispiele, wie das Traum-Ich von einem zweiten durch richtige Antworten sich überraschen

oder auch sich korrigieren läßt, wie also die eigentliche Denkarbeit abläuft, während das Ichbewußtsein aussetzt, und nun erst, da das Ergebnis vorliegt, dieses Ich sich flüchtig wieder zeigt und über die Gescheitheit des »anderen« sich naiv verwundern kann. Selbst Witze (wenn auch noch so schwächliche!) reißt der unterbewußte Dichter wohl: und das zuschauende Ich versteht sie nicht gleich! Folgende drei Belege entnehme ich meinen eigenen Träumen. Ein Geistlicher erzählt mir, er habe eine Statistik über die Haarfarbe seiner Konfirmanden anstellen wollen und aufstehen heißen, wer »rot« sei; worauf fast alle Knaben sich erhoben hätten. Ich vernehme das mit dem größten Erstaunen und kombiniere mir ein paar Erklärungsmöglichkeiten für das unerwartbare Resultat – bis ich zuletzt merke: »Aha! die Buben haben gemeint, sie seien sozialdemokratisch gesinnt!« – Ich suche in einem italienischen Restaurant auf der Speisekarte nach einem möglichst billigen Gericht; und wähle schließlich des niedrigen Preises wegen eines, dessen französischen Namen ich nicht kenne; es heißt nämlich: »Hungère«; ich bin gespannt, wie es wohl schmecken mag; erst beim Erwachen fällt mir der Sinn des unsinnigen Wortes ein. – Ich suche meinen Hut, bemerke endlich, daß ich ihn ja aufhabe, wundere mich über meine Zerstreutheit und sage lachend: »Daß ein Hut auf einem Kopfe sitzt, ist doch am Ende nicht unnatürlich.« Erst nach dem Erwachen entdecke ich, daß mein Traum eine Dame verspottete, die sich tags zuvor (ohne vernünftigen Grund, wie mir schien) über mich beklagt hatte, weil ich bei einer gleichgültigen Gelegenheit sie begrüßt hätte, ohne förmlich vor ihr den Kopf zu entblößen.

Genug der Exempel! Man sieht, auch ohne Psychanalyse konnten wir die Poetenmacht des Unterbewußtseins erfahren. Immerhin haben *Freud* und seine Anhänger die Traumforschung wesentlich vertieft und gefördert; das wird jeder ihnen danken, auch wenn er nicht in allen Träumen gleich Wunscherfüllungen sieht, sondern mit uns annimmt, daß im allgemeinen Leibreize und Zufallsassoziationen den Teppich unserer nächtlichen Phantasie weben. Nun bestreitet ja *Freud* nicht (und wie könnte er auch?), daß derlei Anlaß und Material für die Traumarbeit werde; fragt aber, warum derselbe Anstoß (z. B. der Harndrang) bei verschiedenen Personen und in verschiedenen Nächten derselben Person so völlig verschiedene Fabeln heranzaubere; mit jeder Vorstellung seien doch zahllose andere assoziiert, zahllose Fortsetzungen also eines gegebenen Kapitelanfangs lägen dem Traumdichter in jedem Momente bereit; warum nun wähle er unter den zahllosen Möglichkeiten gerade eben diese, diese eine, individuelle; dafür gälte es doch, nun auch ein individuelles Motiv zu suchen. Und dieses Motiv eben findet unser geistvoller Denker in der Tendenz zur Erfüllung verborgener Wünsche. – Er begrüßt sich hier mit allen Gegnern der Assoziationspsychologie, die nicht müde werden, spöttisch von uns zu fordern: wir sollten ihnen Gründe herschaffen, warum unter unendlich vielen Fäden, die ja nach unserer Voraussetzung jede Vorstellung mit unendlich vielen anderen verspännen, der Gedankenverlauf ausgerechnet den einen und nicht genau so gut einen zweiten, dritten oder tausendsten hervorspule. Aber solch ein Verlangen geht wider die Logik der Wissenschaft. Denn um ihm zu genügen, müßten wir einer göttlich absoluten Kenntnis vom Zustande des betreffenden Gehirns genießen. Dann – und nur dann – vermöchten wir zu erforschen, welche unter den ungezählten Bahnen, die der Nervenstrom in einem gegebenen Augenblick einschlagen könnte, die gangbarsten sind, wie die Bereitschaft der verschiedenen Zentren beschaffen ist; wie sich eben der Blutdruck verteilt. Und bloß wenn wir solche übermenschliche Kenntnis besäßen und obendrein noch die Zusammengehörigkeit der einzelnen Nervenspiele mit den einzelnen seelischen Erlebnissen in der Hand hielten, wären wir gerüstet, das zu beantworten, was man da heischt. Folglich gibt es für uns Unwissende, ewig Unwissende, bloß eine Auskunft: ein großmächtiges X in die Lücke zu malen; in deutsch aber heißt dieses X »Zufall« (im richtigen Wortgebrauch). Also, ganz korrekt: »Zufällig« wählt die träumende Seele unter vielen an sich denkbaren Bilderreihen eine besondere aus; nebenbei, wenn sie mehrere zugleich wählt, so geschieht eines von zweien: entweder die gleichzeitigen Zwiespältigkeiten verlöschen und verwischen einander zu einem unentzifferbaren, undeutlichen Genebel, einer vagen »Bewußtseinslage« – oder die konkurrierenden Gestalten hüpfen einander in den Weg, wechseln jähen Sprunges ab und ergeben so ein buntscheckiges Verwandlungsspiel; beides aber kommt ja tausendfältig vor, ganz wie wir's erwarten. – Wenn nun jener »Zufall« gärende Komplexe der verkellerten Seele ins Schäumen bringt, was, besonders bei labilen Persönlichkeiten, oft genug vorkommen mag: dann tritt der Traum des *Freudschen Typs* ein. Mehr, glaube ich, darf der Psychanalyst nicht behaupten.

Indem er dennoch mehr behauptet, beruft er sich auf seine überlegene Erfahrung. Indessen bleibt ja klar, trotz allem, was *Freud* beredt wider unsere Einwände einwendet, daß Traumanalysen nur selten ganz eindeutige und unzweifelhafte Resultate beschaffen können. Denn zum ersten: ob das, was dem Erwachten bei der Erzählung seines Traumes einfällt, auch wirklich von Anfang an in den Motiven des Traumes gesteckt hat oder, durch das Erzählen selber reproduziert, erst nachträglich rieselt, wird sich nicht allemal ausmachen lassen. Zum zweiten: mag Suggestion noch so sorglich ausgeschlossen werden: unvermeidbar bleibt die Willkür des Experimentators in der Wahl derjenigen unter den Traumfiguren, an die zuerst Einfälle sich knüpfen sollen, und des Einfalls, an den die weitere Unterhaltung sich jeweils schließt. Zum dritten: die Analyse kann nur dann eindeutig geraten, wenn die Symbole völlig eindeutig sind; das behauptet denn die Schule auch; wir aber mußten's bezweifeln. Zum vierten: der Traum verwandelt gern alle abstrakten Gedanken in Gemäldefolgen, hat also z. B. (wie *Freud* selbst hervorhebt) kein Ausdrucksmittel für die Negation; auch hierdurch können Mehrdeutigkeiten entstehen; geheimer Wunsch etwa und geheime

Furcht bleiben in der Traumsprache ununterschieden (was nebenbei die ganze Wunschhypothese verdächtig macht). Zum fünften: die Versuchspersonen der Analysten sind fast lauter Kranke, in deren Leben die »Komplexe« eine ungebührliche, wiewohl unterbewußte Rolle spielen; wenn wirklich für deren Träume *Freuds* Annahmen meistens zutreffen sollten, beweist das auch für die Gesunden?

Nun bezieht sich freilich *Freud* selber vorwiegend auf seine eigenen Träume; und seine Schüler versichern uns übereinstimmend, daß sie in zahlreichen Selbstanalysen die Hypothesen des Meisters geprüft und richtig befunden haben. Sollte aber da nicht in die analytische Tätigkeit selber der Wunsch leise hineinspielen, sich zu bestätigen, was so geistreich ersonnen war? wo viele Ausblicke sich öffnen, das Fernrohr unwillkürlich auf den erwarteten Gegenstand eingestellt werden? Zu dieser Frage bewegt mich eine naheliegende Erwägung. Die Widerstände gegen das nachträgliche Empordringen des latenten Trauminhalts müßten, falls die Ansicht zuträfe, von verschiedener Stärke sein; so daß bei gutem Willen auch ein ungeübter Traumenträtseler wenigstens gelegentlich einen minder energisch verdrängten Wunsch als Traumquelle ertappen müßte; dann möchte er bei den für ihn undeutbaren Träumen seine eigene Unaufrichtigkeit oder Ungeschicklichkeit in der Analyse als Grund seines Scheiterns anklagen. Sonderbar aber bliebe es, wenn hinter jedem unserer Träume ohne Ausnahme solch ein verhohlenes Drängen steckte und unsereinem nun dennoch nie, aber auch wirklich fast niemals irgendein dürftigster Ansatz zu einer Deutung im *Freudschen* Stile gelänge. Und wie oft habe ich's gemeinsam mit meiner Frau vergebens versucht! Dabei sind wir beide sehr lebhafte Träumer. – Zu viele Fehlerquellen! Die Kritik muß ihr Fragezeichen machen, sie wolle oder nicht.

10.

Die sechste und letzte Entdeckung *Breuers, Freuds* und ihrer Genossen ist die praktisch eigentlich bedeutsame; zugleich theoretisch unbedingt notwendig, um den Gedankenbau zu vollenden; denn sie liefert die entscheidende Probe auf das Gesamtresultat.

Wenn es nämlich wahr ist, daß die Verdrängung Angst und Zwangsbewegungen im Gefolge hat und die verdrängten Komplexe sich in kranken Symptomen entladen: so müssen diese Erscheinungen wegbleiben, sowie die qualvolle Spannung sich einmal legt, sowie die unterbewußten Regungen und Erinnerungen Erlaubnis bekommen, ans Tageslicht zu steigen und mit dem seelischen Leben des wachen Ichs sich auszugleichen. Dann hört ja jener Aderkrampf von selber auf, der jedesmal einsetzte, wenn die verbotenen Vorstellungsreihen sich nahten; mit ihm verschwindet die Angst; und mit der Abwehrreaktion die ihr dienenden zwangsläufigen Handlungen; die fatalen Erlebnisse und Wünsche geben sich zwar nach wie vor motorisch aus – in der Sprache *Breuers* und *Freuds:* »sie werden abreagiert«; aber es stellt sich, indem jetzt der Gesamtorganismus an der Tätigkeit teilnimmt, ein gemeinsamer Rhythmus der Bewegungen wieder her: der fremde Nebenmotor ist aus der Maschine entfernt. Was unkontrollierbarer »Tic« war, bekommt jetzt, da das Selbstbewußtsein es begleitet, den Charakter einer gewöhnlichen Affektäußerung; und die Fähigkeit des lebendigen Leibes zur Regulation so unendlich vieler Störungen sorgt dafür, daß die übrigen motorischen Äußerungen sich darauf einstellen; so verläuft der schädliche Impuls im allgemeinen Spiele des Bewegungslebens. Die Innervationen der Sinnesorgane, die vorher Halluzinationen hervorriefen, werden nunmehr, im Lichte des Ichs, als willkürlich erlebt und haben also nicht mehr – wie alle unwillkürlichen – Wirklichkeitsurteile zur Folge. Die isolierten Hirnbezirke werden in den Gesamtverkehr wieder hereingerissen; und damit hören Anästhesien und Lähmungen auf. Die hysterischen Schmerzen und Hemmungen verschwinden, indem die unterbewußten Antriebe nicht mehr gegen die bewußten arbeiten, sondern alles wie vor der Erkrankung sich kombiniert. Kurz, wenn es wahr ist, daß die Sperrung die Krankheit hervorgerufen hat, dann muß mit dem Fallen der Schranke die Genesung beginnen.

Und daß dies tatsächlich der Fall: das ist der merkwürdige Fund, der ein so wichtiges Ereignis für die Psychologie bedeutet. Damit wird die Psychanalyse zur Psychokatharsis: der Arzt reißt den Komplex aus seiner Gruft hervor; der Patient lebt ihn bewußt durch – und es wird besser mit ihm. Dabei wäre (wenn wir uns mit den üblichen psychologischen Erklärungen begnügen wollen) die Aufhebung der funktionellen »Sejunktion« (um mit *Carl Wernicke* zu reden) das allein Entscheidende; den Begriff des »abreagierten Affektes« dagegen vermeiden wir lieber, weil wir an unterbewußte Affekte nicht zu glauben vermögen; jeder Affekt vielmehr ist uns eine Synthese aus Organempfindungen und Vorstellungen, bei der das Ichbewußtsein nicht fehlen darf; mit anderen Worten, Affekte können wir nur als Zustände der ganzen Persönlichkeit uns denken; ich sagte es bereits.

Die Tatsache, daß Nerven- und Seelenleiden durch Psychokatharsis geheilt werden, wird vielfach noch bestritten; ich sehe nicht ein, wie solche Skepsis möglich ist, angesichts des gewaltigen Materials, das *Breuer, Freud* und ihre Helfer uns vorlegen. Auch fühle ich keine besondere Versuchung zum Zweifel; denn eine Erklärung der wundersamen Fakten mittels der Denkformen der rationalen Psychologie ist ja nicht schwer: das eben wünschte ich zu zeigen. Die Mythologeme der Schule schrecken viele weg; aber warum? Sie lassen sich ja abstoßen, ohne daß auch nur die winzigste unter den vielen mitgeteilten Beobachtungen bemängelt zu werden braucht. Davon den willigen Leser zu überzeugen, war die Absicht meines bescheidenen Versuchs. Gelänge das mir – oder, falls meine Konstruktion nicht genügen sollte, einem geschickteren Nachfolger –, dann wäre zweierlei zugleich gewonnen: viele Vorurteile gegen die interessanteste Entdeckung der neuesten Seelenlehre wären weggeräumt – und jenen Liebhabern magischer Dünste, denen nicht an Tatsachen, sondern gerade an den verkleideten Mythologemen liegt, wäre ihr mystagogisches Spiel verdorben.

Anmerkungen

1 Übersicht: Kantstudien 1927-1933

Bd. 32, 1927

1. Freud wird in einem Aufsatz von Carl Stumpf über W. James erwähnt. James wird mit den Worten zitiert, er habe mit Freuds Traumtheorie nichts anfangen können und halte dessen ›Symbolismus‹ für gefährlich (S. 219).
2. H. L. A. Visser beschäftigt sich in dem Aufsatz ›Zum Problem der nicht-rationalen Logik‹ auch mit Hypnose und Massenpsychologie und zitiert in diesem Zusammenhang Freud (S. 250).
3. C. Siegel bespricht in seinem Abschnitt ›Philosophie‹, der in der Deutsch-Österreichischen Literaturgeschichte erschien, auch Freud. Sein Aufsatz wird rezensiert.
4. Das XIV. Jahrbuch der Schopenhauer-Gesellschaft wird besprochen. Hier wird Freud in einem Aufsatz von O. Juliusberger erwähnt.

Bd. 33, 1928

1. E. v. Aster setzt sich in dem Aufsatz ›Zur Kritik der materialen Wertethik‹ mit N. Hartmann auseinander und bezieht sich dabei ausführlich und positiv auf die Psychoanalyse (S. 192-195).
2. Hendrik de Man erwähnt Freud in seinem Buch ›Zur Psychologie des Sozialismus‹, welches rezensiert wird (S. 302f.).
3. Bericht über die Nietzsche-Tagung, auf der Prinzhorn einen Vortrag hält, in dem er Freud erwähnt (S. 349f.).
4. Rezension des Buches von H. G. Stoker über ›Das Gewissen‹, in dem sie sich auch mit Freud beschäftigt (S. 443).

Bd. 34, 1929

1. In dem Aufsatz von Emil Utitz ›Über Grundbegriffe der Kunstwissenschaft‹ behandelt ein kurzer Absatz die Freudsche Kunsttheorie (S. 55).
2. Alf Nyman erwähnt Freud einleitend in seinem Aufsatz ›Über das Unbewußte‹, ohne jedoch ausführlicher auf die Psychoanalyse einzugehen.
3. Paul Tillich erwähnt Freud kurz in seinem Aufsatz über ›Philosophie und Schicksal‹ (S. 307).
4. S. Frank gedenkt Freud und der Psychoanalyse sehr positiv, aber kurz in seinem Aufsatz ›Zur Metaphysik der Seele‹ (S. 353).

Bd. 35, 1930

1. Emil Utitz erwähnt Freud in dem Aufsatz ›Zur Philosophie der Jugend‹ (S. 442, 456).

Bd. 37, 1932
1. Rezension von Freuds ›Zukunft einer Illusion‹ (S. 192f.). Zwischen der Erstveröffentlichung und der Besprechung sind 5 Jahre vergangen!
2. Rezension von ›Das Unbehagen in der Kultur‹ (S. 193ff.).

Bd. 38, 1933
1. Karl Bühler zieht in seinem Aufsatz ›Die Theorie der Sprachwissenschaften‹ Beiträge der Psychologie für eine Theorie der Sprechhandlung heran und berücksichtigt Freuds Theorie der Fehlleistungen (S. 49).

2 Das Buch erschien 1923 in 1. Aufl., wurde 1939 in erweiterter Form wiederaufgelegt, konnte aber die nationalsozialistische Zensur nicht passieren. Die zitierte Ausgabe entspricht der 2. Aufl. von 1939.

3 Ich verdanke diesen Hinweis Herrn J. Cremerius.

3a Vgl. zur neueren Diskussion dieses Problems in der Philosophie: Shope, R. K. (1971), und Winter, J. B. (1971). Am umfassendsten setzte sich P. Ricoeur (1969) mit der Bedeutung der ›Energetik‹ in der psychoanalytischen Theorie auseinander.

4 Einer der wenigen philosophischen Autoren, die die Freudsche ›Energetik‹ als konstitutiven Bestandteil der Psychoanalyse begriffen und die energetische und die hermeneutische Sprache der psychoanalytischen Theorie in *einer* Erkenntnistheorie zu verbinden versucht haben, ist P. Ricoeur:
»Die Schriften Freuds präsentieren sich von Anfang an als eine gemischte, sogar zwiespältige Rede, die bald Aussagen über – einer Energetik unterworfene – Kräftekonflikte macht, bald Aussagen über – einer Hermeneutik unterworfene – Sinnbeziehungen. Ich möchte zeigen, daß diese offenbare Ambiguität wohlbegründet und daß diese gemischte Rede die Basis der Psychoanalyse ist« (P. Ricoeur 1974, S. 79). Ricoeurs Grundgedanke ist, daß die ›gemischte Rede‹ der Natur des Wunsches genau angemessen ist und zwar insofern, als sich im Wunsch der Übergang von sinn- und beziehungsloser Natur zum gerichteten, symbolfähigen Ausdruck vollzieht. Diesem Doppelaspekt des Wunsches korrespondiert die Ambiguität der psychoanalytischen Rede:
»Vielleicht liegt tatsächlich gerade im Setzen des Wunsches die Möglichkeit, von der Kraft zur Sprache *überzugehen*, aber auch die Unmöglichkeit, die Kraft völlig in die Sprache einzubringen« (1974, S. 81). (Dieser Gesichtspunkt müßte auch bei der Diskussion neuerer Ansätze, die Metapsychologie auf Kosten der Energetik zugunsten einer handlungstheoretischen und motivationspsychologischen Sprache umzuformulieren, berücksichtigt werden.)

5 Der methodische Einwand, die Psychoanalyse generalisiere ihre an Neurotikern gewonnenen Erkenntnisse in unzulässiger Weise, wurde auch von anderen Autoren erhoben (vgl. A. Messer 1934, S. 313; M. Scheler 1913, S. 202).

6 »Fassen wir aber die Beziehungen zwischen dem Kulturprozeß der Menschheit und dem Entwicklungs- und Erziehungsprozeß des einzelnen Menschen ins Auge, so werden wir uns ohne viel Schwanken dafür entscheiden, daß die beiden ähnlicher Natur sind, wenn nicht überhaupt derselbe Vorgang an andersartigen Objekten« (1930, G. W. Bd. 14, S. 500).

7 Vgl. zur Begriffsgeschichte des Unbewußten in der Philosophie W. Windelband 1914; A. Nyman 1929.

8 In der großen Freud-Biographie von E. Jones etwa wird Häberlin nicht erwähnt. Sehr lesenswert sind die entsprechenden Kapitel in P. Kamm (1977).

9 Häberlin hatte seine Auffassungen zu dieser Frage 1915 in einem Vortrag formuliert (»Über das Gewissen«), den er auch Freud zusandte (s. unten).

10 Dieser Einwand ist sehr häufig und gerade von Philosophen vorgebracht worden. Teilweise schloß man daraus, daß das Unbewußte nur als methodisches Konstrukt aufzufassen sei (vgl. III 5.). Teilweise verstand man diesen Einwand aber auch als grundsätzliches Argument gegen die Wissenschaftsfähigkeit der Psychoanalyse. – Häberlins eigene Position in diesem Punkt ist um so bemerkenswerter, als sie kaum von anderen Philosophen geteilt wurde.

11 Leider ist diese Arbeit Benjamins nie veröffentlicht worden. Scholem schreibt, Benjamin habe anläßlich dieses Seminars auch »Schrebers Denkwürdigkeiten eines Nervenkranken« gelesen, »die ihn viel tiefer ansprachen als Freuds Aufsatz darüber« (G. Scholem 1975, S. 75).

12 Keyserlings Präferenz zugunsten C. G. Jungs wurde später immer deutlicher. 1927 sprach C. G. Jung auf einer Tagung der Schule der Weisheit zum Thema »Die Erdbedingtheit der Psyche«. Aus dem Briefwechsel zwischen Keyserling und O. A. H. Schmitz geht hervor, daß sich Keyserling zu dieser Zeit sehr um persönlichen Kontakt mit Jung bemüht hat und über Dritte sogar wegen der Möglichkeit einer Analyse anfragen ließ (1970, S. 58ff.).

13 Ich lege der Darstellung im folgenden die 3. Aufl. von 1923 und stellenweise vergleichend die erheblich erweiterte und umformulierte 4. Aufl. von 1946 zugrunde.

14 Vgl. »Kausale und ›verständliche‹ Zusammenhänge zwischen Schicksal und Psychose bei der Dementia praecox (Schizophrenie)« (1913), in: Ges. Schriften zur Psychopathologie, Berlin 1963.

15 Berlin 1960; 5. unveränderter Abdruck der im Sommer 1932 bearbeiteten 5. Aufl.

16 1914 schrieb Freud an Abraham: »Binswanger hat eine gute Arbeit über Jaspers und die Psychoanalyse geschickt, macht auch zuviel aus Jaspers.« (S. Freud und K. Abraham, Briefe 1907-1926. Frankfurt 1965, S. 193).

17 Die Auseinandersetzung mit C. G. Jung soll i. f. nur insoweit dargestellt werden, als zum Verständnis der Einschätzung Freuds notwendig ist.

18 Das genaue Entstehungsdatum des Aufsatzes war nicht festzustellen, dürfte jedoch in die 30er Jahre fallen.

19 Vgl. »Conclusio: Das Novum im Unbewußten, Objektive Phantasie« (1938), GA Bd. 10, S. 122-131, Frankfurt 1969.

19a Der Widerspruch zwischen dem Phänomen der Angstträume und Freuds Hypothese, daß der Traum halluzinierte Wunscherfüllung sei, wurde auch von L. Wittgenstein kritisiert (vgl. L. Wittgenstein, in: R. Wollheim und J. Hopkins (Hg.), 1982).

20 An diesen Punkt knüpfen M. Pohlen und L. Wittmann in ihrem Buch *Die Unterwelt bewegen. Versuch über Wahrnehmung und Phantasie in der Psychoanalyse* (1980) an und entwerfen auf der Grundlage der Kategorie des Noch-Nicht-Bewußten eine neue psychoanalytische Theorie der Phantasie.

20a »Die pädagogische Bewegung in Deutschland und ihre Theorie«, 2. Aufl. 1935; zit. nach der 6. Aufl. von 1963.

21 1. Aufl. 1938; zit. nach der 4. Aufl. von 1949.

22 1. Aufl. 1939; zit. nach der 2. Aufl. von 1947.

23 Mündl. Mitteilung von J. Cremerius.

24 Vgl. J. Cremerius, »Schuld und Sühne ohne Ende. Hermann Hesses psychotherapeutische Erfahrungen«, (1984) in: Amsterdamer Beiträge zur neueren Germanistik, hg. von W. Schönau.

25 Adorno versteht unter ›Seelending‹ Gesetzmäßigkeiten, die das Auftreten einer Reihe von Einzelerlebnissen im Bewußtseinszusammenhang unter sich begreifen. Als gesetzmäßige Zusammenhänge zwischen Phänomenen stellen sie aber keine Konstanten dar, sondern sind veränderlich (S. 243). Die Beziehungen zwischen den Seelendingen untereinander sind ebenfalls gesetzmäßig. Als Gesetzmäßigkeiten höherer Ordnung sind sie ›transzendental‹, – ihre Rektifizierung bleibt aber letztlich immer an die unmittelbaren Erlebnisse gebunden, da sie nur abstrakte Abbreviaturen der Erfahrung sind.

26 Der synonyme Gebrauch der Begriffe ›Unbewußtes‹ und ›Sinn‹ in der Psychoanalyse führt nach Adorno zu einer terminologischen Verwirrung: der Sinn als symbolisch Gemeintes sei zunächst keineswegs unbewußt. In der Psychoanalyse werde darunter aber »allgemein die *Gesetzmäßigkeit,* die das Auftreten des zu erklärenden Phänomens an dieser und keiner anderen Stelle des Bewußtseinszusammenhanges bestimmt« (S. 282) verstanden. Diese Gesetzmäßigkeiten seien prinzipiell unbewußt (ebd.).

27 Diese Übereinstimmungen der Psychoanalyse mit der Transzendentalphilosophie sind für Adorno Argumente im Rahmen ihrer transzendentalen Begründung.

28 Dies deckt sich mit der Beurteilung von H. D. Brauns (in Cremerius 1981): »Eine ausführliche kritische Auseinandersetzung Adornos und Marcuses mit Freud fand sogar erst nach dem Kriege statt« (S. 50). Das heißt allerdings nicht, daß in der Emigration eine Auseinandersetzung mit der Psychoanalyse überhaupt nicht stattgefunden hätte, – die empirischen Untersuchungen des Institutes für Sozialforschung wären ohne sie kaum denkbar.

29 Engl. 1946, dt. 1952.

30 Zwischen der neoanalytischen Freud-Kritik und der Psychoanalysekritik der idealistischen Philosophie drängen sich erstaunliche Parallelen auf: Beide galten in erster Linie der psychoanalytischen Trieblehre, insbesondere dem Libidobegriff und der Sexualtheorie, und wandten sich gegen das »mechanistische« und naturalistisch verkürzte Menschenbild der Psychoanalyse. Adornos Entgegnung auf die ›revidierte Psychoanalyse‹ läßt sich darum in vielen Punkten auch als Antwort auf die idealistische Freud-Kritik beziehen.

31 Dieser Aufsatz wurde nicht ins Deutsche übersetzt und erschien noch in den Gesammelten Schriften unter dem engl. Titel »Freudian Theory and the Pattern of Fascist Propaganda« (1951, GS Bd. 8, S. 408-453).

32 Vgl. zum folgenden R. Bianchi, »Zur Dialektik in Freuds Bewußtseinsauffassung«, in: *Psyche* 1980, H. 11, S. 977; darin besonders zu Adornos Kritik der Freudschen Ichtheorie (S. 992ff.).

33 1. Aufl. 1928; zit. nach der 2. Aufl. 1965 (um Vorwort, Nachtrag und Register erweitert, sonst unverändert.).

34 Ab der 2. stark erweiterten Aufl. von 1923 unter dem Titel »Wesen und Formen der Sympathie«. Das entscheidende Kapitel, auf das ich mich im folgenden beziehe, war bereits Bestandteil der 1. Aufl. von 1913. Zit. nach Gesammelte Werke, Bd. 7, (1973[6]), S. 7-258.

35 Dieser Einwand ist in ähnlicher Form auch von Jaspers vorgetragen worden.

36 Die Seitenangaben im folgenden beziehen sich auf die gekürzte Fassung, die 1935 im Verlag A. Kellner, Budapest veröffentlicht wurde.

37 1. Aufl.: Teil 1 1923; Teil 2 1925; Teil 3 1929.

38 Vgl. dazu Mac Donald, M. (Hg.) 1954; Hook, S. (Hg.) 1959; Feigl, H., Scriven, M. (Hg.) 1956. Eine gute Übersicht über die wissenschaftstheoretische Kritik an der Psychoanalyse in den angelsächsischen Ländern in den vierziger und fünfziger Jahren und den korrespondierenden Versuchen innerhalb der Psychoanalyse, methodologische Probleme zu klären, findet sich bei P. Ricoeur (1974), S. 353ff.

Bibliographie

Adorno, Th. W. (1927): Der Begriff des Unbewußten in der transzendentalen Seelenlehre, in: Gesammelte Schriften Bd. 1 (1973) Frankfurt, S. 79-322.

– (1951a): Freudian Theory and the Pattern of Fascist Propaganda, in: GS Bd. 8 (1972), S. 408-453.

– (1951b): Minima Moralia, Frankfurt.

– (1952): Die revidierte Psychoanalyse, in: GS Bd. 8 (1972), S. 20-41.

– (1954): Bemerkungen über Politik und Neurose, in: GS Bd. 8 (1972), S. 434-439.

– (1955): Zum Verhältnis von Soziologie und Psychologie, in: GS Bd. 8 (1972), S. 42-86.

– (1966a): Postscriptum, in: GS Bd. 8 (1972), S. 86-92.

– (1966b): Negative Dialektik, in: GS Bd. 6, Frankfurt.

v. Aster, E. (1930): Die Psychoanalyse, Bern.

– (1935): Die Philosophie der Gegenwart, Leiden.

Baeumler, A., Schröter, M. (Hg.) (1934): Handbuch der Philosophie, 5 Bde., Berlin.

Balint, M. (1951): Changing therapeutical aims and techniques in psychoanalysis, in: Int. J. Psychoanalyse 31, S. 117-124.

Baumgarten, A. (1945): Die Geschichte der abendländischen Philosophie, Genf.

Becher, E. (1929): Deutsche Philosophen, Leipzig.

Bergmann (1937): Rezension: F. Scheer, Die Grenzen des psychoanalytischen Geltungsbereiches, in: Imago 23, S. 125f.

Bernfeld (1926): Rezension: P. Häberlin, Das Ziel der Erziehung, in: Imago 12, S. 528-529.

Bianchi, R. (1980): Zur Dialektik in Freuds Bewußtseinsauffassung, in: Psyche, H. 11, S. 977-996.

Binswanger, L. (1913): Bemerkungen zu der Arbeit Jaspers': Kausale und verständliche Zusammenhänge zwischen Schicksal und Psychose bei der Dementia praecox (Schizophrenie), in: Internationale Zeitschrift für ärztl. Psychoanalyse, Jg. 1, S. 383-390.

Bircher, E. (1924): Rezension: W. Schohaus, Die theoretischen Grundlagen und die wissenschaftstheoretische Stellung der Psychoanalyse, in: Internationale Zeitschrift für ärztl. Psychoanalyse 10, S. 322f.

Bloch, E. (1919): Ein Essay des Vorbewußten nach Vorwärts: Das noch nicht bewußte Wissen, in: Gesamtausgabe Bd. 10 (1969), Frankfurt, S. 115-122.

– (1923²): Geist der Utopie, in: GA Bd. 3 (1964), Frankfurt.
– (1935): Erbschaft dieser Zeit, in: GA Bd. 4 (1962), Frankfurt.
– Aus der Bgriffsgeschichte des (doppelsinnig) Unbewußten, in: GA Bd. 10 (1969), Frankfurt, S. 86–114.
– (1938): Conclusio: Das Novum im Unbewußten, Objektive Phantasie, in: GA Bd. 10, S. 122-131.
– (1959): Das Prinzip Hoffnung (1938-47), in: GA Bd. 5 (1959), Frankfurt.
Brodthage, H., Hoffmann, S. O. (1981): Die Rezeption der Psychoanalyse in der Psychologie, in: J. Cremerius (1981), S. 135-253.
Bry, I., Rifkin, A. H. (1962): Freud and the history of ideas: Primary sources 1886-1910, in: Science and Psychoanalysis, Ed. by J. H. Masserman. Vol. 5, S. 6-36, New York.
Buber, M. (1927): Über das Erzieherische, Werke Bd. 1 (1962), München, S. 787-808.
– (1943): Das Problem des Menschen, Werke Bd. 1 (1962), München, S. 307-408.
Buchner, H. (1973): ›Geist‹, in: Handbuch philosophischer Grundbegriffe, Bd. 2, H. Krings, H. M. Baumgartner, C. Wild (Hg.), S. 536-547.

Cassirer, E. (1954²): Die Philosophie der symbolischen Formen, Oxford.
Clauberg, K. W., Dubislav, W. (1923): Systematisches Wörterbuch der Philosophie, Leipzig.
Cosin, B. R., Freeman, C. F., Freeman, N. H. (1982): Critical empiricism criticized: the case of Freud, in: W. R. Hopkins J. (Hg.).
Cremerius, J. (Hg.) (1981): Die Rezeption der Psychoanalyse in der Soziologie, Psychologie und Theologie im deutschsprachigen Raum bis 1940, Frankfurt.
Cremerius, J. (1984): Schuld und Sühne ohne Ende. Hermann Hesses psychotherapeutische Erfahrungen, in: Amsterdamer Beiträge zur neueren Germanistik, W. Schönau (Hg.), Bd. 17, S. 169-204.

Decker, H. S. (1971): The Medical Reception of Psycho-a-analysis in Germany 1894-1907: Three brief studies, in: Bulletin of the History of Medicine 45, S. 461-481.
– (1975): The Interpretation of Dreams: Early Reception by the Educated German Public, in: J. of The History of the Behavioural Sciences 11, S. 129-141.
– (1977): Freud in Germany: Revolution and Reaction in Science, 1893-1907, in: Psychological Issues, 11, 1 (Monograph 41).
Del-Negro, W. (1942): Die Philosophie der Gegenwart in Deutschland, Leipzig.
Drews, A. (1924): Psychologie des Unbewußten, Berlin.
– (1929): Das Unbewußte in der Philosophie und Psychoanalyse, in: Philosophie und Leben, H. 12, S. 259-341.

Eisler, R. (1910[3]): Wörterbuch der philosophischen Begriffe. Historisch quellenmäßig bearbeitet von R. Eisler, 3 Bde., Berlin (1929[4]).
Ellenberger, H. F. (1973): Die Entdeckung des Unbewußten, Bern.
Feigl, H., Scriven, M. (Hg.) (1956): Minnesota Studies in the Philosophy of Science, Vol. I, Minneapolis.
Frege, G. (1969): Funktion, Begriff, Bedeutung. Fünf logische Studien, G. Patzig (Hg.), Göttingen.
Freud, S. (1905): Drei Abhandlungen zur Sexualtheorie, in: Gesammelte Werke Bd. 5, S. 27.
– (1907): Zwangshandlungen und Religionsübungen, in: GW Bd. 7, S. 127.
– (1912): Einige Bemerkungen über den Begriff des Unbewußten in der Psychoanalyse, in: GW Bd. 8, S. 429.
– (1913): Das Interesse an der Psychoanalyse, in: GW Bd. 8, S. 389.
– (1915a): Zeitgemäßes über Krieg und Tod, in: GW Bd. 10, S. 323.
– (1915b): Das Unbewußte, in: GW Bd. 10, S. 263.
– (1917): Eine Schwierigkeit der Psychoanalyse, in: GW Bd. 12, S. 1.
– (1923): Das Ich und das Es, in: GW Bd. 13, S. 235.
– (1925): Die Widerstände gegen die Psychoanalyse, in: GW Bd. 14, S. 97.
– (1927): Die Zukunft einer Illusion, in: GW Bd. 14, S. 323.
– (1930): Das Unbehagen in der Kultur, in: GW Bd. 14, S. 419.
Freud, S., Pfister, O. (1963): Briefe 1909-1939, Frankfurt.
Freud, S., Abraham, K. (1965): Briefe 1907-1926, Frankfurt.
Fuld, W. (1981): Walter Benjamin. Zwischen den Stühlen, Frankfurt.

Garthe, B. (1976): Über Leben und Werk des Grafen Hermann Keyserling, Erlangen (Diss.).
Gehlen, A. (1975): Rückblick auf die Anthropologie Schelers, in: Max Scheler im Gegenwartsgeschehen der Philosophie, P. Good (Hg.) (1975) Bern, S. 19-27.
– (1971): Über die Geburt der Freiheit aus der Entfremdung (1952), in: Studien zur Anthropologie und Soziologie, H. Maus (Hg.), Berlin.
Gerö (1928): Rezension: M. Scheler: Die Wissensformen und die Gesellschaft, in: Imago 14, S. 382ff.
Görlich, B. (Hg.) (1980): Der Stachel Freud. Beiträge und Dokumente zur Kulturismuskritik, Frankfurt.
Groddeck, G. (1970): Der Mensch und sein Es. Briefe, Aufsätze, Biographisches, in: M. Honegger (Hg.), Wiesbaden.
Groethusen, B. (1931): Philosophische Anthropologie, München, Oldenburg.
Gumnior, H., Ringguth, R. (1973): Horkheimer, Reinbek b. Hamburg.

Habermas, J. (1968): Erkenntnis und Interesse, Frankfurt.
Häberlin, P. (1912): Sexualgespenster, in: Kleine Schriften, Zürich (1948).

– (1913): Über die Tragweite psychologischer Erkenntnisse und Theorien. Mit besonderer Anwendung auf die psychoanalytische Kulturtheorie, in: Schweizerische Zeitschrift f. Gemeinnützigkeit, H. 4, S. 97-118.
– (1914): Psychoanalyse und Erziehung, in: Internationale Zeitschrift f. ärztl. Psychoanalyse, 2. Jg., S. 213-222.
– (1915): Über das Gewissen, Basel.
– (1918): Wege und Irrwege der Erziehung. Grundzüge einer allgemeinen Erziehungslehre, Basel.
– (1924): Der Geist und die Triebe. Eine Elementarpsychologie, Basel.
– (1929): Himmlische und irdische Liebe, in: Kleine Schriften. Zum siebzigsten Geburtstag, hg. von der Stiftung »Lucerna«, bearbeitet von P. Kamm, Zürich (1948).
– (1931[2]): Kinderfehler als Hemmungen des Lebens, Basel.
Haerlin, P. (1976): Recht und Anerkennung, Stuttgart.
Hartmann, H. (1927): Grundlagen der Psychoanalyse, Leipzig.
Heidegger, M. (1927): Sein und Zeit, Tübingen (1972).
Heinemann, F. (1929): Neue Wege der Philosophie. Geist, Leben, Existenz. Eine Einführung in die Philosophie der Gegenwart, Leipzig.
Hessen, J. (1951[2]): Die Philosophie des zwanzigsten Jahrhunderts, Rottenburg.
Hirschberger, J. (1969[8]): Geschichte der Philosophie, 2 Bde., Freiburg.
Hitschmann (1914): Rezension: M. Scheler: Zur Phänomenologie und Theorie der Sympathiegefühle, in: Internationale Zeitschrift für ärztl. Psychoanalyse, 2. Jg., S. 276-278.
Hoffet, B. (1920): Der Begriff der Zensur bei Freud, Heidelberg, (Diss.).
Hook, S. (Hg.) (1959): Psychoanalysis, Scientific Method and Philosophy, New York.

Jaspers, K. (1913): Kausale und »verständliche« Zusammenhänge zwischen Schicksal und Psychose bei der Dementia praecox (Schizophrenie), in: Gesammelte Schriften zur Psychopathologie (1963), Berlin.
– (1923[3]): Allgemeine Psychopathologie, Berlin (1946[4]).
– (1951a): Zur Kritik der Psychoanalyse (1950), in: Rechenschaft und Ausblick. Reden und Aufsätze, München, S. 221-230.
– (1951b): Marx und Freud, in: Der Monat, 3. Jg., H. 28, S. 141-150.
– (1960[5]): Die geistige Situation der Zeit, Berlin.
– (1971): Psychologie und Soziologie, in: Kleine Schule des philosophischen Denkens, München, S. 98-109.
Jones, E. (1960ff.): Das Leben und Werk von Sigmund Freud, 3 Bde., Stuttgart.

Kamm, P. (1977): Paul Häberlin. Leben und Werk, Bd. 1, Zürich.
Kant, I. (1784): Idee zu einer allgemeinen Geschichte in weltbürgerlicher Absicht. Leipzig.

Keyserling, H., Graf (1921/22): Vom Weg der Erneuerung. Eine Skizze, in: Jahrb. d. Schule d. Weisheit, hg. von Graf H. Keyserling.
– (1922): Schöpferische Erkenntnis, Darmstadt
– (1923): Psychoanalyse und Selbstvervollkommnung, in: Der Weg zur Vollendung, H. 6, hg. von Graf H. Keyserling.
– (1924a): Heilkunst und Tiefenschau, in: Der Weg zur Vollendung, H. 8/9, Darmstadt, hg. von Graf H. Keyserling.
– (1924b): Weltanschauung und Lebensgestaltung, in: Der Leuchter, Bd. 5, Darmstadt.
– (1970): Sinnsuche oder Psychoanalyse. Briefwechsel Graf Hermann Keyserling – Oskar A. H. Schmitz aus den Tagen der Schule der Weisheit, hg. Gesellschaft Hessischer Literaturfreunde, Darmstadt.
Klatzkin, J. (1935): Der Erkenntnistrieb als Lebens- und Todesprinzip, Zürich.
Knopf (1923): Fiktionalismus und Psychoanalyse, in: Annalen der Phil. und phil. Kritik, Bd. 3, S. 283-295.
Kolnai, A. (1925): Max Schelers Kritik und Würdigung der Freudschen Libidolehre, in: Imago 11, S. 135-146.
Krings, H., u. a. (Hg.) (1973): Handbuch philosophischer Grundbegriffe, München.
Kuhn, Th. S. (1976²): Die Struktur wissenschaftlicher Revolutionen, Frankfurt.

Laplanche, J., Pontalis, J. B. (1973): Das Vokabular der Psychoanalyse, 2 Bde., Frankfurt.
Lehmann, G. (1943): Die Deutsche Philosophie der Gegenwart, Stuttgart.
Liebert, A. (1932): Rezension: S. Freud, Die Zukunft einer Illusion, in: Kantstudien Bd. 37, S 194f.
Lorenz (1913): Rezension: P. Häberlin: Wissenschaft und Philosophie, in: Imago 2, S. 242-247.
Lorenzer, A. (1971): Sprachzerstörung und Rekonstruktion, Frankfurt.
Lukács, G. (1963): Ästhetik, Teil I, Werke Bd. 11, (1963) Berlin.
Lutzi, J. (1980): Determinismus in der Psychoanalyse, in: Psyche, H. 11, S. 102-155.

Mac Intyre, A. C. (1958): The Unconcsious. London.
Mac Donald, M. (Hg.) (1954): Philosophy and Analysis. Oxford.
Marcuse, L. (1972): Sigmund Freud, Zürich.
Markun, S. (1977): E. Bloch, Reinbek b. Hamburg.
Marseille (1933): Rezension: K. Jaspers: Die geistige Situation der Zeit, in: Imago 19, S. 573-577.
Marten, R. (1978): Philosophische Überlegungen zur psychoanalytischen Situation, in: Zeitschrift f. Klin. Psychologie und Psychotherapie, H. 4, S. 316-330.

– (1983): Die psychoanalytische Situation und der Augenblick, in: S. O. Hoffmann (Hg.): Deutung und Beziehung, Kritische Beiträge zur Behandlungskonzeption und Technik in der Psychonanlyse, Frankfurt.
Mauthner, F. (1910): Wörterbuch der Philosophie.
Mertens, W. (Hg.) (1983): Psychoanalyse. Ein Handbuch in Schlüsselbegriffen, München, Wien, Baltimore.
Messer, A. (1914): Die Bedeutung der Psychologie für Pädagogik, Medizin, Jurisprudenz und Nationalökonomie, in: Jahrb. d. Phil., Bd. 2, S. 183-218.
– (1934[5]): Psychologie, Leipzig.
Meyer, E. W. J. (1925): Zum Sinn und Wesen der Geschlechter, Bonn.
Michaelis, E. (1925): Die Menschheitsproblematik der Freudschen Psychoanalyse, Leipzig.
Milsch, T. A. (1978): Die Rezeption der Psychoanalyse in der Psychiatrie, Freiburg (Diss.).
Mitscherlich, A. (1951): Kritik oder Politik?, in: Psyche 4, H. 12, S. 241-254.
Moog, W. (1922): Die deutsche Philosophie des 20. Jahrhunderts in ihren Hauptrichtungen und ihren Grundproblemen, Stuttgart.
Müller, M. (Hg.) (1972): Kleines philosophisches Wörterbuch, Freiburg.
Müller-Freienfels, R. (1923): Die Philosophie des zwanzigsten Jahrhunderts in ihren Hauptströmungen, Berlin.
– (1929): Die Hauptrichtungen der gegenwärtigen Psychologie, Leipzig.

Nagera, H. (1974): Psychoanalytische Grundbegriffe, Frankfurt.

Nohl, H. (1926): Gedanken über die Erziehungstätigkeit des Einzelnen mit besonderer Berücksichtigung der Erfahrungen von Freud und Adler, in: Pädagogik aus 30 Jahren, Frankfurt (1949).
– (1947[2]): Die sittlichen Grunderfahrungen. Eine Einführung in die Ethik, Frankfurt.
– (1949[4]): Charakter und Schicksal. Eine pädagogische Menschenkunde, Frankfurt.
– (1963[6]): Die pädagogische Bewegung in Deutschland und ihre Theorie, Frankfurt.
Nohl, J. (1916): Die Fruchtbarkeit der Psychoanalyse für Ethik und Religion, in: Schweizerland, S. 328-333.
Nyman, A. (1929): Über das »Unbewußte«, in: Kantstudien, Bd. 34, S. 151ff.

Pfister, O. (1952): K. Jaspers als Sigmund Freuds Widersacher, in: Psyche 6, S. 241-275.
Philander, H. V. (1927): Zur Frage der Psychoanalyse aus der Krisis unserer Zeit heraus, München.

Plessner, H. (1941): Lachen und Weinen, Arnheim.
– (1965²): Die Stufen des Organischen und der Mensch. Berlin.
Pothast, U. (Hg.) (1978): Seminar: Freies Handeln und Determinismus, Frankfurt.

Reik, T. (1914): Rezension: W. Windelband: Die Hypothese des Unbewußten, in: Internationale Zeitschrift f. ärztl. Psychoanalyse, H. 2, S. 476.
– (1915): Rezension: M. Scheler: Zur Phänomenologie und Theorie der Sympathiegefühle, in: Internationale Zeitsch. f. Psychoanalyse und in: Imago 3, S. 306ff.
– (1923): Rezension: Graf H. Keyserling: Psychoanalyse und Selbstvervollkommnung, in: Imago 9, S. 392f.
Ricoeur, P. (1969): Die Interpretation, Frankfurt.
Ritter, J., Gründer, K. (Hg.) (1971): Historisches Wörterbuch der Philosophie, Basel. Bisher 6 Bde. erschienen.

Saner, H. (1970): Jaspers, Reinbek b. Hamburg.
Schafer, R. (1976): A new Language for Psychoanalysis. New Haven, London.
Schaub, N. (1973): Jaspers und Freud, Dissertation, Freiburg.
Scheer, F. (1933): Die Grenzen des psychoanalytischen Geltungsbereiches unter besonderer Berücksichtigung der Freudschen Lehre, Regensburg, (Diss.).
Scheler, M. (1911): Die Idole der Selbsterkenntnis, in: Gesammelte Werke Bd. 3, Bern (1972), S. 213-292.
– (1913a): Wesen und Formen der Sympathie, in: GW Bd. 7 (1973⁶), Bern, S. 7-258.
– (1913b): Über Scham und Schamgefühl, GW Bd. 10 (1957²), Bern, S. 65-154.
– (1922): Die Deutsche Philosophie der Gegenwart, in: GW Bd. 7 (1973).
– (1927): Die Stellung des Menschen im Kosmos, in: GW Bd. 9, Bern und München (1976), S. 7-71.
Schmidt, H. (1916): Philosophisches Wörterbuch, Leipzig.
– (1943¹⁰): Philosophisches Wörterbuch. Begründet von H. Schmidt, Hg. von W. Schingnitz und J. Schondorf.
Schmidt, R. (1921): Die deutsche Philosophie der Gegenwart in Selbstdarstellungen, 3 Bde., Leipzig.
Schöpf, A. (1982): Sigmund Freud, München.
Schohaus, W. (1923): Die theoretischen Grundlagen und die wissenschaftstheoretische Stellung der Psychoanalyse, Bern.
Scholem, G. (1975): Walter Benjamin. Die Geschichte einer Freundschaft, Frankfurt.
Schultz, J. (1924): Fiktionen der Psychologie und Mythologeme der Psy-

choanalytik, in: Annalen der Phil. u. phil. Kritik, Bd. 4, S. 273-302.
Schultz-Hencke, H. (1951): Zur Verteidigung der Psychoanalyse, in: Der Monat, Jg. 3, H. 28, S. 438-440.
Shope, R. K. (1971): Physical and Psychic Energy, in: Phil. of Science 38, S. 1-11.
Siebert, K. (1928): Freuds Theorien in ihrer Entwicklung, München, (Diss.).
Stoker, H. G. (1925): Das Gewissen. Erscheinungsformen und Theorien. Bonn.
Sulloway, F. J. (1979): Freud, Biologist of the Mind. Beyond the Psychoanalytic Legend, London.
Szalai, A. (1935): Philosophische Grundprobleme der psychoanalytischen Psychologie, Budapest, (Diss.).

Tumarkin, A. (1929): Die Methoden der psychologischen Forschung, Leipzig.

Überweg, F. (1923[12]): Grundriß der Geschichte der Philosophie, Berlin.

Vorländer, K. (1927[7]): Geschichte der Philosophie, 3 Bde., Leipzig.

Wiesenhütter, E. (1974): Freud und seine Kritiker, Darmstadt.
– (1979): Die Begegnung zwischen Philosophie und Tiefenpsychologie, Darmstadt.
Windelband, W. (1914): Die Hypothese des Unbewußten, in: Sitzungsberichte der Heidelberger Akademie der Wissenschaften. Phil.-hist. Kl., 4. Abb.
– (1948[14]): Lehrbuch der Geschichte der Philosophie, Tübingen.
Winter, J. B. (1971): The concept of Energy in Psychoanalytic Theory, in: Inquiry 14, S. 138-151.
Wittgenstein, L. (1932): Conversations on Freud; excerpt from 1932/1933 lectures, in: Wollheim und Hopkins (Hg.), 1982.
Wollheim, R., Hopkins, J. (Hg.) (1982): Philosophical Essays on Freud. London, New York.
Wurmser, L. (1983): Plädoyer für die Verwendung von Metaphern in der psychoanalytischen Theoriebildung, in: Psyche, 37. Jg., H. 8, S. 673-700.
Wurth, M. (1983): Hoffnung und Erinnerung: Ernst Bloch und die Psychoanalyse.

Zulliger, H. (1923): Rezension: P. Häberlin: Kinderfehler als Hemmungen des Lebens, in: Imago 9, S. 268-70.

Alphabetisches Verzeichnis der suhrkamp taschenbücher wissenschaft